ARISTÉNÈTE

LETTRES D'AMOUR

COLLECTION DES UNIVERSITÉS DE FRANCE
publiée sous le patronage de l'ASSOCIATION GUILLAUME BUDÉ

ARISTÉNÈTE

LETTRES D'AMOUR

TEXTE ÉTABLI ET TRADUIT

PAR

Jean-René VIEILLEFOND

PARIS

LES BELLES LETTRES

1992

Conformément aux statuts de l'Association Guillaume Budé, ce volume a été soumis à l'approbation de la commission technique, qui a chargé Mlle Simone Follet d'en faire la révision et d'en surveiller la correction, en collaboration avec M. Jean-René Vieillefond.

© 1992. *Société d'édition Les Belles Lettres,*
95 bd Raspail 75006 Paris.

ISBN: 2-251-00427-2
ISSN: 0184-7155

AVANT-PROPOS

Celui qu'on appelle Aristénète est un auteur qui, sans être profond ou vraiment personnel, pose de curieux problèmes, très spécifiques et controversés. Ils regardent son nom, le titre de son ouvrage, l'idée même de cet ouvrage, la langue et le style dans lesquels il est écrit, les sources qu'il utilise, la manière dont il a été transmis et l'intérêt qu'il a suscité. J'ai tâché de n'avoir aucune idée préconçue en examinant ces problèmes.

Mon travail a eu la chance d'avoir pour réviseur Mlle Simone Follet, qui s'est dévouée à sa tâche avec une ponctualité, une minutie et une perspicacité peu communes. Je lui dois le redressement de nombreuses erreurs, qui, de ma part, ne représentaient pas seulement des étourderies ou des lapsus. Qu'elle veuille bien trouver ici mes plus sincères remerciements.

M. Jean Irigoin a droit également à ma gratitude pour avoir inséré cette édition dans la Collection des Universités de France et pour en avoir considérablement amélioré le texte.

Je remercie M. Jean Malye qui m'a beaucoup aidé à mettre au point l'ordonnance de mon manuscrit et m'a donné à ce propos de judicieux conseils.

M. Jean Martin m'a fait, lui aussi, l'amitié de s'intéresser à mon travail et de me faire profiter de sa science de la langue grecque post-classique et d'une connaissance parfaite de Ménandre, source privilégiée d'Aristénète. Il s'est donné la peine de corriger les placards de ce livre.

Je dois, d'autre part, exprimer mes sentiments reconnaissants aux personnes qui m'ont fourni des documents difficiles à obtenir, particulièrement à M. O. Mazal, à M.

D.A. Tsirimbas, à Mme R. Masullo, ainsi qu'à tous les bibliothécaires et directeurs d'Instituts Culturels qui m'ont accordé leurs services.

Enfin, je ne voudrais pas oublier mes deux fils, Henri et Jean-François, qui m'ont beaucoup aidé dans la présentation matérielle de cet ouvrage.

INTRODUCTION

I. L'IDENTITÉ D'ARISTÉNÈTE

Nous ne savons strictement rien sur la personnalité de celui qu'on appelle «Aristénète». Et il y a toute chance que ce nom soit erroné.

Certes il existe des «Aristénète» dans l'antiquité tardive. Et Holstenius (Lukas Holste, 1596-1661) avait imaginé que notre auteur pouvait être Ἀρισταίνετος, correspondant épistolaire de Libanios. Mais je ne mentionne que pour mémoire cette hypothèse absurde, d'ailleurs réfutée dans la préface de l'édition Pauw (datée de 1735). Déjà Mercier, dans la préface des *Notae* à son édition (1695), avait justement signalé que le nom d'Aristénète comme auteur du recueil de lettres venait de la «première» de ces épîtres où, dans l'unique manuscrit, le mandant est inscrit Ἀρισταίνετος et son correspondant Φιλοκάλλῳ (*sic*). Or, d'une part, cette lettre n'est devenue la *première* que par suite de la perte d'au moins un folio, et le plus intéressant, où se trouvaient non seulement «l'argument» de la lettre mais le nom de l'auteur et le titre du recueil. Ce titre était sans nul doute Ἐπιστολαί, titre qui a été reporté par le scribe dans la marge supérieure du folio 1r. On devrait donc parler d'un «pseudo-Aristénète». Mais, par un consensus depuis toujours admis, on conserve tout simplement «Aristénète» sans craindre de tromper personne.

L'époque pendant laquelle écrivit Aristénète est précisée, comme on l'a remarqué depuis longtemps, par deux notations que reprend O. Mazal (*ed.*, p. III). Dans la lettre I, 26 il est parlé de la «nouvelle Rome», c'est-à-dire Constantinople, fondée par Constantin Ier en 324 de notre ère. Dans la même lettre il est fait allusion au mime Caramallos. Or ce personnage est cité par Sidoine Apollinaire (*Carmina*, 23, 268-271) vers 469 de notre ère, ce qui, par parenthèse, exclut l'identification de notre Aristénète avec un correspondant de Libanios, puisque cet écrivain mourut vers 393. Un autre indice de datation a été apporté par Th. Nissen, grâce à une étude sur la rythmique et le vocabulaire d'Aristénète dont la prose ne paraît pas antérieure à la fin du IVe siècle. Cf. n. *40* de notre *Bibliographie*.

D'autre part O. Mazal, dans un article publié six ans après son édition, (cf. n. *37* de notre *Bibliographie*) croit pouvoir prouver que le recueil d'Aristénète a été écrit à Constantinople vers 520. En effet Caramallos, cette année 520, est cité par la *Chronique* de Jean Malalas au nombre des danseurs en vogue dans le Cirque de la capitale (*Excerpta de insidiis*, éd. C. De Boor, Berlin, 1905, p. 170-171).

Dernière observation de O. Mazal: l'épître I, 19 montre un jeune homme des plus distingués, Chariclès, qui, après avoir fréquenté l'actrice Mélissarion (et il n'était pas le seul), se met à la chérir pour de bon et en est aimé passionnément. Ils ont un enfant adorable et adoré de ses parents. Chariclès est heureux de «régulariser» par le mariage et son épouse devient une dame très comme il faut de la haute société. O. Mazal souligne la ressemblance de cette situation avec celle de Justinien (alors consul), dont on connaît le mariage (522) avec l'actrice Théodora qui, après avoir passé une jeunesse fort peu édifiante, devint elle aussi un parangon d'intransigeante vertu. Aristénète semble bien, en effet, avoir été inspiré dans cette lettre I, 19 par les circonstances sociales nouvelles qui permettaient la vraisemblance du sujet et qui découlaient d'un décret fort libéral sur le mariage et la légitimation (*lex de nuptiis*) promulgué entre 520 et 524. Mais on pourrait objecter que les jeunes gens qui épousent des filles galantes repenties et qui n'ont pas à s'en plaindre représentent un thème éternel dans la littérature comme dans la vie.

Quoi qu'il en soit, tout porte à croire que le recueil d'Aristénète doit bien se situer peu après le début du VIe siècle: disons dans le premier quart de ce siècle.

A cette époque-là, malgré tous les efforts de l'administration impériale pour éradiquer la culture classico-païenne par des mesures terribles, celle-ci se maintenait vigoureusement. Encore en 546, dans son *Histoire de l'Église* écrite en syriaque, l'évêque Jean d'Éphèse se désolait de voir qu'autour de lui le paganisme subsistait toujours. Il dénonçait «un certain nombre d'hommes illustres et notables, avec une foule de grammairiens, de sophistes, de scolastiques et de médecins».

En fait c'est dans une époque de renaissance, c'est-à-dire de retour à l'antiquité glorieuse, de culte des grands classiques, eux-mêmes enrichis des prosateurs prestigieux de la seconde sophistique, que se situe Aristénète. Mais, nous le verrons, il ne se contente pas d'imiter: sa langue, mélange de modernisme et d'antiquaille, et parfois son invention, lui donnent une allure baroque vraiment fort curieuse et pittoresque.

II. PLACE D'ARISTÉNÈTE DANS L'ÉPISTOLOGRAPHIE

«La lettre est le moyen de converser par écrit avec un absent et elle remplit une fonction utile: on lui parle dans la lettre comme s'il était présent». C'est la définition que donne (§ 2, p. 27) le traité intitulé Ἐπιστολιμαῖοι χαρακτῆρες (*Characteres epistolici*) et publié par E. Richtsteig dans le tome IX des *Libanii opera*, Teubner, 1927. (Ce petit ouvrage, postérieur à la seconde moitié du Ve siècle de notre ère et qui n'a rien à voir avec Libanios, représente une sorte de memento en usage dans les écoles de rhétorique). Jusqu'au milieu du XIXe siècle la lettre constituait en effet l'unique moyen de communiquer à distance entre personnes sachant «lire et écrire».

Dans l'antiquité les érudits se sont donc occupés de ce λόγος écrit et ont cherché à en déterminer tous les genres ou types. Outre le traité édité par Richtsteig on trouvera d'autres définitions ou typologies *ejusdem farinae* dans les *Prolegomena* (p. 1-16) des *Epistolographi Graeci* de Hercher.

Parmi les genres de lettres nous voyons se développer les recueils de «lettres fictives», où les correspondants et leur correspondance sont inventés par l'auteur du recueil. Nous en avons, comme exemple le plus représentatif, Alciphron avec ses Lettres de pêcheurs, de paysans, de parasites et de courtisanes.

Le traité *Characteres epistolici* que nous venons de citer propose comme modèle de lettre d'amour ce court billet que nous traduisons mot à mot d'après le texte adopté par Richtsteig (p. 46, §91): «J'aime, j'aime, je le jure au nom des dieux, ton élégante et charmante beauté et je n'ai pas honte de l'aimer. Car il n'y a pas de honte à aimer la beauté. Si en général on peut me reprocher d'aimer, en revanche on ne peut que me louer de rechercher une belle fille». On voit par là à quel degré de sophistication et de sclérose était parvenu du temps d'Aristénète l'enseignement dans les écoles quand il s'agissait d'exprimer personnellement les sentiments du cœur.

Il nous reste maintenant à mesurer la place et l'originalité de notre auteur parmi ceux qui ont cultivé le genre de la lettre d'amour dans l'antiquité tardive grecque et qui nous sont restés. Car il s'est perdu sans doute beaucoup de ces recueils.

Pour l'instant nous n'en avons que trois: deux antérieurs à Aristénète, ceux d'Alciphron et de Philostrate, un postérieur, celui de Théophylactos Simocatta.

A propos d'Alciphron, de son temps et de son œuvre, l'essentiel a été dit dans la riche thèse latine de M.A.

Schepers, soutenue à Groningue en 1901. Celui-ci a complété ses conclusions dans son édition d'Alciphron (collection Teubner, Leipzig, 1906). C'est à lui que l'on doit d'avoir dégagé des III livres, qui jusqu'alors contenaient l'ensemble des épîtres d'Alciphron, un IVᵉ livre groupant les lettres de courtisanes: ἑταιρικαί: (elles sont d'ailleurs mal dénommées puisqu'elles comprennent une lettre de Ménandre et devraient s'appeler ἐρωτικαί: «Lettres d'amour», la dénomination ἑταιρικαί ne reposant que sur un titre des manuscrits).

Ces lettres sont au nombre de dix-neuf, plus un fragment. Elles sont censées avoir été écrites dans l'Athènes du IVᵉ siècle avant J.-C. Elles doivent beaucoup à Lucien. L'opinion générale est qu'Alciphron vécut vers la fin du IIᵉ siècle de notre ère. C'est la conclusion de Schepers. Mais il ne s'agit là que d'une «hypothèse privilégiée».

En 1949 la question a été reprise dans l'ouvrage de Allen Roger Benner, continué par Francis H. Fobes: *The Letters of Alciphron, Aelian and Philostratus, with an English Translation*, London, William Heinemann (Loeb Classical Library). Ce qui concerne Alciphron se trouve p. 3-341 et ce qui se réfère aux lettres des courtisanes p. 250-339. Les auteurs considèrent que «a terminus ante quem for the life of Alciphron is still to seek» (p. 18) et qu'une «new critical edition is much to be desired».

Plus récemment, mais sans date, dans la collection des «Broadway Translations» (Londres et New York), F.A. Wright a publié une très libre traduction anglaise d'Alciphron «with an Introduction and Notes»: *Letters from the country and the town*, où les «Courtesans» occupent les p. 169-221.

Quant aux «Lettres érotiques» (ἐπιστολαὶ ἐρωτικαί) attribuées à Philostrate, elles ont posé de sérieux problèmes d'attribution et d'authenticité, qui ne sont pas entièrement résolus. Mais ils ont été minutieusement étudiés dans l'édition Benner-Fobes dont nous venons de parler à propos d'Alciphron. La partie consacrée à Philostrate va de p. 385 à p. 545, plus des *indices* (p. 578-588). Il y est montré que les «Lettres érotiques» doivent être attribuées à Philostrate II, sophiste ayant vécu à Athènes, puis à Rome, dans la dernière décennie du IIe siècle et la première moitié du IIIe après J.-C. (sous les règnes d'Alexandre Sévère et de Philippe l'Arabe). Il est donc possible que ce Philostrate ait été à peu près contemporain d'Alciphron, mais il lui reste inférieur et les soixante-treize lettres que contient le recueil ne devraient pas contribuer à la gloire de leur auteur. De longueur très variable (le no 6 ne compte qu'une ligne, tandis que le no 7 adressé au même correspondant occupe vingt-cinq lignes), ces lettres sont souvent écrites à de jeunes garçons, μειράκια, et par là Philostrate se distingue des autres épistolographes qui n'imaginent guère l'amour homosexuel. Bourrées d'allusions mythologiques et de réminiscences littéraires, ces missives n'ont aucune réalité et, comme le disent Benner-Fobes (p. 398), n'évitent pas les «grotesqueries», par exemple (lettre 18) lorsque l'admirateur d'un jeune garçon chéri déplore que le cuir trop vert des chaussures meurtrisse les chairs délicates de ses pieds. Il finit par l'adjurer de marcher pieds nus et ces pieds nus il les couvre de baisers.

Nous avons essayé de traduire aussi simplement que possible la première de ces lettres: «A un jeune garçon: Les roses nées sur leurs feuilles comme des ailes se sont hâtées d'arriver à toi. Reçois-les gentiment, ou comme des souvenirs d'Adonis, ou comme une peinture d'Aphrodite, ou comme des yeux de la Terre. Certes à un athlète convient un rameau d'olivier sauvage, à un grand roi une tiare droite, à un soldat un panache, mais à un joli garçon une rose dont le parfum s'apparente au sien et la couleur est de la même famille que la sienne. Ce n'est pas toi qui ceindras les roses, mais ce sont elles qui te ceindront».

Si Alciphron et Philostrate restent pour nous des

personnages assez mystérieux, il n'en va pas de même pour Théophylactos Simocattès (ou Simocatta). L'identité de ce personnage est bien connue. Sa famille était originaire d'Égypte, mais lui-même naquit en Grèce et remplit auprès de l'empereur Maurice (qui régna de 582 à 602) d'importantes fonctions administratives à la Cour de Constantinople. Après la fin tragique de Maurice, massacré avec ses fils par le centurion Phocas, Théophylactos dut attendre la mise à mort de Phocas (610) et le règne d'Héraclios, successeur de Phocas, pour reprendre son grand projet d'écrire l'histoire de Maurice. Outre cette histoire, Théophylactos écrivit un Περὶ διαφόρων φυσικῶν ἀπορημάτων καὶ ἐπιλύσεως αὐτῶν (cité généralement sous le titre de *Quaestiones physicae* ou *Physica problemata*), dialogue portant sur divers problèmes de physique.

Son troisième ouvrage est intitulé Ἐπιστολαὶ ἠθικαί, ἀγροικικαί, ἐταιρικαί (lettres morales, lettres de paysans, lettres de courtisanes). Elles sont au nombre total de quatre-vingt-cinq, sur lesquelles vingt-huit concernent les courtisanes. Seules ces dernières peuvent être mises en parallèle avec celles d'Aristénète. Elles sont de longueur diverse, mais la plupart ne constituent que de courts billets. Elles n'offrent guère que de fades lieux communs exprimés en termes sophistiqués. Traduisons, à titre d'exemple, la première de ces lettres, échangée entre deux courtisanes, Théano et Eurydice (n° 3 du recueil): «La beauté naturelle t'a quittée et voici que des rides viennent affronter ton éclat. Mais tu cherches à falsifier la vérité en leurrant tes amants par une beauté factice. Soumets-toi au temps, petite vieille! Les prairies ne se parent point de fleurs à la fin de l'automne. Souviens-toi aussi de la mort dont tu approches et par force apprends à observer la sagesse. Tu fais tort également à la vieillesse et à la jeunesse: à celle-ci parce que tu la travestis en feignant de l'avoir, à celle-là parce que tu l'altères maintenant que tu l'as».

III. La peinture de l'amour

Ce qu'on entend généralement par ἐρωτικαὶ ἐπιστολαί ou «lettres d'amour», c'est une correspondance échangée entre deux personnes plus ou moins éprises l'une de l'autre. Dans le recueil d'Aristénète et sur les cinquante lettres que contient le manuscrit de Vienne, un certain nombre répond à cette définition: dix, soit un cinquième pour le total (mais on peut noter qu'il y en a sept sur vingt-deux dans le livre II incomplet, et seulement trois sur vingt-huit dans le livre I complet).

D'habitude nous y avons affaire à des anecdotes variées, nous dirions plutôt des sketches, où il est question de passions, de désirs, d'adultères, de concubinages, de violence, de bonheur. C'est surtout le monde des courtisanes, des actrices et des jeunes gens, leurs clients et leurs amis, qui est mis en scène à diverses époques. On y transporte le lecteur tantôt dans l'Athènes des temps classiques, tantôt dans la «nouvelle Rome» du IVe siècle de notre ère. Souvent nous ne savons où et quand la lettre est censée avoir été écrite.

Chez Aristénète, sauf en I, 10 et I, 15, où les lettres ne sont que des transpositions prosaïques des *Aitia* de Callimaque, «the passions and escapades are entirely extra-marital» et «adultery is a common theme», comme l'écrit justement W.G. Arnott (*Pastiche*, p. 297).

En dépit de ce fait, et comme le note aussi le même auteur, Aristénète est fort discret en ce qui concerne la description des scènes amoureuses et de leurs suites. Il y a pourtant quelques exceptions: ainsi le passage assez inutile de la lettre I, 19, l. 20 et suiv., où sont énumérés les signes montrant qu'une femme est enceinte, ainsi l'emploi du verbe προσεμβατεύειν (II, 22, 1) «monter sur», «saillir», pour désigner l'action du mâle.

Mais d'habitude Aristénète reste très pudique. Alciphron, Achille Tatios, Longus, le pseudo-Lucien des *Amores* sont beaucoup moins réservés que lui en ce

domaine. Dans la description des états amoureux il ne
va pas plus loin que les baisers, les serrements de mains,
les caresses sur les seins (cf. par exemple I, 27; II, 7 et II,
16, où l'on trouvera, l. 19, le pittoresque τιτθολαζεῖν).
La suite est simplement mais clairement suggérée. Pour
Aristénète, «the lower half of the female body is forbid-
den territory», comme le note plaisamment W.G. Arnott
(*Pastiche*, p. 313), mais celui-ci veut oublier que la jambe
et les pieds, lorsqu'ils sont jolis, constituent «des appas»
dont usent volontiers les femmes chez notre épistolier
(cf. I, 27, 26-27). Ajoutons qu'on ne trouve chez lui ni
pédéraste ni lesbienne. Chez Aristénète la perte de la
virginité est considérée comme une petite catastrophe à
laquelle il faut immédiatement remédier par un mariage
(I, 6). L'avortement n'est prévu que pour les courtisanes
(I, 19, 28), mais on ne sait pas comment une fille qui a
«fauté» avant le mariage réussira à faire croire à son
époux qu'elle est encore vierge (I, 6, 29).

IV. LES «SOURCES» D'ARISTÉNÈTE

Depuis la publication des lettres d'Aristénète par Jean
Sambuc, tous les éditeurs ont souligné que cet auteur
n'était pas «original» et que ses «imitations» portaient
sur un grand nombre d'ouvrages. L'apparat critique de
l'édition Mazal (1971) montre à lui seul l'extraordinaire
abondance des «rapprochements» que l'on peut faire
entre Aristénète et la littérature antérieure. Mais après
cette édition de nouveaux développements ont été appor-
tés à la question, en particulier par W.G. Arnott, par
Rita Masullo et par G. Zanetto (cf. notre *Bibliographie*).
En 1982 Mme Masullo a présenté un excellent résumé du
problème, tout en étudiant «l'imitatio homerica in Aristeneto».

Pour notre part, nous traiterons des rapports pouvant
exister entre tel ou tel passage d'Aristénète et tel ou tel
écrivain dans les notes à la traduction. Bornons-nous ici

à signaler qu'Aristénète connaît et utilise aussi bien les prosateurs que les poètes, les anciens que les modernes, les littéraires que les scientifiques. Mais ses sources privilégiées semblent être les dialogues platoniciens, les œuvres de Lucien et la comédie ménandréenne. Signalons, d'autre part, que les lettres d'amour d'Aristénète, comme les autres du même genre (celles d'Alciphron, de Philostrate, etc.), portent sur des lieux communs ressassés de toute éternité dans des formules identiques. Par conséquent Aristénète, en certains cas, avait-il volonté ou même conscience d'imiter? Les philologues modernes ont-ils toujours été prudents dans leurs affirmations? Il faut enfin remarquer, comme le fait R. Masullo (p. 47 de son étude), que parfois chez Aristénète on attribue à un auteur déterminé une citation qui pourrait provenir d'un auteur différent ou bien être tirée d'un dicton, d'un proverbe.

En effet, D.A. Tsirimbas a montré, en 1951, dans une remarquable monographie (Παροιμίαι, cf. notre *Bibliographie*) quelle importance Aristénète accorde aux proverbes ou expressions proverbiales. D'après le catalogue établi par D.A. Tsirimbas Aristénète en emploie soixante-dix (sans compter trois «ébauches» ou «esquisses»: τύποι), éparpillés au cours des cinquante épîtres que compte le recueil. Deux d'entre elles (I, 10 et I, 17) en présentent sept chacune! On peut les classer en six catégories suivant qu'ils se réfèrent à la mythologie, à l'histoire, à la géographie, à l'existence humaine, au règne animal ou au règne végétal. En ce qui concerne les sources de ces proverbes, D.A. Tsirimbas considère à juste titre qu'Aristénète a pu s'approvisionner dans les manuels consacrés à de telles expressions ou chez des écrivains aujourd'hui perdus et que, parmi les ouvrages qui nous restent, Platon et Lucien semblent avoir retenu particulièrement l'attention de la part de notre épistolographe.

Personnellement nous conclurons ce chapitre en insistant sur quelques notions qui nous paraissent essentielles. D'abord aucune œuvre n'est créée *ex nihilo* et par conséquent on ne peut s'étonner qu'Aristénète soit dépendant d'autrui. Ensuite chaque point de dépendance pose un problème spécifique où il faut distinguer le plagiat, l'imitation (consciente ou inconsciente), la citation, la parodie.

V. Langue et style

Il est extrêmement difficile de juger et encore plus d'apprécier la langue et le style d'Aristénète.

D'abord parce que nous ne savons pas exactement quand cet auteur vivait et, par conséquent, il est bien difficile de savoir si son ouvrage présente une écriture populaire ou littéraire. D'autre part le manuscrit que nous possédons a certainement subi des modifications entre le moment où il est sorti des mains de l'auteur et celui où il a été acheté par Sambuc. Il comporte d'ailleurs des «variantes». Et, depuis que le texte a été édité, certains philologues ont mutiplié les «corrections». Doit-on donner raison à ceux qui veulent faire d'Aristénète un pur classique ou à ceux qui le considèrent comme un byzantin utilisant les classiques et brassant ses emprunts dans un ensemble plus ou moins personnel? Ce caractère personnel est souligné par les uns, contesté par les autres. Question de goût, d'époque. Je renvoie à ce sujet à la série d'études qu'a publiées W. Geoffrey Arnott et, particulièrement, à la dernière dont j'ai pu avoir connaissance, *Pastiche*, etc. On trouvera également de très intéressants jugements dans les articles de G. Zanetto. Mais, en laissant de côté les discussions de détail et querelles d'école, il n'est pas trop hasardeux de déclarer qu'à défaut d'être une langue classique celle d'Aristénète est classicisante. Elle s'apparente à celle de Lucien, qui fut un de ses modèles favoris.

Son vocabulaire contient peu de termes nouveaux.

Une analyse partielle nous montre qu'on y compte moins de un pour cent de mots apparaissant pour la première fois et ce sont des composés ou des dérivés verbaux de formation très claire. On rechercherait en vain chez lui des mots triviaux, nous dirions «argotiques».

On a pu noter chez lui quelques irrégularités par rapport à la syntaxe atticisante de l'époque impériale, ainsi l'emploi après εἴθε de l'indicatif futur au lieu de l'optatif, mais ces «solécismes» sont rares.

Son style est généralement direct: phrases linéaires sans encombrement de subordonnées mais volontiers abondantes et verbeuses. Elles scintillent des ornements enseignés dans les cours de rhétorique: antithèses, anaphores, paronomases. Joseph Pietzko les a consciencieusement relevées dans sa *dissertatio inauguralis* de Breslau en 1907, mais elles éclatent dès la première phrase de la première lettre.

VI. LES MANUSCRITS

Il n'y a réellement qu'un seul manuscrit pour donner Aristénète, le *Vindobonensis philologicus graecus* 310 que nous désignerons par le sigle. Le *Parisinus supplément grec* 1200, fol. 1-28, (XVIIIᵉ siècle plutôt que XVIIᵉ, comme il est dit parfois) n'est qu'une très maladroite copie de l'édition Mercier. Des extraits de la lettre I, 1 et de la lettre I, 3 se lisent au folio 362 de l'*Ambrosianus gr.* 218 (D 15 *sup.*, *olim* V 478), manuscrit en papier de la fin du XVᵉ siècle. Il s'agit de I, 1, 22-24 (Περίκειται ... θέσις) et de I, 3, 2-9 (ἔνθα ... δένδρα). A. Lesky a montré que ces extraits avaient été tirés du *Vindobonensis*.

On trouvera sur ce dernier manuscrit une notice dans l'ouvrage de Herbert Hunger, *Katalog der griechischen Handschriften der Österreichischen Nationalbibliothek*, t. I, Wien, 1961, p. 402-403. Les données de Hunger ont été reprises et précisées par son successeur à la direction du

Département des manuscrits de la Bibliothèque nationale de Vienne, Otto Mazal, lui-même éditeur d'Aristénète (préface de cette édition, Teubner, 1971, p. v-vi).
Le manuscrit est écrit recto-verso sur parchemin et il
mesure en largeur de 137 à 140 mm et en hauteur de 192
à 193 mm. Il a perdu sa couverture originelle, qui a été
remplacée à l'époque moderne par une reliure portant
sur le dos: Arist. Ep. Am[atoriae], ce qui représente une
intitulation arbitraire. Les marges (15 mm environ) sont
à peu près régulières, aussi bien en haut qu'en bas et sur
le côté gauche, car sur le côté droit elles dépendent du
fait que le scribe a soin de ne pas trop couper les mots.
La marge de gauche a été utilisée pour inscrire la lettre
initiale de chaque épître à l'encre noire. Cette initiale en
caractère gothique est de dimension très variable, tantôt
mesurant moins de 10 mm (I, 3), tantôt dépassant les
20 mm (I, 1). Les marges sont également encombrées de
gloses, tantôt en grec, tantôt en latin, sur lesquelles nous
reviendrons. Le nombre de lignes de chaque page est
variable; il va de 18 à 25, mais généralement il s'établit à
22. On voit par là qu'aucun tracé préliminaire régulier
n'a guidé le copiste (ou les copistes): il n'en subsiste
d'ailleurs aucun vestige. L'écriture, ondulante et très
distendue et ne comportant que peu d'abréviations, permet de copier 5 ou 6 mots à la ligne. L'accentuation est
correctement indiquée. Quant à la ponctuation, nombreuse et variée, elle comprend la virgule, le point et
virgule, le point en haut, le point en bas, le point en
bas suivi d'un tiret, les deux points suivis d'un tiret. (Je
n'ai pu personnellement consulter le *Vindobonensis*, mais
O. Mazal m'en a fourni un microfilm que j'ai lu attentivement en n'y relevant que des fautes vénielles de la part
des copistes — surtout erreurs d'accentuation, d'iotacisme ou petites inattentions — qui ne modifient pas
l'édition du texte telle qu'on peut la souhaiter. G. Zanetto a pratiqué le même exercice, dont il a consigné
minutieusement le résultat dans un appendice à son
étude «*Osservazioni*» etc., p. 158-161).

Qu'il y ait deux types d'écriture dans notre manuscrit, le fait est depuis longtemps noté et il est indéniable. Tout d'abord on constate (folios 1 à 16v) une minuscule cursive et penchée, avec beaucoup d'abréviations (lettre I, 11, ligne 28 — τòν νέον — de notre édition). A la première ligne du folio 17r débute, et ne cessera qu'à la fin du recueil, une écriture droite, beaucoup plus soignée, avec moins d'abréviations. Quant aux initiales de chaque épître elles ne subissent pas de modifications dans leur caractère, mais seulement dans leur dimension, au cours de l'ouvrage, et l'on peut considérer qu'elles émanent d'un seul artiste gothique. L'ornementation que l'on peut admirer en bas du folio 40r et en haut du folio 41r et qui signale le début du livre II donne une idée de ce que devait être le premier folio, aujourd'hui disparu, qui présentait le début du livre I.

En examinant de plus près le manuscrit («accuratius codicem intuenti», comme dit O. Mazal dans sa préface, p. VI) on s'aperçoit qu'il n'y a pas seulement deux changements d'écriture, mais que, au cours des folios 33r, 36r, 41r, 42r, la première main reparaît sporadiquement (Hunger, dans son catalogue, I, p. 402-403, l'avait déjà remarqué). On a ainsi la preuve que les deux scribes travaillaient l'un près de l'autre, l'un ayant un *ductus* plus classique et soigné (seconde main), l'autre un *ductus* plus moderne et rapide (première main): on imagine deux moines d'un même couvent. Cela dit, il reste à fixer le lieu et la date où fut copié le manuscrit.

Pour le lieu, on est à peu près d'accord, à condition de ne pas trop préciser. Le manuscrit est en effet signalé par Jean Lascaris, qui dit l'avoir vu en 1497 en Apulie, où il fut acheté par Jean Sambuc en 1561. Or l'Apulie, appelée aujourd'hui les Pouilles, est une vaste région entre l'Apennin et l'Adriatique, d'environ 20 000 km², qui va de l'embouchure du Fortore au nord jusqu'à l'extrémité sud de la «botte italienne».

Il y a donc toute chance pour que le manuscrit écrit

sur des peaux de mouton, matériau traditionnel dans ces pays d'élevage ovin, ait vu le jour au sein de quelque couvent où le grec était resté en vigueur. Dans son catalogue *Les manuscrits grecs de l'Italie méridionale*, Città del Vaticano, 1955 (Studi e testi 183), R. Devreesse montre que les deux écritures, cursive et soignée, que l'on rencontre au cours des lettres d'Aristénète se situent vers la fin du XIIe siècle ou le début du XIIIe.

Nous venons de noter (ci-dessus, p. XXII, l. 12) les motifs décoratifs par lesquels le *Vindobonensis* annonçait au bas du folio 40r le début du IIe livre. Or, surprise, ce qui suit immédiatement ce sont deux poésies totalement étrangères au recueil d'Aristénète. Elles occupent une page (folio 40v) et sont l'œuvre de Nicolas-Nectarius de Hydrunto, mort en 1235, et qui fut, de 1219 à 1235, le septième abbé du Monastère Casalensis, tout près d'Otrante (Hydruntum). Elles ont été publiées par Bast dans son *Specimen* (p. 8). L'écriture est différente de celle que l'on constate aux folios 40r et 41v, mais c'est une cursive de la même époque, peut-être un peu plus récente d'après ce qu'en pense O. Mazal (p. 64 de son édition, dans l'apparat critique). Pourquoi ce changement de programme et cette idée subite de laisser place au talent poétique d'un abbé contemporain? On ne le sait. Mais on a par là une nouvelle preuve de la date et du lieu où fut écrit notre *codex* et de la vigueur de la culture grecque dans l'Italie de l'extrême pointe méridionale. On constate également que les couvents de cette région contenaient des ateliers très vivants pour la copie des manuscrits.

Une fois mis en place ces manuscrits n'y restaient pas sans utilisation; des lecteurs plus ou moins érudits y consignaient leurs remarques. Le nôtre est particulièrement surchargé de corrections et d'annotations qui sont pour nous parfois indéchiffrables. Ces gloses sont en latin ou en grec. Les gloses latines, sauf une exception au folio 13r, où se trouve expliqué le texte de I, 10, 37-38, présentent dans les marges latérales des annotations postérieures au XVIe siècle sans aucun intérêt. Elles n'ont pas de place dans une édition d'Aristénète et ne feraient que l'encombrer inutilement. Mais il en va différemment pour les gloses grecques. O. Mazal se tait à leur sujet dans la préface de son édition, tout comme Hercher, ce qui est étonnant et regrettable.

Elles ont fait pourtant l'objet d'une importante «dissertation inaugurale» de Hermann Soergel, soutenue à Erlangen et publiée à Nuremberg en 1893 (cf. notre *Bibliographie*). L'auteur constate que ces gloses sont pour la plupart ignorées de la critique et que cependant elles sont très utiles et il cite à ce propos (p. 1) l'opinion de Bast: «Toto in Codice permultae insunt glossae, singulas voces et proverbia explicantes, magna ex parte rectissimae et utilissimae, item adnotationes correctoris, qui pravam Codicis scripturam emendavit et varias lectiones ex alio libro adiecit». L'enthousiasme de Bast est excessif. Néanmoins le mépris délibéré pour ces gloses ne se justifie pas. Peut-être s'explique-t-il en partie par la difficulté de les classer et de les lire. Et cette difficulté n'a fait que s'accentuer depuis 1893 en raison du vieillissement progressif du manuscrit. Autant qu'il était possible nous les avons relevées dans un appendice, en nous référant le plus souvent à la lecture de Soergel. Celui-ci les examine avec un soin attentif et dans le détail rectifie souvent la lecture que ses prédécesseurs avaient cru pouvoir faire, mais ses conclusions sont parfois accompagnées de points d'interrogation ou de suspension. Il fait valoir à ce propos les abréviations nombreuses, la mauvaise qualité de l'encre utilisée, l'ignorance des copistes et le fait que le *codex* a été rogné dans ses marges lorsqu'il fut relié. Il pense pouvoir dater du XIIe siècle la grande majorité de ces gloses, dont certaines devaient se trouver dans la source du manuscrit que nous avons.

Soergel indique les diverses origines possibles de ces

gloses. Certaines sont inconnues, mais la plupart peut
être dénichée dans l'*Etymologicum Magnum*, Hésychius
ou *la Souda*. Il consacre enfin un Appendice à éditer un
texte écrit au XIIᵉ siècle, qui occupe les marges gauche et
supérieure du folio 48v dans le *Vindobonensis*. Il ne s'agit
pas à proprement parler d'une glose, puisque le texte ne
se rattache à rien dans les lettres d'Aristénète occupant
le même folio (II, 6-7), mais de deux courtes missives
d'un pseudo-Agésilas, tirées de Plutarque (*Apophtegmes
laconiens*). Décidément, dans cet inépuisable manuscrit
qui recèle tant d'éléments inattendus, tout n'a pas encore
été expliqué et beaucoup reste sans doute inexplicable.

Et c'est ainsi que se pose pour l'éditeur la question des
argumenta. En effet chaque lettre est précédée d'un
résumé où se trouve exposé fort brièvement et gauche-
ment le sujet qui est traité dans la missive. Il s'agit là
d'une espèce de manchette, de caractère éditorial. A
l'évidence ils ne remontent pas jusqu'à l'auteur, sans
qu'on puisse préciser l'époque à laquelle ils se sont
introduits dans le recueil. O. Mazal est bien conscient de
ce que ces *argumenta* n'ont pas été «ab ipso auctore
composita sed ab alio quodam qui epistulas postea
legit» (ed., p. VIII). Cependant il les publie dans son
ouvrage, et en capitales, ce qui leur donne un relief
immérité. Leur maintien dans les éditions et les traductions est traditionnel. Hercher cependant les relègue dans
son *Adnotatio critica*. Après hésitation nous les avons
maintenus.

Comme O. Mazal, et encore plus que lui, nous nous
sommes refusé à corriger les formes atticisantes que
présente le manuscrit, et en cela nous n'avons pas suivi
Hercher. Celui-ci obéissait à une doctrine dont Cobet
avait déjà donné d'illustres exemples. Mais, s'agissant
d'Aristénète, elle s'avère particulièrement arbitraire.

Certes notre auteur, malgré l'époque tardive dans
laquelle il oeuvrait, avait assez de culture et de lectures
pour présenter des lettres fictives dans le style de Platon

ou de Démosthène et sans aucune «bavure» moderne. Mais a-t-il voulu le faire? Ne s'est-il pas amusé (car tout son exercice est un jeu) à émailler son écriture de formes insolites, bizarres? O. Mazal (ed., p. VIII) pense que ces «locutiones quasi corruptae» s'expliquent «temporibus quasi deficientibus». Mais je crois pour ma part que le style d'Aristénète résulte plutôt de la volonté de l'auteur. Celle-ci me paraît se révéler justement par ce qui nous surprend et nous choque. A mon sens un éditeur ne doit pas modifier systématiquement le manuscrit. Il doit se borner aux redressements évidents. Mais, en définitive, un apparat critique est toujours subjectif, c'est-à-dire contestable lorsqu'on a affaire à un *codex* aussi complexe et fautif que le *Vindobonensis*. Celui que je propose, non sans quelques hésitations, n'échappe pas à cette nécessité.

VII. LES ÉDITIONS

Elles sont relativement nombreuses. Le texte d'Aristénète est court, les sujets des lettres érotiques et même égrillards. Pour toutes ces raisons notre auteur devait attirer les éditeurs, les traducteurs et les lecteurs. Les éditions ont fait l'objet d'une étude de O. Mazal citée dans notre *Bibliographie*: *Die Textausgaben* etc.

La première est celle de Johannes Sambucus (Jean Sambuc), publiée à Anvers en 1556 (cf. notre *Bibliographie*). Les marges supérieure et inférieure de V, difficilement déchiffrables, fournissent quelques indications sur les étapes de cette édition. Dans la marge supérieure on apprend que le manuscrit fut acheté en Apulie en 1561 par Sambucus et dans la marge inférieure qu'il revint de chez l'imprimeur le 3 juin 1566 (cf. O. Mazal, *Die Textausgaben*, p. 207a). Un an avant, dans son épître dédicatoire à Philippe Freiherr von Winneberg und Beihelstein, président de la Cour Aulique de sa majesté impériale, l'éditeur célèbre les qualités d'Aristénète:

«verba pura, quaedam etiam poetico more coniuncta,
factaque varietatem cumulant atque exornant». Il fait
remarquer qu'il manque quelque chose à la fin de la
dernière lettre, mais que, à son avis, le complément
n'existe dans aucune bibliothèque d'Europe. En compen-
sation le lecteur trouvera à la fin du volume des «epi-
grammata graeca veterum quae hactenus lucem non
viderunt». Ces inscriptions se trouvent p. 89-95 et correspondent à la seconde partie du titre de l'ouvrage:
Τινὰ τῶν παλαιῶν etc. Il s'agit de quarante épitaphes
«d'anciens héros», fictives bien entendu: la première
concerne Agamemnon, la dernière le poète épique Dé-
métrios. Ce procédé consistant à «compléter», ou plutôt
à gonfler un ouvrage paraissant trop court est constant
dans l'édition jusqu'à la fin du XVIIIe siècle. La typo-
graphie générale de ce petit volume est magnifique.

Neuf ans après cette édition *princeps* d'Anvers, c'est à
Paris, en 1595, que Josias Mercier publie de nouveau
Aristénète, sous le titre que l'on trouve dans notre
Bibliographie. L'ouvrage s'ouvre par une dédicace à
Jacques Bongars, suivie de la préface par laquelle débute
l'édition de Sambucus. Une traduction latine de Mercier
est confrontée au texte grec établi par lui (p. 2-167). A la
p. 169 et jusqu'à la fin du volume (p. 239), des *Notae*,
précédées d'une courte introduction (p. 169-171), éclai-
rent le texte dans tous ses aspects.

La contribution apportée par Mercier à la connaissance d'Aristénète est primordiale. Et elle est d'autant
plus méritoire qu'elle s'accomplit dans des conditions
malaisées. Comme le dit Mercier dans son humble préface adressée à son ami Jacques Bongars et datée du
4 novembre 1595, la première édition de l'ouvrage fut
réalisée au cours du siège non couronné de succès que
tenta Henri IV contre Alexandre Farnèse retranché dans
la ville de Rouen, entre décembre 1591 et avril 1592.

Josias Mercier réalisa deux autres éditions de son
ouvrage, en 1600 et 1610, toujours publiées chez Marc

Orry, mais dans un format un peu différent. Chacune de ces éditions est qualifiée à juste titre par l'auteur de «emendatior et auctior».

Quant à la quatrième, qui est posthume, elle fut publiée en 1639, alors que Mercier était mort en 1626. Elle pose quelques problèmes. D'abord on peut s'étonner de son très faible tirage, puisqu'en France on n'en signale qu'un exemplaire: à la bibliothèque municipale de Lyon (n° 306797). Elle n'a jamais été étudiée par les éditeurs plus récents. Après cinq mois de démarches j'ai pu en obtenir un microfilm qui ne correspond pas exactement avec ce que dit de l'ouvrage O. Mazal dans son article *Die Textausgaben*, p. 208a. Il signale que cette quatrième édition contient un avant-propos adressé par Piget au chanoine (der Kanonikus) Joachim Bèze, lui conseillant cette lecture facile qui le délassera des lectures théologiques difficiles. «Dafür fehlen die Vorworte Merciers und Sambucus, während die Notae beibehalten sind». Dans l'exemplaire lyonnais cette dédicace à l'inconnu Joachim Bèze n'existe pas, pas plus d'ailleurs que toute autre préface. La page de titre porte: «Αρισται-νέτου ἐπιστολαί, Aristaeneti epistolae graecae cum latina interpretatione et notae. Quarta editio emendatior et auctior. Parisiis, Sumptibus Simeoni Piget via divi Jacobi ad insigne Fontis» (en dessous l'image d'une fontaine à deux étages) «M.DCXXXIX». Jusqu'à la page 204 se trouve le texte grec, avec en regard la traduction latine de Mercier. A la page 205 on lit des «Ad Aristaenetum Notae», précédées de l'introduction de Mercier à ses propres *notae*. Quant aux notes de Piget, elles ne diffèrent guère de celles de Mercier. Il est donc inutile de faire un sort à cette *quarta editio*. La troisième, c'est-à-dire la dernière qu'ait pu revoir Mercier, doit suffire.

Après Mercier, qui reste à la base de tous les travaux postérieurs, on doit citer le Hollandais Johannes Cornelius de Pauw, dont le titre de l'ouvrage indique bien ce qu'il doit à Mercier: *Aristaeneti Epistolae* etc. (cf. notre *Bibliographie*), publié en 1736. Comme le dit O. Mazal (*Die Textausgaben*, p. 200 a), «Der philologische Wert der Ausgabe Pauws ist nicht sehr gross». Sa préface, datée du 14 novembre 1735, est décevante, elle se perd en une violente diatribe contre d'Orville qui ne sait pas traduire Sappho. Puis de Pauw reproduit la *dedicatio* de Sambuc, celle de Mercier, la *praefatio* de Mercier. Enfin, il présente le recueil d'Aristénète, avec, à gauche, le texte grec (de Mercier) et, à droite, la traduction (de Mercier). Somme toute l'édition de Pauw a surtout le mérite de publier à nouveau celle de Mercier.

Quelques années plus tard, en 1749, paraissait à Zwolle (Pays-Bas), sous le titre *Aristaeneti Epistolae* etc. (cf. notre *Bibliographie*), le très important recueil de Friedrich Jacob Abresch. Il est ainsi composé: 1º (non numéroté) Dédicace aux juristes Simon Trouillard d'Amsfurt et Isaac Municks d'Utrecht, 2º) P. I-VIII *Praefatio* d'Abresch. 3º) P. 1-107 Texte grec et notes en latin au bas des pages. 4º) P. 108-114 *Conspectus locorum Aristaeneti*. 5º) P. 114-150 *Addenda*. 6º) Sous forme d'un nouvel ouvrage, également daté de 1749, deux «livres» de *Lectiones*, c'est-à-dire de copieux commentaires sur Aristénète.

En 1752 Abresch revenait à son interminable Aristénète avec la plaquette intitulée: *Virorum aliquot* etc., (cf. notre *Bibliographie*). Cette brochure de 72 pages comprend à la fois de nouvelles notes d'Abresch et des notes de Saumaise, de Munker et de H.L. Schurzfleisch. Comme on le voit, la clarté n'était pas la qualité dominante chez Abresch. Le mérite principal de ce dernier travail est d'avoir réuni des leçons et commentaires qui seraient restés ou inconnus ou difficiles à trouver.

Dans les dernières années du XVIIIᵉ siècle et tout au début du XIXᵉ, l'helléniste et diplomate allemand Friedrich Jacob Bast (1771-1811) se signale par une véritable passion à l'égard d'Aristénète. En 1796, il donne à

Vienne le *Specimen editionis novae* etc. (cf. notre *Biblio-graphie*). L'ouvrage de 46 pages numérotées contient d'abord une dédicace à L.F. de Ian, représentant à Vienne du Landgrave de Hesse-Darmstadt, puis, p. 5-16, une préface adressée au «Lector Φιλέλλην» (*sic*) explique les raisons pour lesquelles Bast a conçu et réalisé ce *Specimen*. Il y fait valoir que toute tentative d'améliorer la connaissance d'Aristénète commence par reprendre une lecture attentive du seul manuscrit offrant le texte de l'épistolographe, c'est-à-dire le *Vindobonensis* 310. Il analyse donc ce *codex* avec beaucoup de perspica-cité, y distingue deux écritures, y note des gloses très utiles ainsi que des remarques d'un correcteur qui rectifie la mauvaise graphie du *codex*. Il publie (p. 8) pour la première fois les deux épigrammes de Nicolas-Nectaire d'Otrante (cf. ci-dessus p. XXIII). Il fait valoir ensuite (p. 9-12) que les éditions précédentes, malgré leurs méri-tes, contiennent beaucoup d'erreurs. Il veut réaliser une nouvelle traduction latine et quant à l'établissement du texte il ne prendra chez ses prédécesseurs que les conjec-tures vraiment indispensables. De même pour les com-mentaires. Il déclare (p. 13-14) qu'il a utilisé, sans y trouver beaucoup d'intérêt, des notes de Lambecius (Peter Lambeck, 1628-1680), laissées dans la biblio-thèque impériale de Vienne qu'il dirigea. Il termine sa préface, datée de septembre 1796, en expliquant pour-quoi dans son *Specimen* il a choisi de présenter deux lettres du recueil d'Aristénète: I, 26 et I, 27. Le reste du volume est occupé par l'édition, traduction latine et annotation de ces deux épîtres. La traduction est im-primée en dessous du texte grec. Quant aux *Adnotationes* qui accompagnent chacune des lettres, elles sont particu-lièrement abondantes et précieuses. On voit par là que si Bast avait édité, comme il l'a fait pour deux lettres, l'ensemble du recueil d'Aristénète, nous aurions eu un volume ne laissant rien de côté du point de vue de l'érudition. C'est ce que souligne Boissonade dans un article intitulé «Littérature grecque. Préface d'une traduction manuscrite des Lettres érotiques d'Aristénète par le C[itoyen] Boissonade» (*Magazin Encyclopédique* nº 25, 1799, p. 455). Le même Boissonade avait déjà publié «un compte rendu très détaillé», comme il le dit lui-même, dans une lettre au C. Millin (t. III, p. 215, IVe année du *Magazin Encyclopédique*).

Comme l'annonce le titre du *Specimen*, l'ouvrage se clôt, p. 47, par des *Iambi Graeci* (26 vers) adressés par J.B. Bolla, *scriptor* de la Bibliothèque impériale, à la danseuse viennoise Vigano, émule, en 1796, de la pantomime célébrée par Aristénète dans la lettre I, 26. Ces vers grecs sont traduits en vers allemands par un certain Waechter.

Boissonade était alors occupé à la préparation de sa monumentale édition d'Aristénète (XV + 760 p.), qui devait paraître en 1822, à Paris, sous le titre: Ἀρισταίνετος etc. (cf. notre *Bibliographie*). L'ouvrage est dédié à Abel-François Villemain (1790-1870), qui devint Pair de France en 1832, Ministre de l'Instruction publique de 1839 à 1844, mais n'était encore que professeur «d'éloquence française» à la Sorbonne et membre de l'Académie française. Dans sa *Praefatio Editoris* (p. VII-IX) il déclare que pour une nouvelle lecture d'Aristénète il s'est servi des notes prises par Bast jusqu'à sa mort et qui lui ont été communiquées. Il y a relevé «quae videbantur utilia». Il a également utilisé tout ce qu'ont publié ses prédécesseurs sur Aristénète, y compris ce qu'il a pu trouver dans les marges d'une édition Mercier annotée par Huet. Il demande enfin l'indulgence du lecteur pour les défauts que celui-ci pourra rencontrer dans la présente édition. Ils sont dus à des erreurs typographiques et aussi à la surcharge de travail qu'a connue l'auteur. Les pages X-XV sont occupées par des extraits des préfaces de Sambuc, de Mercier, de Pauw, d'Abresch, de Schurtzfleisch. Le texte grec, sans apparat critique ou notes au bas des pages, avec en face une traduction latine également sans notes, occupe les pages 1-199 et, à partir de la page 202 jusqu'à la page 742, on trouve les *Animadversiones in Aristaenetum*. Elles sont suivies (p. 743-760) par des *Addenda et Corrigenda*, un *Index Criticus Auctorum* et un *Index Verborum et Rerum*.

Pour ce qui est de la traduction latine, Boissonade comme tous ses prédécesseurs suit pas à pas celle de Mercier. C'est donc surtout par les abondantes *animadversiones* que vaut cette édition (ainsi pour les trois pages de texte grec que comporte la lettre I, 1, nous avons quarante-huit pages de notes). Mais dans cette abondance il se glisse quelque désordre et quelque bavardage et le latin n'y est pas toujours très clair.

Boissonade enregistre également une curieuse édition d'Aristénète toute en grec, parue en 1803 (à Vienne, Autriche) et due à un étrange personnage, Polyzoïs Kontos, originaire de Jannina, petite ville d'Épire. Cette publication a été analysée par F.J. Bast dans sa «Lettre critique à J.F. Boissonade sur Antoninus Liberalis, Parthénius et Aristénète» (Paris et Leipzig, 1805), dont une traduction latine date de Leipzig, 1809.

Kontos, dans sa préface en grec littéraire (XIV p.), se plaint de ce que cette langue soit actuellement dédaignée parmi les langues modernes et revendique le droit de ne faire aucune traduction ou commentaire d'Aristénète dans un autre idiome, pas même en latin. Quant à la présentation du texte grec, elle est, dans l'ensemble, fort médiocre, avec beaucoup de négligences et d'erreurs, comme le montre Bast. L'originalité de Kontos réside dans le fait qu'il ajoute à l'épître finale II, 22 du *Vindobonensis* une vingt-troisième lettre jusqu'alors inconnue. Il affirme l'avoir découverte en Grèce, parmi de vieux manuscrits non précisés. C'est un faux manifeste, fabriqué avec des morceaux empruntés de-ci, de-là. Boissonade, p. 197-199, en a publié un texte qui ne correspond pas toujours à celui de Kontos. On en trouve une édition «critique» dans le recueil des *Alciphronis Rhetoris Epis-*

tularum Libri IV, publié par M.A. Schepers en 1905,
p. 156-157.

Une édition très partielle, se limitant à la lettre I, 10, a
été présentée en 1863, à Bonn, dans le cadre d'une
dissertatio inauguralis soutenue par Karl Dilthey. Le titre
en est: *De Callimachi Cydippa* etc. et elle fut publiée à
Leipzig la même année 1863. Dilthey a pour but d'étu-
dier l'histoire d'Acontios et de Cydippé dont on a l'origine chez Callimaque (Αἴτια, fragments 67-75) et qui a
été reprise par Aristénète.

L'épître d'Aristénète se trouve reproduite p. 125-132
de la dissertation avec une courte préface (p. 125-126).
Dans la préface Dilthey avertit que dans son apparat
critique (imprimé au dessous du grec) il fera un tri dans
le *farrago* des notes de Boissonade et qu'il négligera les
gloses interlinéaires et marginales du *codex*. Il dit aussi
qu'une autre lecture du *Vindobonensis* a été faite pour lui
par Emmanuel Hoffmann. Aucune traduction n'accompagne cette édition.

Si en 1822 Boissonade a rempli 760 pages pour son
Aristénète, Rudolph Hercher, en 1873, se contente de 76
pour le sien (il avait pourtant à tenir compte des
commentaires qui s'étaient développés pendant le demi-
siècle séparant les deux ouvrages et, en particulier, ceux
de Cobet). L'Aristénète de Hercher prend place, suivant
l'ordre alphabétique, parmi les quelque soixante épisto-
liers et les six cents missives du vaste recueil (813 p.
grand format sur 2 colonnes), publié avec le titre: Ἐπιστ-
τολογράφοι Ἑλληνικοί, *Epistolographi Graeci* etc. (cf.
notre *Bibliographie*) chez Firmin-Didot à Paris. Le volume n'est pas daté, mais Hercher termine sa préface
(p. x) en la datant de décembre 1871. Par contre, généralement, on situe l'édition en 1873. Et il n'y a rien
d'étonnant à ce que l'impression ait duré plus d'un an.
L'ouvrage est dédié à l'éditeur Firmin-Didot, «literatori
Graeco eruditissimo literarum Graecarum per quinqua-
ginta annos patrono». En quelques phrases (p. XXII)

Hercher indique les principes de son édition: collation minutieuse du *Vindobonensis*, ce que n'avait pas fait Bast, dont les erreurs ou les oublis sont nombreux; constatation que le manuscrit a été anciennement «corrigé»: de ces corrections Hercher adopte les bonnes et passe les autres sous silence. Il relègue dans les notes les *argumenta* qui précèdent chaque lettre. Quant à l'épître ajoutée par Kontos, on n'en trouve pas trace.

VIII. Les traductions

En ce qui concerne les langues étrangères, nous rappellerons particulièrement celle d'Albin Lesky, en allemand, qui s'enrichit d'une judicieuse préface, de notes et de corrections textuelles. Quant à l'italien on se référera à la version toscane (de Perini), déjà ancienne puisqu'elle fut éditée en 1807. Et on peut s'étonner que dans ce domaine rien n'ait été encore publié (du moins à notre connaissance) en anglais.

Il en va différemment pour la France, qui connaît dans sa langue, depuis la fin du XVIe siècle jusqu'à nos jours, plusieurs traductions d'Aristénète. La première est celle de Cyre Foucault, personnage aussi intéressant que mystérieux. On ne sait de lui que ce qu'il en dit en tête de son livre et malgré les recherches qu'effectua dans la région de Poitiers l'auteur de la notice qui précède la réédition de 1876. Celui-ci, A.P. Malassis, juge avec humour et finesse de la traduction de Cyre Foucault et même parfois des Lettres d'Aristénète. Cependant un antichristianisme assez «primaire» l'amène à écrire à propos de ces *lettres* (p. VIII): «Le charme du livre est d'être bien grec, tout animé et pénétré du plaisir de vivre sans arrière-pensée, tel qu'il se pouvait encore rencontrer dans quelques coins heureux de l'empire, au moment où une religion nouvelle allait étendre sur le monde, pour des siècles, un voile de mortelle tristesse et de dégoût».

Pour en revenir à l'ouvrage de Cyre Foucault, voici comment il se présente. Il est de format très exigu

(13,5 cm sur 8,5). La numérotation (par folios et non par pages) ne commence qu'à partir de la traduction des Lettres. Tout au début (en 5 pages), on lit une «épître» dédicatoire «A très illustre Seigneur Monseigneur François Chastaigner, Sieur de Sainct George, l'Isle Bapaume etc., Chevalier de l'Ordre du Roy et Gentilhomme ordinaire de sa Chambre». Cette dédicace, signée «La Coudrière», présente les compliments et sollicitations d'usage. Puis (en 4 pages) une adresse: «A la Bande des Amans». C'est comme une joyeuse préface sous forme de dédicace à une troupe imaginaire de libres amoureux. Foucault y revendique pour Aristénète le droit de butiner à son gré dans les parterres de Plutarque ou de Platon et pour lui, jeune helléniste, le droit de tenter une traduction nouvelle et vivante. «Je ne doute pas que quelque sourcilleux Caton, ou paravanture quelque ombrageux jaloux qui n'aura pas dequoy payer les Dames, ne s'ingère de le vouloir censurer à cause peut estre de quelque licentieuse gaillardise, et petits traits lascifs, ou parfois il s'est donné carrière... Mais quoy? nous autres jeunes, en ces matières, sçavons mieux faire que dire. Laissons-en le discours à ces bons Vieillards... Il n'est plaisir ni déplaisir en la vie que celuy qu'on se donne». Puis viennent (également en 4 pages) trois courtes poésies grecques qui ont été rédigées par des amis de Foucault en l'honneur de ce «Gallicus interpres». Elles sont signées N. Sammarthanus, Ant. Boerius Cons., G. Hegatus. La traduction française débute immédiatement après et va du folio 1 au folio 102, où elle se termine par: «Le reste de ceste Epistre defaut Fin».

Œuvre de jeunesse, la traduction de Foucault se montre tout de suite désinvolte. Directement fondée sur le texte grec établi par Sambuc et non sur la version latine de Mercier, voici comment elle s'exprime dès la première phrase en I, 1: «Nature a bien mignonnement façonné ma maîtresse, mais Vénus sur tous l'a embellie et ornée de ses grâces, luy donnant place au nombre des

Charites; d'autre costé le gentil Cupidon luy a monstré à darder heureusement de ses beaux yeux mille traicts amoureux». Pour rendre sa traduction plus vive il n'hésite pas à la «moderniser». «L'or de Babylone», en II, 1, 63, devient «l'or du Pérou». Également il ajoute des expressions proverbiales. En I, 17, 28, Aristénète dit: «Avec le temps les Atrides sont venus à bout de la fameuse Troie». Foucault traduit: «avec le temps les Grecs eurent Hélène et saccagèrent Troye; avec le temps et la paille, comme on dit, l'on mûrit les mesles». En I, 11, 28 nous lisons chez Aristénète: «toucher le ciel de sa tête», qui devient chez Foucault: «tenir Dieu par les pieds et gouster les joyes de paradis». Dans le même esprit il traduit par «En priant Dieu en une Église devint Amoureux d'une Dame, maintenant tourmenté d'Amour il lui écrit», ce que l'*argumentum* de II, 2 dit plus platement et plus exactement dans notre traduction: «Un homme pendant sa prière s'est épris d'une jeune fille qu'il avait vue; il lui écrit sa passion».

Le reste du volume est consacré à l'«Image du Vray Amant, Discours tiré de Platon par Cyre Foucault, Sieur de la Coudrière». Il va nous montrer une fois de plus qu'Aristénète suscite des faux. Foucault fait précéder le «Discours» (folio 104) d'une dédicace à «Madame Ma Maîtresse» (en 4 pages) qui débute par cette phrase: «Ma vie je viens offrir aux pieds de votre excellente beauté les prémices des fruicts presque avortons qu'elle a par sa bénigne influence fait germer et florir». Le reste ne contient que des fadaises du même genre. Quant au «Discours» on cherche de quel ouvrage de Platon il a été tiré, car le «traducteur» est muet là-dessus. On songe à *Lysis*, au *Banquet*. En fait le «Discours» (folios 105 à 151, ce dernier numéroté par erreur 191), qui est adressé à une «Dame», n'a rien à voir avec Platon. Il commence par «Bon jour, Mon cœur, ma vie, mon tout. Qu'il m'ennuyoit que je ne vous voyois. Car comment ne m'ennuyroit-il d'estre si long temps sans mon cœur?

Mais pourrois-je bien durer une seule minute d'heure sans vous voir, vous ouyr, ou vous toucher comme celle dont l'aimable présence m'anime et me fait vivre?». La fin est du même style: «A Dieu donc Mon cœur, à Dieu ma vie, à Dieu mon tout. Ayez seulement souvenance de moi et de mes plaintes, je seray trop heureux. Κρυπταὶ κλαῖδες Ἔρωτος». (Il faut croire que la «Dame» était helléniste pour comprendre que la formule grecque signifiait: «les clefs de l'Amour sont secrètes»). Pour en terminer avec la survie de la traduction Foucault nous rappellerons que, si la réédition de Malassis (1876) est sérieuse, celle de Villeneuve (1923), compilée sur celle de Malassis, n'offre aucun intérêt, même pour ses illustrations (cf. notre *Bibliographie*).

Au XVIIIe siècle, et dans le cadre du «libertinage» en faveur à cette époque, on trouve d'abord celle d'Alain-René Le Sage (ou Lesage), qui vécut de 1668 à 1752. Seule la renommée littéraire de l'auteur veut qu'on s'y arrête. (Il s'agit de l'auteur de *Gil Blas*, du *Diable Boîteux*, de *Turcaret*, etc.). Disons que ses *Lettres galantes*, etc. (cf. notre *Bibliographie*), datées de 1695, sont un péché de jeunesse dont il n'est pas tout à fait responsable. L'idée de ce travail lui fut en effet suggérée par un ami, un certain Antoine Danchet (1691-1748), qui devait réussir à Paris grâce à des tragédies et opéras dont il était l'auteur et qui sont aujourd'hui bien oubliés. «Les Lettres galantes d'Aristénète» ne portent pas le nom de Lesage, mais l'anonymat était fictif et elles furent imprimées à Chartres sous une fausse indication: «A Rotterdam chez Daniel De Graffe». Signalons également un tirage daté de 1739 et situé à Londres «aux dépens de la Compagnie». Établie sur la traduction latine de Mercier, la traduction française de Lesage est bourrée d'inexactitudes. Des lettres manquent, d'autres sont inventées. Bref on ne saurait lui attribuer la moindre importance et on comprend mal qu'elle ait été reproduite en phototypie par «l'Arche du Livre», Paris, 1970.

En 1752 c'est à Cologne qu'est située une autre traduction française qui ne vaut pas mieux, bien qu'elle soit très différente: *Lettres galantes d'Aristénète*, sans nom d'auteur ni d'éditeur. Mais elle est attribuée à un certain Moreau. Celui-ci doit être Jacob, Nicolas Moreau (1717-1803), qui fut premier conseiller de «Monsieur», le futur Louis XVIII et bibliothécaire de Marie-Antoinette. Bien entendu ce n'est pas à Cologne mais à Paris que fut imprimé cet ouvrage: l'auteur l'a réalisé en puisant très librement dans la traduction latine de Mercier.

Un peu plus tard, en pleine période révolutionnaire, le Citoyen Boissonade, futur éditeur d'Aristénète, publiait dans le *Magazin Encyclopédique* de 1799, nᵒ 25, p. 450-458, un article intitulé «Préface d'une traduction manuscrite des *Lettres érotiques* d'Aristénète». Il y fait remarquer d'abord que la seule traduction française de cet auteur «est de 1597 [celle de Cyre Foucault]». Il ajoute: «On nous en a donné depuis plusieurs imitations où l'on a tronqué, amplifié, dénaturé l'original, où l'on a tronqué, amplifié, dénaturé le texte ou plutôt la version latine de Josias Mercerius»...Plus loin, p. 456, il précise au sujet de la traduction de 1695, dite de Rotterdam, qu'il s'agit là «d'un bout à l'autre d'un tissu d'absurdités et de contre sens et où l'on a même retranché plusieurs lettres». Cette situation l'a «déterminé à publier une traduction fidèle d'un auteur qui, quoique frivole, ... mérite la curiosité de tous ceux qui, cultivant les lettres, et ne pouvant lire les écrivains de l'antiquité dans leur langue, ont besoin de traductions où les originaux sont rendus avec le plus d'exactitude possible».

Après avoir donné quelques indications sur la bibliographie d'Aristénète, Boissonade termine cette «Préface» par la critique assez vive d'un récent ouvrage de Félix Nogaret, «L'Aristénète français», paru à Versailles en 1797 (deux volumes in-18). «L'Aristénète français» de Nogaret, remarque Boissonade, ne cherche pas à traduire l'Aristénète grec, mais il le transfigure: le jardin y devient un parc tenant des beautés et du désordre de la nature, on y «déjeune avec un plein vase de cacao». Dans cette transposition nous voyons une fois de plus l'intérêt débordant qu'a suscité Aristénète à la fin du XVIIIe siècle. Quant à la traduction exacte et française de Boissonade, on n'en trouve aucune trace. L'a-t-il jamais rédigée?

En arrivant à la période contemporaine, nous possédons la traduction française que l'on doit à Joseph Brenous, professeur honoraire à l'Université d'Aix-Marseille (1858-1937). L'auteur avait remis son manuscrit à la Société d'édition Les Belles Lettres mais décéda le 17 septembre 1937 avant de le voir publié. Cette publication eut donc lieu *post mortem* et Paul Mazon, qui dirigeait alors «Les Belles Lettres», me chargea de rédiger une très courte introduction. Mais il me fut impossible de corriger le texte de la traduction, déjà imprimé et pour lequel on avait donné le bon à tirer. On jugea inutile d'ajouter des notes et des *corrigenda*, qui auraient été pourtant nécessaires. Il en résulta une brochure de 82 pages, depuis longtemps hors commerce. La traduction de Brenous, établie sur le texte de Hercher, est élégante et assez précise. Albin Lesky, dans sa traduction allemande d'Aristénète (p. 184), l'a jugée «geschmackvoll». Pour ma part elle m'a beaucoup servi, bien que je ne l'aie pas toujours suivie.

BIBLIOGRAPHIE

On trouvera, dans la préface de l'édition Mazal (p. VIII-XI), la liste des travaux (éditions et commentaires) concernant Aristénète jusqu'en 1970. Mais il y manque la liste des traductions les plus importantes en langues modernes et, naturellement, de ce qui a été publié depuis 1970 jusqu'à aujourd'hui sur Aristénète.

Pour la clarté de la question, je donne ci-après la liste complète A) des éditions, B) des commentaires, C) des principales traductions modernes. On se reportera à cette liste pour compléter les références que, par la suite, je pourrais fournir sous forme abrégée. (Ainsi Mazal (ed.) = Aristaeneti Epistularum Libri II, edidit Otto Mazal, Stutgardiae: Teubner 1971).

A) ÉDITIONS

a) *Éditions intégrales*

1. Ἀρισταινέτου ἐπιστολαὶ ἐρωτικαί· τινὰ τῶν παλαιῶν Ἡρώων ἐπιτάφια. E Bibliotheca c.v. Ioan. Sambuci. Antverpiae: Ch. Plantin 1566.

2. Ἀρισταινέτου ἐπιστολαί. Aristaeneti epistolae Graecae. Cum Latina interpretatione et notis (Josiae Merceri). Parisiis: M. Orry 1595. 2e éd. 1600; 3e éd. 1610; 4e éd. Parisiis: Piget 1639.

3. Aristaeneti Epistolae Graecae cum versione Latina et notis Josiae Merceri curante Joan. Cornelio de Pauw, cuius notae accedunt. Trajecti ad Rhenum: H. Besseling 1737. Van Lanckom 1736.

4. Aristaeneti Epistolae, cum emendationibus ac conjecturis Josiae Merceri, Johannis Cornelii de Pauw etc. necnon ineditis antehac Jacobi Tollii, Jacobi Philippi d'Orvillii, Ludovici Caspari Valckenarii aliorumque, curante Friderico Ludovico Abresch, qui suas lectiones addidit. Zwollae: J.C. Royaards 1749. Huic operi additus est libellus:

Friderici Ludovici Abresch Lectionum Aristaenetearum libri duo. Zwollae: J.C. Royaards 1749.

5. Ἀρισταινέτου Ἐπιστολαὶ τανῦν ἑλληνιστὶ μόνον ἐκδίδονται. Διὰ φιλοτίμου δαπάνης καὶ προτροπῆς τῶν τιμιωτάτων πραγματευτῶν. ΚΡ. ΤΡ. ΖΚ. καὶ ΠΣ. μεθ' ὅσης οἴοντε ἐπιμελείας διορθωθεῖσαι (Βιέννῃ) 1803.

6. Aristaeneti Epistolae, ad fidem cod. Vindob. recensuit, Merceri, Pauwii, Abreschii, Huetii, Lambecii, Bastii, aliorum, notis suisque instruxit Jo. Fr. Boissonade. Lutetiae: De Bure, 1822.

7. Ἀρισταινέτου Ἐπιστολαί. Aristaeneti Epistolae in *Epistolographi Graeci*, recensuit, recognovit, adnotatione critica et indicibus instruxit Rudolphus Hercher. Parisiis: Firmin-Didot 1873, p. 133-171 (adnot. p. XXI-XXIX).

8. Aristaeneti Epistularum Libri II, edidit Otto Mazal, Stutgardiae: Teubner, 1971.

b) *Éditions partielles*

9. Specimen editionis novae epistolarum Aristaeneti (I, 26 et I, 27). Accedunt J.B. Bolla Iambi Graeci in pantomimam Viganò. Cura Frid. Iac. Bast. Vindobonae: Blumauer 1796.

10. Aristaeneti Epistula I, 10, in: Car. Dilthey, *De Callimachi Cydippa*. Lipsiae: Teubner 1863, p. 125-132.

B) COMMENTAIRES

11. Abresch, F.L.: *Lectionum Aristaenetearum libri duo*. Zwollae 1749, in: *Aristaenetus: Epistolae*.

12. Abresch, F.L.: *Virorum aliquot eruditorum in Aristaeneti Epistolas conjecturae communicatae cum editore novissimo qui suas notas adiecit. Accedunt Cl. Salmasii et Th. Munkeru (et H.L. Schurzfleischii) notae*. Amstelodami, 1752.

13. Arlandi, R.: *Aristeneto epistolografo*, Diadosis, Tortona, 1967, p. 33-38.

14. Arnott, W.G.: «Aristaenetus and Menander's Dyskolos», *Hermes*, 96 (1968), p. 384.

15. Arnott, W.G.: «Some passages in Aristaenetus», *University of London. Institute of Classical Studies. Bulletin*, 15 (1968), p. 119-124.

16. Arnott. W.G.: «Imitation, Variation, Exploitation, A Study in Aristaenetus», *Greek, Roman and Byzantine Studies*, 14 (1973), p. 197-211.

17. Arnott, W.G.: Compte rendu de l'édition Mazal, *Gnomon*, 46 (1974), p. 353-361.

18. Arnott, W.G.: «Annotations to Aristaenetus» (complément du compte rendu de l'édition Mazal) *Museum Philologum Londiniense*, 1 (1975), p. 9-31.

19. Arnott, W.G.: «Pastiche, pleasantry, prudish erotism: the Letters of Aristaenetus», *Yale Classical Studies*, 27 (1982), p. 291-320.

20. Bartoletti, V.: «Reminiscenza della VII Epistola platonica in Aristeneto», *Studi italiani di filologia classica*. N.S. 9 (1931), p. 341.

21. Bast, F.J.: «Lettre critique à J.F. Boissonade sur Antoninus Liberalis, Parthenius et Aristénète, Paris et Leipzig, 1805.

22. Bast, F.J.: «Epistola critica ad virum clariss. J.F. Boissonade super Antonino Liberali, Parthenio et Aristaeneto», Lipsiae, 1809.

23. Cobet, C.G.: «Miscellanea philologica et critica IV 8 ad Aristaeneti quem vocant epistolas», *Mnemosyne*, 9 (1860), p. 148-170.

24. Fabricius, I.A.: *Bibliotheca Graeca*, Ed. 4. cur. G.Ch. Harles, Vol. 1, Hamburgi, 1790, p. 695-697.

25. Garzya, A.: «Euripidea II», *Dioniso* 35, 3-4 (1961), p. 68-77.

26. Grandolini, S.: «Osservazioni sul tema dell'astuzia nelle epistole di Aristeneto», *Materiali e contributi per la storia della narrativa greco-latina*, 2 (1978), p. 141-153.

27. Heinemann, M.: *Epistulae amatoriae quomodo cohaereant cum elegiis Alexandrinis*. Diss. Strassburg, 1910.

28. Hercher, R.: «Zu griechischen Prosaikern», *Hermes*, 5 (1871), p. 281-283.

29. Kakridis, Ph.I.: Μῆλο δαγκώμενο [une pomme mordue]. *Hellenica*, Thessalonique 25 (1972), p. 189-192.

30. Lesky, A.: «Alkiphron und Aristainetos», *Mitteilungen des Vereins klassischer Philologen in Wien*, 6 (1929), p. 47-58.

31. Lesky, A.: «Aristainetos», IIIe Congrès international des études byzantines, Athènes 1930. Compte rendu par A.C. Orlandos, Athènes, 1932, p. 85-86.

32. Lesky, A.: Aristainetos, «Erotische Briefe». Eingeleitet, neu übertragen und erläutert von A. Lesky, Zürich 1951.

33. Lesky, A.: «Zur Überlieferung des Aristainetos», *Wiener Studien* 70 (1957), p. 219-231.

34. Magrini, P.: «Lessico platonico e motivi comici nelle lettere erotiche di Aristeneto», *Prometheus*, 7 (1981), p. 146-158.

35. Mazal, O.: «Die Textausgaben der Briefsammlung des Aristaenetos, *Gutenberg-Jahrbuch* (1968), p. 206-212.

36. Mazal, O.: «Aristainetos und Menanders Dyscolos», Studi classici in onore di Q. Cataudella, II, Catania, 1972, p. 261-264.

37. Mazal, O.: «Zur Datierung der Lebenszeit des Epistolographen Aristainetos», *Jahrbuch der Österreichischen Byzantinistik*, XXVI (1977), p. 1-5.

38. Mazullo, R.: "Osservazioni sulla imitatio homerica in Aristeneto», *Koinonia*, 6 (1982), p. 43-50.

39. Naber. S.A.: «Adnotationes criticae in Alciphronem et Aristae-netum», *Mnemosyne*, N.S., 6 (1878), p. 238-258.

40. Nissen, Th.: «Zur Rhythmik und Sprache der Aristainetos-briefe», *Byzantin. Zeitschrift*, 40 (1940), p. 1-14.

41. Passow, F.: «Aristaenetos», in Passow, «Vermischte Schriften», Hrsg. v. W.A. Passow, Leipzig, 1843, p. 94-96.

42. Pietzko, J.: De Aristaeneti epistulis, Dissertatio, Breslau, 1907.

43. Puiggali, J.: «Art et Folie. À propos d'Aristénète I, 10», *Nantes Université*, 6 (1984), p. 29-40.

44. Rotter, H.: *Erotika bei Aristainetos und seinen Vorgängern*, Dissertatio, Wien, 1938 (dactylographie).

45. Schmid, W.: «Aristainetos» (8), *Realencyclopaedie der klas-sischen Altertumswissenschaft* 3 (1895), col. 851-852.

46. Schmidt, F.W.: «Kritische Studien zu den griechischen Eroti-kern», *Jahrbücher für class. Philologie*, 125 (1882), p. 185-204.

47. Schurzfleisch, H.L.: «Salmasii, Munkeri et Schurzfleischii, notae mss. in Aristaeneti Epistolas», *Acta literaria*, Wittenberg, 1714, p. 100-114.

48. Soergel, H.: *Glossae Aristaeneteae*, Dissertatio inauguralis Erlan-gensis, Norimbergae, 1893.

49. Struve, C.L.: «Aristaenetus» (Epistulae I, 3; II, 2) in Struve: *Opuscula selecta*, Vol. 1, Lipsiae, 1856, p. 252-256.

50. Tsirimbas, D.A.: Ὁ Ἀρισταίνετος ὑπὸ τὴν ἐπίδρασιν τοῦ Ἀλκίφρονος, Ἀθῆναι, 50 (1940), p. 112-115.

51. Tsirimbas, D.A.: Παροιμίαι καὶ παροιμιώδεις φράσεις παρὰ τῷ ἐπιστολογράφῳ Ἀρισταινέτῳ, Πλάτων 2 (1950), p. 25-85, Ἀθῆναι, 1951.

52. Valckenaer, L.C.: «Observationes in Aristaenetum» in Valcke-naer: *Opuscula philologica, critica, oratoria*. T.2, Lipsiae, 1809, p. 165-176.

53. Wyttenbach, D.: *Epistola critica ad D. Ruhnken super nonnullis locis Iuliani imperatoris. Accedunt animadversiones in Eunapium et Aristaenetum*, Gottingae, 1769.

54. Zaffagno, E.: «Il giuramento scritto sulla mela», *Materiali e contributi per la storia della narrativa greco-latina*, Perugia, Istituto di Filologia Latina, 1 (1976), p. 109-119.

55. Zanetto G.: «Un epistolografo al lavoro: le *Lettere* di Ariste-neto», *Studi Italiani di Filologia Classica*, n.s. V (1987), p. 193-211.

56. Zanetto G.: «Osservazioni sul testo di Aristeneto», *Koinonia*, XII (1988), p. 145-161.

C) PRINCIPALES TRADUCTIONS MODERNES

a) *Traductions françaises*

57. Foucault, C.: Les Epistres Amoureuses d'Aristenet, tournées de Grec en Français par Cyre Foucault, Sieur de la Coudrière, avec l'Image du vray Amant, discours tiré de Platon, Poictiers, pour A. Citoys et J. Barraud, 1597 (vendu également, daté de la même année, à Paris chez la «veufve Gabriel Buon»). Réédition avec Notice par A.P. Malassis, Paris, Lisieux, 1876. Autre réédition, incomplète en ce qui concerne l'introduction, dans *L'œuvre amoureuse de Lucien suivie des Épîtres amoureuses d'Aristénète. La vie, les intrigues, les temps, la science des courtisanes, les deux amours, perversions et inversions, Lesbos, lettres de courtisanes.* Introduction et notes par B. de Villeneuve. Ouvrage orné de huit illustrations hors-texte, Paris, Bibliothèque des curieux, 1923, 296 p. [Les lettres d'Aristénète vont de p. 177 à p. 296].

58. [Lesage A.R.]: Lettres Galantes d'Aristénète traduites du grec. A Rotterdam, chez Daniel de Graffe, Marchand Libraire, 1695. (Reproduction phototypique par l'Arche du Livre, Paris, 1970).

59. [Moreau]: Lettres Galantes d'Aristénète. A Cologne, MDCCLII.

60. Brenous, J.: Aristénète. *Lettres d'Amour.* Paris, Les Belles Lettres, 1938.

b) *Traductions allemandes*

61. Herel J.F.: *Erotische Briefe der griechischen Antike.* Aristainetos und Alkiphron, Altenburg, 1770. (Réédition par B. von Kytzler, München, Winkler, 1967).

62. Lesky A.: *Aristainetos.* Erotische Briefe. Eingeleitet, neu übertragen und erläutert, Zürich, Artemis-Verlag, 1951.

c) *Traduction italienne*

61. [Perini G.] *Lettere di Aristeneto tradotte da un accademico fiorentino*, Crisopoli [Pisa], 1807.

SIGLVM

V = Vindobonensis phil. gr. 310, saec. XII.

ΕΠΙΣΤΟΛΑΙ ΑΡΙΣΤΑΙΝΕΤΟΥ

LIVRE PREMIER

1. Aristénète[1] à Philocalos[2].

C'est la nature qui a fait de ma maîtresse Laïs[3] une magnifique création, mais c'est Aphrodite qui l'a parée de ses plus beaux atours et l'a introduite dans le chœur des Grâces; puis c'est au cher Éros que ma bien-aimée doit d'avoir appris à frapper adroitement, comme d'une flèche, avec les traits de son regard. Ô le plus beau chef-d'œuvre de la nature, ô gloire des femmes et portrait absolument vivant d'Aphrodite! Elle possède (autant que je puisse en des mots reproduire la puissance de sa beauté digne d'Aphrodite) des joues à la fois blanches et légèrement vermeilles qui imitent l'éclat des roses. Ses lèvres sont fines et un peu entr'ouvertes, plus vermeilles que les joues. Ses sourcils sont noirs, d'un noir parfait[a], et l'intervalle qui les sépare a de justes proportions. Son nez est droit et sa finesse s'accorde à celle des lèvres. Ses yeux sont grands et vifs et ils brillent d'une pure lumière[b]; leur noir, c'est-à-dire leur pupille, est des plus noirs et, tout autour, leur blanc[c], c'est-à-dire leur

N.B. Les notes de la traduction se trouvent au bas de chaque page lorsqu'elles sont signalées par un chiffre, et dans le chapitre des notes complémentaires, p. 87-93, lorsqu'elles sont signalées par une lettre.

1. L'*argumentum* (cf. ci-dessus, p. xxv) manque dans le manuscrit. Sur Aristénète, voir notre Introduction, ci-dessus, p. ix-xi.
2. L'adjectif φιλόκαλος, très usuel, signifie «aimant la beauté». Employé comme nom propre il ne se retrouve que dans un fragment publié à la suite des lettres d'Alciphron et qui est très proche d'Aristénète I,1 (éd. Schepers, p. 156-157).

ΒΙΒΛΙΟΝ Α'

α'

Ἀρισταίνετος Φιλοκάλῳ.

Λαΐδα τὴν ἐμὴν ἐρωμένην εὖ μὲν ἐδημιούργησεν ἡ
φύσις, κάλλιστα δὲ πάντων ἐκόσμησεν Ἀφροδίτη, καὶ τῶν
Χαρίτων συνηρίθμησε τῷ χορῷ· ὁ δὲ χρυσοῦς Ἔρως ἐπαί-
δευσε τὴν ποθουμένην εὐστόχως ἐπιτοξεύειν ταῖς τῶν
ὀμμάτων βολαῖς. Ὦ φύσεως τὸ κάλλιστον φιλοτέχνημα,   5
ὦ γυναικῶν εὔκλεια καὶ διὰ πάντων ἔμψυχος τῆς Ἀφροδίτης εἰκών. Ἐκείνη γάρ — ἵνα κάλλος ἀφροδίσιον εἰς
δύναμιν διαγράψω τοῖς λόγοις — λευκαὶ μὲν ἐπιμὶξ καὶ
ὑπέρυθροι παρειαί, καὶ ταύτῃ τὸ φαιδρὸν ἐκμιμοῦνται τῶν
ῥόδων. Χείλη δὲ λεπτὰ καὶ ἠρέμα διῃρημένα καὶ τῶν   10
παρειῶν ἐρυθρότερα. Ὀφρύς τε μέλαινα, τὸ μέλαν ἄκρα-
τον· τὸ δὲ μεσόφρυον ἐμμέτρως τὰς ὀφρῦς διορίζει. Ῥὶς
εὐθεῖα καὶ παρισουμένη τῇ λεπτότητι τῶν χειλῶν. Ὀφθαλμοὶ μεγάλοι τε καὶ διαυγεῖς καὶ καθαρῷ φωτὶ δια-
λάμποντες· τὸ δὲ μέλαν αὐτῶν, αἱ κόραι μελάνταται, καὶ   15
τὸ κύκλῳ λευκόν, αἱ γλῆναι, λευκόταται, καὶ ἑκάτερον

Titulus operis: Ἐπιστολαὶ ἀριστ (desunt duae litterae macula offusae
cum αι suprascripto, ita ut uideatur scriptum fuisse ἀριστων, postea
correctum in ἀρισται, sed difficile ἀρισταινέτου legere, sicut fecerunt
edd.).

Arg. primae epistulae deest ‖ 5 κάλλιστον V et edd.: κάλλιστος Ma ‖
10 διῃρημένα V: διῃρμένα Me, de quo cf. W.G. Arnott, *Museum
Philologum Londiniense*, I, 1975, p. 9 ‖ 15 μελάνταται Me et edd.
plerique: μελάντατοι V (quod admittit Bo) μελάντατον He ‖ 16 αἱ
γλῆναι Me et edd. sequentes: αἴγλην V.

cristallin, des plus blancs; chacune de ces deux couleurs fait valoir l'autre, et leur extrême contraste favorise celle d'à-côté[1]. À coup sûr les Grâces y résident; on peut se prosterner devant elles. Sa chevelure, naturellement frisée, ressemble, comme dit Homère[a], à la fleur de jacinthe, et ce sont les mains d'Aphrodite qui en prennent soin. Son cou est blanc; il s'harmonise avec le visage et, même sans parure, il s'affirme de lui-même[b] par sa délicatesse. Il est cependant entouré d'un collier garni de pierres précieuses[c] et portant inscrit le nom de la belle; les pierres y sont disposées pour former les lettres. Ajoutons une bonne stature, une mise distinguée, bien ajustée et s'adaptant à sa conformation physique. Vêtue, elle est fort élégante, nue, elle apparaît comme l'élégance même. Elle marche d'une allure assurée, à petits pas, telle un cyprès ou un palmier qui doucement se balancent, car la beauté est naturellement fière. Mais ceux-là, qui sont des arbres, c'est l'haleine du zéphyr qui les agite, elle, les souffles des Amours qui l'inspirent. Les plus éminents des peintres l'ont représentée du mieux qu'il leur était possible[d]. Aussi, lorsqu'il leur faut représenter Hélène ou les Grâces, ou même la reine des Grâces, comme s'ils fixaient un merveilleux modèle de beauté, ils se reportent au portrait de Laïs, puis ils en copient l'image divine qu'ils ont artistement réalisée[2]. J'allais oublier de dire que ses seins, durs comme des coings, repoussent violemment sa robe. Cependant les membres de Laïs sont si bien proportionnés et si délicats que, lorsqu'on la serre dans les bras, ses os semblent plier dans une sorte de fluidité naturelle. Aussi, grâce à cette fluidité, ne résistent-ils guère plus que les chairs à la pression qu'on exerce et obéissent-ils aux étreintes amoureuses. Lorsqu'elle se fait entendre, holà, que de sirènes dans sa conversation et que sa langue sait bien

1. Cf. fragment attribué à Alciphron et cité n. 2, p. 2.
2. Xénophon, *Mémorables*, III,11,1.

ὑπερβολῇ πρὸς τὸ ἕτερον ἐπιδείκνυται, καὶ τὸ λίαν ἀνό-
μοιον εὐδοκιμεῖ παρακείμενον. Ἔνθα δὴ τὰς Χάριτας
ἐγκαθιδρυμένας πάρεστι προσκυνεῖν. Ἡ δὲ κόμη φυσικῶς
ἐνουλισμένη ὑακινθίνῳ ἄνθει, καθ᾽ Ὅμηρον, ἐμφερής, καὶ   20
ταύτην αἱ χεῖρες τημελοῦσι τῆς Ἀφροδίτης. Τράχηλος
λευκός τε καὶ σύμμετρος τῷ προσώπῳ κἂν ἀκόσμητος ᾖ,
δι᾽ ἁβρότητα τεθάρρηκεν ἑαυτῷ. Περίκειται μέντοι λιθο-
κόλλητον περιδέρραιον, ἐν ᾧ τοὔνομα γέγραπται τῆς
καλῆς· γράμματα δ᾽ ἐστὶ τῶν λιθιδίων ἡ θέσις. Ἔτι δὲ   25
εὐμήκης ἡλικία, σχῆμα καλόν τε καὶ περίμετρον καὶ τῷ
τύπῳ συνδιατιθέμενον τῶν μελῶν. Ἐνδεδυμένη μὲν εὐπρο-
σωποτάτη ἐστίν, ἐκδῦσα δὲ ὅλη πρόσωπον φαίνεται. Βά-
δισμα τεταγμένον, βραχὺ δέ, ὥσπερ κυπάριττος ἢ φοῖνιξ
σειόμενος ἡσυχῇ, ἐπεὶ φύσει τὸ κάλλος ἐστὶν ὑπερήφα-   30
νον. Ἀλλ᾽ ἐκείνους μὲν οἷα φυτὰ κινεῖ ζεφύρου πνοή,
αὐτὴν δέ πως ὑποσαλεύουσι τῶν Ἐρώτων αἱ αὖραι. Ταύτην ἑαυτοῖς, ὡς οἷόν τε ἦν, οἱ κορυφαῖοι γεγράφασι τῶν
ζωγράφων. Ἡνίκα οὖν δέοι γράφειν Ἑλένην ἢ Χάριτας ἢ
καὶ αὐτήν γε τὴν ἄρχουσαν τῶν Χαρίτων, οἷον εἰς ὑπερ-   35
φυὲς παράδειγμα κάλλους ἀφορῶντες ἀνασκοποῦσι τὴν
εἰκόνα Λαΐδος, κἀντεῦθεν ἀποτυποῦνται θεοπρεπῶς τὸ
φιλοτεχνούμενον εἶδος. Μικροῦ με παρῆλθεν εἰπεῖν ὡς
κυδωνιῶντες οἱ μαστοὶ τὴν ἀμπεχόνην ἐξωθοῦσι βιαίως.
Οὕτω μέντοι σύμμετρα καὶ τρυφερὰ τῆς Λαΐδος τὰ μέλη,   40
ὡς ὑγροφυῶς αὐτῆς λυγίζεσθαι τὰ ὀστᾶ τῷ περιπτυσσο-
μένῳ δοκεῖν. Τοιγαροῦν ταῦτα μικροῦ γε ὁμοίως δι᾽ ἁπα-
λότητα συναπομαλάττεται τῇ σαρκί, καὶ ταῖς ἐρωτικαῖς
ἀγκάλαις ὑπείκει. Ἡνίκα δὲ φθέγγεται, βαβαί, ὅσαι τῆς
ὁμιλίας αὐτῆς αἱ σειρῆνες, ὅσον ἡ γλῶττα στωμύλη-   45
θρος. Ἴδοις ἂν τὴν Πειθὼ τοῖς πορφυρείοις αὐτῆς χείλεσιν

---

20 ὑακινθίνῳ Me et edd. sequentes: ὑακίνθῳ V (cf. *Odysseam*, 6,231 et
23,158) ‖ 24 περιδέρραιον V et edd. ante He: περιδέραιον He, Ma ‖
29 φοῖνιξ V (de quo cf. opus citatum in nota nostra (ad I,1,10): φοίνιξ
edd. ‖ 45 στωμύληθρος edd.: -λιθρος V.

parler! On croirait voir Peithô posée sur ses lèvres purpurines. Vraiment Laïs a ceint sa poitrine de l'écharpe magique des Grâces[a] et son sourire est plein de séduction[b]. Ainsi donc ma chère maîtresse, dans la fraîcheur et la fierté de son opulente beauté[c], ne saurait être l'objet de la moindre raillerie, pas même de Mômos[d]. Mais comment Aphrodite m'a-t-elle jugé digne d'une telle fille? Elle n'a point participé à un concours de beauté devant moi; je n'ai pas décidé que cette déesse l'emportait en beauté sur Héra et Athéna; je ne lui ai pas donné une pomme pour signifier mon jugement, mais tout simplement Aphrodite a voulu me faire plaisir en m'accordant cette Hélène. Ô souveraine Aphrodite, quel sacrifice pourrai-je t'offrir pour te remercier de Laïs? Ceux qui la regardent, tout admiratifs, cherchent à détourner le mauvais sort en invoquant ainsi les dieux: «Que s'éloigne d'elle la jalousie suscitée par la beauté, que s'éloigne l'envie suscitée par la grâce!» Elle s'accompagne de tant d'élégance qu'elle éblouit la prunelle de ceux qui l'approchent, ma Laïs. Et les vieillards, même les plus âgés, l'admirent, comme, chez Homère, les anciens du peuple le faisaient pour Hélène[e]. «Nous voudrions bien, disent-ils, ou l'avoir trouvée tant que nous étions jeunes, ou recommencer à présent notre jeunesse». Il n'y a pas à s'indigner ce que cette jeune femme soit dans toutes les bouches des Grecs, puisque, muets, ils s'entretiennent par signes de la beauté de Laïs[f]. Je ne sais pas que dire encore ni comment m'arrêter[g]. Je terminerai cependant en souhaitant une seule chose, mais très importante, à cet écrit: d'être agréé par Laïs; le grand amour que j'ai pour elle m'oblige à répéter, je le sais, son nom chéri[h], que j'ai encore aujourd'hui prononcé.

ἐπικαθημένη. Τῶν Χαρίτων πάντως ἡ Λαῒς τὸν κεστὸν
ὑπεζώσατο, καὶ μειδιᾷ πάνυ ἐπαγωγόν. Οὕτως οὖν τὴν
ἐμὴν ὡραϊζομένην καὶ τρυφῶσαν ὑπὸ πλούτου τῆς εὐπρεπείας οὐδ' ἂν ὁ Μῶμος ἐν ἐλαχίστῳ μωμήσαιτο. Ἀλλὰ   50
πόθεν ἄρα με τοιαύτης ἠξίωσεν Ἀφροδίτη; Περὶ κάλλους
οὐκ ἠγωνίσατο παρ' ἐμοί, Ἥρας, Ἀθηνᾶς, οὐκ ἔκρινα τὴν
θεὸν εὐπρεπεστέραν ὑπάρχειν, ψῆφον αὐτῇ δίκης οὐκ
ἀπέδωκα μῆλον, καὶ ἁπλῶς μοι ταύτην πεφιλοτίμηται
τὴν Ἑλένην. Ὦ πότνια Ἀφροδίτη, τί σοι τῆς Λαΐδος   55
ἕνεκα θύσω; Ἣν οἱ προσβλέποντες ἀποτροπιάζουσιν ὧδε
σὺν θαύματι προσευχόμενοι τοῖς θεοῖς· «Ἀπίτω φθόνος
τοῦ κάλλους, ἀπίτω βασκανία τῆς χάριτος». Τοσοῦτον
αὐτῇ περίεστιν εὐπρεπείας, ὡς τῶν προσιόντων ἀγλαΐζειν
τὰς κόρας τὴν Λαΐδα. Καὶ γέροντες εὖ μάλα πρεσβῦται   60
θαυμάζουσιν, ὡς οἱ παρ' Ὁμήρῳ δημογέροντες τὴν Ἑλένην, καί· «Εἴθε», φασίν, ἢ ταύτην ηὐτυχήσαμεν ἡβῶντες
ἢ νῦν ἠρξάμεθα τῆς ἡλικίας». Οὐ νέμεσις τὸ γύναιον εἶναι
διὰ στόματος τῇ Ἑλλάδι, ἔνθα κωφοὶ διανεύουσιν ἀλλήλοις τῆς Λαΐδος τὸ κάλλος. Οὐκ ἔχω ὅ τι λέγω, οὐδὲ   65
ὅπως παύσομαι. Λήξω δὲ ὅμως, ἓν μέγιστον ἐπευχόμενος
τοῖς γραφεῖσι, τῆς Λαΐδος τὴν χάριν, ἧς δι' ἔρωτα πολὺν
οἶδα καὶ νῦν τὸ προσφιλὲς ὄνομα πολλάκις εἰπών.

---

50 μωμήσαιτο edd.: correctum e μιμ- manu recenti in V ‖ **56** προσβλέποντες Me et edd. sequentes: προϛλ- V ‖ **59** περίεστιν εὐπρεπείας
Ab et edd. sequentes: περ' ἐστὶν (sic) εὐπρέπεια V πάρεστιν εὐπρεπείας Me ‖ **64** ἔνθα V et edd. ante He: ἔνθ' οἱ He, Ma (fortasse recte).

2. Jeunes filles se disputant l'amour d'un petit jeune homme.

Hier soir, tandis que je chantais dans une ruelle, deux jeunes filles s'approchèrent, cherchant de leurs regards la faveur de l'Amour; elles souriaient et rien, sinon leur nombre, ne les distinguait des Grâces. Ces filles, en se disputant franchement et en montrant bien qu'elles ne dissimulaient pas leurs sentiments, ne cessaient de me questionner[1]: «En chantant tes jolies chansons tu as jeté dans nos cœurs les terribles flèches des Amours; dis-nous donc, au nom de ta belle musique dont tu as rempli amoureusement notre âme, à toutes les deux, pour qui tu chantes, car chacune de nous affirme que c'est elle qui est aimée. Nous voilà en train de nous jalouser et à cause de toi souvent nous nous querellons méchamment, jusqu'à nous prendre aux cheveux». — «Toutes les deux, répondis-je, vous êtes jolies; seulement je ne désire ni l'une ni l'autre. Allez-vous en donc, fillettes; cessez votre dispute, arrêtez de vous quereller. C'est une autre que j'aime et je vais la rejoindre». — «Une jeune fille, disent-elles, aussi jolie, il n'y en a pas ici dans le voisinage, et tu dis que tu en aimes une autre; mensonge à coup sûr! Jure que tu ne désires aucune de nous deux!» Là-dessus j'éclatai de rire et je m'écriai: «Si je ne veux pas, allez-vous m'imposer un serment?» — «Nous avons eu de la peine, dirent-elles, à descendre, en profitant d'un moment favorable et tu restes là à te moquer de nous! On ne peut pas te laisser partir et tu ne vas pas nous priver d'un si grand espoir»[2]! Ce disant, elles m'attiraient à elles: alors moi je me laissai faire une douce violence. En voilà assez raconté qu'un chacun puisse écouter[3]. Pour

---

1. Cf. Ménandre, *Atrabilaire*, 764.
2. Cf. Platon, *Euthyphron*, 15 c-d.
3. Cf. Platon, *Banquet*, 217 e.

Παρθένοι νεανίσκον ἐφαμίλλως ποθοῦσαι.

β'
***

Ἑσπέρᾳ τῇ προτεραίᾳ μελῳδοῦντί μοι κατά τινα στενωπὸν δύο κόραι προσῆλθον ἀναβλέπουσαι χάριν Ἔρωτος, μειδιῶσαι καὶ μόνῳ γε τῷ ἀριθμῷ λειπόμεναι τῶν
Χαρίτων· κἀμὲ διηρώτων αἱ μείρακες ἁμιλλώμεναι πρὸς
ἀλλήλας ἀδόλως καὶ ἦθος οὐ πεπλασμένον ἐμφαίνουσαι·   5
«Ἐπειδὴ μέλη προσᾴδων καλὰ τὰ δεινὰ τῶν Ἐρώτων
ἡμῖν ἐμβέβληκας βέλη, λέγε, πρὸς τῆς σῆς εὐμουσίας, ἧς
ἐρωτικῶς πρὸς τοῖς ὠσὶ καὶ τὴν ψυχὴν ἐμπέπληκας ἑκα-
τέρας ἀμφοτέρων ἡμῶν, τίνος ἕνεκα μελῳδεῖς; Ἑκατέρα
γὰρ ἑαυτὴν ἐρᾶσθαί φησι. Καὶ ζηλοτυποῦμεν ἤδη καὶ διὰ   10
σὲ φιλονείκως καὶ μέχρι τριχῶν συμπλεκόμεθα πολλάκις
ἀλλήλαις». — «Ἀμφότεραι μὲν ὁμοίως, εἶπον, καλαί,
πλὴν οὐδετέραν ποθῶ. Ἄπιτε οὖν, ὦ νεάνιδες, ἀπόθεσθε
τὴν ἔριν, παύσασθε ζυγομαχίας. Ἄλλης ἐρῶ, πρὸς αὐτὴν
βαδιοῦμαι». — «Κόρη, φασίν, ἐκ γειτόνων οὐκ ἔστιν   15
ἐνταῦθα καλή, καὶ φὴς ἄλλης ἐρᾶν; ψεύδη προφανῶς.
Ὄμοσον ὡς ἡμῶν οὐδετέραν ποθεῖς». Προσεγέλασα τηνικαῦτα βοῶν ὡς «Εἰ μὴ θέλω, πρὸς ἀνάγκης ἐπάγετέ μοι
τὸν ὅρκον»; — «Μόλις, ἔφησαν, κατέβημεν καιρὸν εὔκαι-
ρον εὑροῦσαι, λαβοῦσαι, καὶ παρίστασαι διαπαίζων ἡμᾶς.   20
Οὐκ ἀφετέος εἶ, οὐδὲ καταβαλεῖς ἡμᾶς ἀπ᾽ ἐλπίδος
μεγάλης». Καὶ ἅμα λέγουσαι προσεῖλκον, ἐγὼ δέ πως
ἡδέως ἠναγκαζόμην. Μέχρι μὲν οὖν δεῦρο τοῦ λόγου

Arg. νεανίσκον ἐφαμίλλως Me et edd. sequentes: -κω -λλω V ‖ 2 Post
προσῆλθον addit ἀναιδέστερον Zanetto, *Koinonia*, 12, 1988, p. 145 ‖
Tit. deest ‖ 3 μόνῳ Me et edd. sequentes: μόναι V ‖ 13 et 17 οὐδετέραν
edd.: οὐδ᾽ ἑτέραν V ‖ 14 ζυγομαχίας correctum e ζυχο- V ‖ 16 ψεύδη
V, Ma: ψεύδῃ edd. ceteri ‖ Ὄμοσον edd. recentes: ὄμνυ edd. ueteres,
ὅμοιον V ‖ 21 καταβαλεῖς Bo, He, Ma: -ζάλης V et edd. ante Bo.

ce qui s'est passé ensuite je dirai en bref que je n'ai déçu ni l'une ni l'autre, ayant trouvé sur place un endroit pour coucher adapté au besoin[1].

3. Courtisane et jeune homme se régalant ensemble sous un arbre.

Philoplatanos à Anthocomé.

Limoné et moi avons agréablement festoyé dans un parc fort galant et en parfaite harmonie avec la beauté de ma maîtresse. Il y avait un platane au vaste feuillage ombreux, une brise légère, un tendre gazon qui ne manquait pas de se couvrir de fleurs en la saison d'été et sur lequel il était plus agréable de s'étendre[1] que sur les plus somptueux tapis[2], des arbres chargés de fruits variés, «poiriers et grenadiers, pommiers aux fruits brillants»[3]. On aurait dit que c'était là le domaine des Nymphes automnales. Voilà donc les arbres qu'il y avait et d'autres tout près, aux rameaux bien fleuris, aux fruits de toute sorte, si bien que cet endroit charmant s'en trouvait tout embaumé. J'en cueillis une feuille[4] que je pétris entre mes doigts, puis je l'approchai de mes narines et je humai longuement les senteurs les plus suaves. Des treilles d'une étendue et d'une hauteur immenses s'entrelacent à des cyprès; nous étions forcés de renverser la tête complètement en arrière pour admirer leurs

1. Cf. Achille Tatios, V,25,4.

1. Cf. Platon, *Phèdre*, 229 b-230 b; Achille Tatios, I,2,3.
2. Cf. Philostrate, *Images*, I,6,2.
3. Cf. Homère, *Odyssée*, VII, 115.
4. Cf. Philostrate, *Héroïque*, p. 131, 22-24 éd. Kayser; rapprochement douteux.

καλῶς ἂν ἔχοι καὶ πρὸς ὀντιναοῦν, τὸ δὲ ἐντεῦθεν ἐν
κεφαλαίῳ τοσοῦτον λεκτέον, ὡς οὐδεμίαν λελύπηκα, θάλα-
μον αὐτοσχέδιον εὑρὼν ἀρκοῦντα τῇ χρείᾳ.

Ἑταίρα καὶ νέος ὑπὸ δένδρῳ συνευωχηθέντες ἀλλήλοις.

γ'
Φιλοπλάτανος Ἀνθοκόμη.

Τῇ Λειμώνῃ χαριέντως ἐν ἐρωτικῷ συνειστιώμην παρα-
δείσῳ καὶ μάλα πρέποντι τῷ κάλλει τῆς ἐρωμένης· ἔνθα
πλάτανος μὲν ἀμφιλαφής τε καὶ σύσκιος, πνεῦμα δὲ
μέτριον, καὶ πόα μαλθακὴ ὥρᾳ θέρους ἐπανθεῖν εἰωθυῖα —
ἐπὶ τοῦ πεδίου κατεκλίθημεν οἷα τῶν πολυτελεστάτων   5
δαπίδων — δένδρη τε πολλὰ τῆς ὀπώρας πλησίον, «ὄγχναι καὶ ῥοιαὶ καὶ μηλέαι ἀγλαόκαρποι», φαίη τις ἂν καθομηρίζων τῶν ὀπωρινῶν αὐτόθι Νυμφῶν τὸ χωρίον. Ἦν
μὲν οὖν ταῦτα καὶ ἕτερα δένδρα πλησίον, εὐανθῆ μὲν τοὺς
ὄρπηκας, πάμφορα δὲ τὸν καρπόν, ὡς ἂν εὐωδέστατον   10
παρέχοι τὸν ἐράσμιον τόπον. Καὶ τούτων ἐκδρεψάμενος
φύλλον ὑπεμάλαττον τοῖς δακτύλοις, εἶτα τῇ ῥινὶ προσάγων γλυκυτέρας ἐπὶ πλεῖστον εἰσέπνεον εὐοσμίας. Ἄμ-
πελοι δὲ παμμήκεις σφόδρα γε ὑψηλαὶ περιελίττονται
κυπαρίττους, ὡς ἀνακλᾶν ἡμᾶς ἐπὶ πολὺ τὸν αὐχένα   15

25 οὐδεμίαν edd.: οὐδὲ μίαν V.
Arg. συνευωχηθέντες V ut monuit Bast a Bo citatum; male legerat Sa,
unde -θήτην edd. uet. ‖ 1 συνειστιώμην Cobet, He, Ma: συνεστίαμεν
ut uidetur V quod acceperunt edd. uet., συνέστημεν Bo ‖ 4 εἰωθυῖα
edd.: εἰωθυῖαι V ‖ 5 τοῦ πεδίου Bo, Ma: τὸ πεδίον V ‖ 4-6 usque ad
δένδρη τε locus dubius; alii alia coniecerunt ‖ 5 οἷα Heringa a Bo
citatum, Ma: οἱ V et edd. uet., ὥρᾳ He ‖ 6 δαπίδων edd.: δαπέδων V ‖
δένδρη τε Me et edd. sequentes: δενδρῖται V ‖ 6-7 ὄγχναι He, Ma:
ὄχναι V et edd. ante He.

grappes qui pendaient tout autour, les unes gonflées, d'autres bleuissant, d'autres encore vertes, d'autres paraissant en fleur[1]. Pour cueillir celles qui sont mûres, l'un se mettait à grimper en avançant sur les branches; un autre, après s'être élevé suffisamment du sol, se tenait solidement par l'extrémité de la main gauche et vendangeait de la main droite un côté de la vigne; un autre, depuis l'arbre, tendait la main à un très vieux paysan. La plus charmante des sources fait couler auprès du platane une eau très fraîche[2], comme on le sent quand on y met le pied, et si limpide qu'on voyait distinctement tous nos membres, tandis que nous y nagions ensemble dans une onde transparente, amoureusement enlacés. Cependant je me suis aperçu plusieurs fois que mes sens m'abusaient en raison de la ressemblance entre des pommes et les seins de cette fille; j'ai saisi en effet une pomme qui flottait entre nous deux dans les eaux en croyant saisir le sein rebondi de ma chérie. Certes, et j'en atteste les Nymphes de la fontaine, la source est jolie en elle-même, mais elle ajoutait à son éclat la parure d'une frondaison parfumée et le corps de Limoné. Avec la merveilleuse beauté de son visage, une fois dévêtue elle semble n'avoir plus de visage, car ce qui se trouve dans ses vêtements surpasse tout[3]. La source était bien jolie et le souffle du zéphyr tempérait ce que l'heure avait de pénible en l'adoucissant: il produisait un léger bruit assoupissant et,

---

1. Cf. Philostrate, *Images*, II,17,8; Homère, *Odyssée*, VII,124 et suiv.

2. Cf. Achille Tatios, I,2,3.

3. Cf. Platon, *Charmide*, 154 d.

πρὸς θέαν τῶν κύκλῳ συναιωρουμένων βοτρύων, ὧν οἱ μὲν
ὀργῶσιν, οἱ δὲ περκάζουσιν, οἱ δὲ ὄμφακες, οἱ δὲ οἰνάνθαι
δοκοῦσιν. Ἐπὶ τοίνυν τοὺς πεπανθέντας, ὁ μὲν ἀνερριχᾶτο βεβηκὼς ἐπὶ τῶν κλάδων, ὁ δὲ ἀπὸ τῆς γῆς ἀρθεὶς
ἱκανῶς ἄκρᾳ μὲν τῇ λαιᾷ σφοδρῶς εἴχετο τοῦ φυτοῦ, τῇ   20
δεξιᾷ δὲ παρετρύγα· ὁ δὲ ἀπὸ τοῦ δένδρου χεῖρα ὤρεγε τῷ
γεωργῷ ὡς ὑπεργεγηρακότι. Ἡ δὲ πηγὴ χαριεστάτη ὑπὸ
τῇ πλατάνῳ ῥεῖ ὕδατος εὖ μάλα ψυχροῦ, ὥς γε τῷ ποδὶ
τεκμήρασθαι, καὶ διαφανοῦς τοσοῦτον, ὥστε, συνεπινηχο-
μένων κατὰ διαυγὲς ὑδάτιον καὶ διαπλεκομένων ἐπαφρο-   25
δίτως ἀλλήλοις, ἅπαν ἡμῶν φανερῶς ἀποκαταφαίνεσθαι
μέλος. Ὅμως οὖν οἶδα πολλάκις τὴν αἴσθησιν πλανηθεὶς
πρὸς ὁμοιότητα μήλων τε καὶ τῶν ἐκείνης μασθῶν· μήλου
γὰρ ἀμφοῖν μεταξὺ ⟨ἐν⟩ τοῖς ὕδασι διανηχομένου τῇ χειρὶ
κατεδεξάμην, τοῦτο εἶναι νομίσας τὸν κυδωνιῶντα τῆς   30
ποθουμένης μασθόν. Καλὴ μὲν οὖν, νὴ τὰς τῆς κοπίδας
νύμφας, καὶ καθ᾽ ἑαυτὴν ἡ πηγή, φαιδροτέρα δὲ μᾶλλον
ἐδόκει τοῖς εὐωδεστέροις ἐπικοσμηθεῖσα τῶν φύλλων καὶ
τοῖς μέλεσι τῆς Λειμώνης, ἥτις, καὶ ὑπερφυῶς εὐπρό-
σωπος οὖσα, ὅμως, ὅταν ἀπεκδύηται, δι᾽ ὑπερβολὴν τῶν   35
ἔνδον ἀπρόσωπος εἶναι δοκεῖ. Καλὴ μὲν οὖν ἡ πηγή,
εὔκρας δὲ καὶ ἡ τοῦ ζεφύρου πνοή, τὸ λυπρὸν παραμυθουμένη τῆς ὥρας, λεπτὸν ἅμα καὶ ὑπηλὸν ἐνηχοῦσα καὶ

20 Post φύτου Le transponit βεβηκὼς ἐπὶ τῶν κλάδων, quod accepit
Ma fortasse recte ‖ 21-22 τῷ γεωργῷ V et edd.: γεωργῷ (fortasse recte)
He ‖ ὡς ὑπεργεγηρακότι Le, quod accepit Ma: ὥσπερ γεγηρακότι V,
quod acceperunt edd. ante Ma ὑπεργεγηρακότι He ‖ 25 κατὰ Le, Ma:
καὶ V, καὶ διὰ edd. uet. Post συνεπ- addit καὶ Zanetto, *Koinonia*, XII,
1988, p. 146 ‖ διαυγὲς ὑδάτιον Ma et edd. ante He, κατὰ ... ὑδάτιον
omittit He ‖ 29 ἐν addit Ma auctore Le ‖ 31 κοπίδας (uerbum incer-
tum uarie et frustra temptatum de quo uide adnotationem nostram) ‖
34 καὶ V et edd. ante He: καίπερ He, Ma fortasse recte ‖ 37 λυπρὸν
Heringa a Bo citatus: λεπτὸν ἅμα (e dittographia cum λεπτὸν ἅμα
inferioris lineae) V χαλεπὸν Ma auctore Wyttenbach alii alia ‖ 37-38
παραμυθουμένη Me et edd. sequentes: περιμ- V.

en se mêlant intimement aux senteurs des arbres, il
rivalisait avec les parfums de ma si douce amie. C'était
un mélange d'agréables impressions. Mais je pense que le
parfum présentait un avantage parce que c'était le sien.
Puis l'haleine embaumée de la brise qui rendait la cani-
cule de midi moins intense accompagnait harmonieuse-
ment le chœur charmant des cigales[1]. A leur tour les
rossignols qui voltigent au-dessus des ondes font entendre d'agréables chansons. Nous écoutions aussi les
autres oiseaux à la douce voix, qui, dans leur mélodieux
babil, paraissaient converser avec les gens. Il me semble
que je les ai encore devant les yeux. Celui-ci, sur un
rocher, pose les pattes, l'une après l'autre, celui-là rafraî-
chit ses plumes, tel autre les nettoie, tel autre tire
quelque chose de l'eau, tel autre retourne en nageant
vers la terre pour y trouver sa nourriture[2]. Et nous, nous
entretenions à leur sujet, mais à voix basse, de peur de
les voir s'envoler en mettant ainsi fin à la contemplation
des oiseaux. Mais, j'en atteste les Grâces, voici ce qui
nous charma le plus : pendant que le jardinier chargé des
rigoles conduisait rapidement avec sa bêche le courant
vers les plates-bandes et les arbres[3], plus loin mon
domestique laissait entraîner par le flux des tasses pleines
d'un excellent breuvage afin de nous les servir plus vite :
non pas toutes ensemble mais une à une et séparées entre
elles par un court intervalle. Chacune de ces tasses
flottait gracieusement comme un bateau et portait toute
droite une feuille de l'arbre de Médie[4] : c'étaient-là les
voiles de nos coupes à l'heureuse navigation. Ainsi,

---

1. Cf. Platon, *Phèdre*, 230 c; 258 a-259 d.
2. Cf. Philostrate, *Images*, I,9,2; I,22,1.
3. Cf. Homère, *Iliade*, XXI,257-259; Achille Tatios, I,1,6; Lucien, *Histoire vraie*, I,33.
4. Il est probable, comme le dit A. Lesky dans les notes à sa traduction, p. 140, qu'il s'agit d'une feuille de citronnier.

τῆς εὐωδίας πολὺ συνεπαγομένη τῶν δένδρων, τοῖς μύ-
ροις ἀντέπνει τῆς γλυκυτάτης. Καὶ συμμιγὴς ἦν εὐοσμία 40
καὶ μικροῦ γε ὁμοτίμως τὴν αἴσθησιν εὐφραινόντων. Βραχὺ γάρ, ἡγοῦμαι, τὸ μύρον ἐνίκα, ὅτι γε τῆς Λειμώνης
ὑπῆρχε τὸ μύρον. Ἔτι δὲ τὸ εὔπνουν τῆς αὔρας, δι᾽ ἣν
καὶ τὸ πνῖγος τῆς μεσημβρίας ἠπιώτερον ἐγεγόνει, λιγυρὸν ὑπήχει τῷ μουσικῷ τῶν τεττίγων χορῷ. Ἡδὺ καὶ 45
ἀηδόνες περιπετόμεναι τὰ νάματα μελωδοῦσιν. Ἀλλὰ καὶ
τῶν ἄλλων ἡδυφώνων κατηκούομεν ὀρνίθων ὥσπερ ἐμμε-
λῶς ὁμιλούντων ἀνθρώποις. Ἔτι κἀκείνους πρὸ τῶν ὀμμάτων ἔχειν δοκῶ· ὁ μὲν ἐπὶ πέτρας ἀναπαύει τὼ πόδε
καθ᾽ ἕνα, ὁ δὲ ψύχει τὸ πτερόν, ὁ δὲ ἐκκαθαίρει, ὁ δὲ ᾕρέ 50
τι ἐκ τοῦ ὕδατος, ὁ δὲ εἰς τὴν γῆν κατανένευκεν ἀποσιτίσασ-
θαί τι ἐκεῖθεν. Ἡμεῖς δὲ ὑφειμένῃ τῇ φωνῇ διελεγόμεθα
περὶ τούτων, ὅπως μὴ ἀποπτήσωνται καὶ διασκεδάσωμεν
τῶν ὀρνίθων τὴν θέαν. Κἀκεῖνό γε, νὴ τὰς Χάριτας, ἐπιτερ-
πέστατον ἦν· τοῦ γὰρ ὀχετηγοῦ κατὰ τάχος ἐπὶ πρασιάς 55
τε καὶ δένδρα τῇ σμινύῃ καθηγουμένου τῷ ῥεύματι, πόρρωθεν ὁ θεράπων φιάλας καλλίστου πόματος πλήρεις ἐπὶ
τὸν ὁλκὸν ὑφίει θᾶττον φέρεσθαι κατὰ ῥοῦν, οὐ χύδην,
ἀλλὰ κατὰ μίαν, ἐκ διαστήματος βραχέος διακεκριμένας
ἀλλήλων· ἕκαστον δὲ τῶν ἐκπωμάτων, δίκην ὁλκάδων, 60
ἐπιχαρίτως διεκπλεόντων ὀρθὸν τοῦ μηδικοῦ φυτοῦ ἐπεφέρετο φύλλον, καὶ ἦν ταῦτα ταῖς εὐπλοούσαις ἡμῶν

43 εὔπνουν He, Le, Ma (cf. Platonis Phaedrum 230c): ἔμπνουν V
quod seruant plerique edd. ‖ 43-44 δι᾽ ἣν ... ἐγεγόνει transfert inter
αὔρας et λιγυρὸν Le, quod accepit Ma, fortasse recte ‖ 45 ὑπήχει He,
Ma: ὑπηχεῖ Bo, ὑπηχεῖτο V et edd. uet. ‖ 51-52 ἀποσιτίσασθαι V et
plerique edd.: ἐπισ- Ab, He, Ma, fortasse recte ‖ 54 γε Bo in adnotationibus, Ma: δὲ He, τε V et edd. uet. ‖ 56 σμινύη edd. auctore Me:
σμηνύῃ V ‖ 58 ὑφίει V, Me et edd. uet. quidem: ἠφίει Ab, Bo, He,
Ma, fortasse recte ‖ 61-62 ὀρθὸν τοῦ μηδικοῦ φυτοῦ ἐπεφέρετο
φύλλον Bo: πτόρθον Μηδικοῦ φυτοῦ ἐπεφέρετο εὔφυλλον He, Ma,
πτόρθου τοῦ Μηδικοῦ φύλλον ἐφέρετο εὔφυλλον Zanetto, Koinonia,
XII, 1988, p. 147 alii, alia; ὄρθρον (uel ὄρθρου) τὸ μηδικὸν φῦλον
ἐπεφέρετο φῦλλον V.

naturellement pilotées par un souffle tranquille et pai-
sible, telles des navires filant rapidement sous l'effet d'un
vent en poupe, ces coupes, avec leur délicieux charge-
ment, abordaient heureusement les convives. A mesure
qu'elles passaient auprès de nous, nous tirions chacune
d'elles et nous en buvions à la ronde le breuvage artistement dosé. En effet l'habile échanson avait volontaire-
ment mêlé le vin chauffé plus qu'il ne le fallait à la même
quantité d'eau très chaude: de cette façon le courant très
froid devait-il refroidir le mélange flottant à sa surface,
afin que seule l'excessive chaleur soit amoindrie par le
froid et que la juste température soit maintenue. Voilà
donc comment nous passions le temps autour de Dionysos et d'Aphrodite[1] et, la coupe en main, nous prenions
plaisir à les réunir[2]. Limoné, avec des fleurs, avait fait
une prairie de sa tête[3]. Comme elle est belle la couronne,
comme elle va bien aux femmes qui sont dans leur
printemps et comme facilement elle ravive l'éclat de leur
teint vermeil grâce aux roses lorsque c'en est la saison!
Viens donc ici, mon cher (c'est la propriété du beau
Phyllion), et toi, gracieuse Anthocomé, viens participer à
de tels plaisirs, en compagnie de Myrtalé la bien-aimée.

---

1. Cf. Platon, *Banquet*, 177 e.
2. Cf. Philostrate, *Lettres*, 21.
3. Cf. Philostrate, *Images*, I,21,2.

φιάλαις ἱστία. Τοιγαροῦν αὐτοφυῶς ἠρεμαίᾳ καὶ ἀτα-
ράχῳ πνοῇ κυβερνώμεναι, καθάπερ νῆες ταχυναυτήσασαι
κατὰ πρύμναν ἱσταμένου τοῦ πνεύματος, σὺν τοῖς ἡδίσ-   65
τοις φόρτοις εἰς τοὺς συμπότας εὔδιον προσωρμίζοντο·
ἡμεῖς δέ, ὑπουργῶς ἀνασπῶντες ἑκάστην παραθέουσαν
κύλικα, συνεπίνομεν, ἴσον ἴσῳ κεκραμένην μετρίως. Ὁ
γὰρ ἔμμετρος οἰνοχόος ἐξεπίτηδες τοσούτῳ θερμότερον
τοῦ δέοντος τὸν οἶνον συνέμισγεν ὕδατι διαπύρῳ, ὅσον   70
ἔμελλεν ὁ ψυχρότατος ὁλκὸς ἐπιπολάζον αὐτῷ τὸ κραθὲν
ἐπιψύχειν, ὅπως ἄν, μόνης γε τῆς ἀμέτρου θέρμης τῷ
ψυχρῷ μειουμένης, τὸ σύμμετρον καταλήψοιτο. Καὶ οὕτω
δὴ γέγονεν ἡμῖν ἀμφὶ Διόνυσόν τε καὶ Ἀφροδίτην ἡ πᾶσα
διατριβή, οὓς ἐπὶ τῇ κύλικι συνάγοντες ἐθελγόμεθα. Ἡ δὲ   75
Λειμώνη τοῖς ἄνθεσιν οἷον λειμῶνα τὴν κεφαλὴν ἐποιεῖτο.
Καλὸς δὲ ὁ στέφανος καὶ δεινὸς ἐπιπρέψαι ταῖς ἐν ὥρᾳ
ῥᾷστα καὶ φαιδρότερον τοῖς ῥόδοις ἀποτελέσαι τὸ ἔρευθος, ὅτ᾽ ἂν εἴη τούτων καιρός. Ἄπιθι τοίνυν, ὦ φιλότης,
ἐκεῖσε — ἔστι δὲ τοῦ καλοῦ Φυλλίωνος τὸ χωρίον —, καὶ   80
τοιούτων, εὔχαρι Ἀνθοκόμη, συναπόλαυε τῇ ποθουμένῃ
Μυρτάλῃ.

---

63 ἱστία edd.: σιτία V ‖ 64 κυζερνώμεναι correctum e κυζερνῶμαι V ‖
67 ἡμεῖς correctum ex ὑμεῖς V ‖ ὑπουργῶς Bo, Ma: ὑπούργως V et
edd. uet. ‖ 69 τοσούτῳ edd.: τοσοῦτον V ‖ 71 ἐπιπολάζον αὐτῷ He,
Ma: ἐπιπολάζον αὐτὸ Bo in adnotationibus, ἐπιπελάζων αὐτὸ V et
ceteri edd. fortasse recte ‖ 77 δεινὸς edd.: δὴν V ‖ 77-78 ἐν ὥρᾳ ῥᾷστα
Ma: ὥραις ῥᾷστα V et edd. ante He, ἐν ὥρᾳ He ‖ 78 ῥόδοις edd.:
λόγοις V ‖ 81 τοιούτων εὔχαρι Ma: τοιούτων χαρίτων He, τοιοῦτον
εὔχαρι V et ceteri edd. ‖ 82 Μυρτάλῃ edd.: Μαρτάλη V.

4. Jeune homme habile à deviner le caractère des femmes.
Philochoros à Polyen.

Le bel Hippias, du dème Alopéké, me disait récemment en me regardant d'un air courroucé: «Mon cher, tu vois celle-là, qui pose la main sur une petite servante[1]. Comme elle est grande, comme elle est jolie et fort distinguée! Pardieu, la femme est élégante, autant du moins qu'à première vue on peut le conjecturer d'un rapide examen. Allons-y; rapprochons-nous et tentons notre chance sur la belle». — «C'est une honnête femme, dis-je, je pense qu'elle le montre avec sa tunique pourpre et j'ai peur que notre entreprise soit bien téméraire. Examinons-la très attentivement, car je sais qu'on n'est pas du tout sans courir un danger». Hippias eut un sourire de réprobation, puis, allongeant la main comme s'il voulait me donner une gifle[2], il me gronda: «Par Apollon, tu es un nigaud, me dit-il; tu es absolument ignorant de ce qui concerne Aphrodite. Une honnête femme, à cette heure et en pleine ville, ne se promènerait pas en se pavanant comme elle le fait, et souriante à tout venant. Ne sens-tu pas, et de loin, comme elle répand une odeur de parfum? N'as-tu pas entendu le bruit de ses bracelets sonores qu'elle secoue si agréablement, comme les femmes en ont l'habitude en relevant à dessein la main droite et en s'effleurant la poitrine: signaux galants qui leur servent pour attirer vers elles les jeunes gens? Je me suis retourné, disait-il: elle aussi s'est retournée à son tour. A ses griffes je reconnais le lion[3]. Il faut donc y aller, cher Philochoros, car rien ne nous

---

1. Cf. Philostrate, *Images*, II,33,3.
2. Cf. Achille Tatios, V,23,5.
3. Le proverbe ne se trouve sous cette forme que chez le «paroemiographe» Diogénianos (V, 15). Mais cf. les autres références citées dans l'édition Mazal et dans celle de Boissonade, p. 402-403.

Νέος στοχαστικὸς τοῦ τρόπου τῶν γυναικῶν.

δ'
Φιλόχορος Πολυαίνῳ.

Ἱππίας ὁ καλὸς ὁ Ἀλωπεκῆθεν ἀρτίως ἔφη πρὸς ἐμὲ
γοργῶς ἀποβλέψας· «Ὁρᾷς ἐκείνην, ὦ φίλε, τὴν ἐπιβάλλουσαν τὴν χεῖρα παιδίσκη; Ὡς εὐμήκης, ὡς καλὴ καὶ
λίαν εὐσχήμων. Νὴ θεούς, ἀστεῖον τὸ γύναιον, οἷον γοῦν
ἅπαξ ἰδόντι κατὰ τάχος εἰκάσαι. Δεῦρο πλησίον προσ-   5
μίξωμεν καὶ πειρασώμεθα τῆς καλῆς». — «Σώφρονος,
εἶπον, δοκεῖ μοι τὸ πρόσχημα, τὸ ἀλουργὲς ἡμιφάριον,
καὶ δέδοικα μὴ προπετῶς ἐγχειρῶμεν. Σκοπῶμεν οὖν
ἀκριβέστερον· οἶδα γὰρ ⟨οὐχ⟩ ἥκιστα εἰς τὸ κινδυνεύειν
ἀφικνουμένους». Ἐμειδίασεν ἐπιτιμητικὸν ὁ Ἱππίας, καὶ   10
τὴν δεξιὰν ἐπιτείνας οἷος ἦν ἐπιρραπίζειν με κατὰ κόρρης
καὶ διεμέμφετο λέγων· «Ἀφυὴς εἶ, νὴ τὸν Ἀπόλλωνα, καὶ
ὅλος ἀπαίδευτος Ἀφροδίτης. Σώφρων γὰρ τήνδε τὴν
ὥραν καὶ διὰ μέσου τοῦ ἄστεος οὐκ ἂν οὕτω προῄει
κεκαλλωπισμένη τε καὶ ἱλαρὰ πρὸς τοὺς ἀπαντῶντας.   15
Οὐδὲ τῶν μύρων ὅσον ὄζει καὶ πόρρωθεν ὑπαισθάνῃ; Οὐδὲ
τοῦ κτύπου τῶν εὐήχων ψελλίων ἀκήκοας ἥδιστον ὑπο-
σειομένων, ὅσον ἀποτελεῖν εἰώθασιν αἱ γυναῖκες ἐξεπίτηδες ἀνακομιζόμεναι τὴν δεξιὰν καὶ ἀκροχειρίζουσαι τὸν κόλπον, ἐρωτικοῖς τε συμβόλοις διὰ τούτων τοὺς νέους εἰς   20
ἑαυτὰς προσκαλούμεναι; Ἀλλὰ καὶ ἐστράφην, ἔφη, ἡ δὲ
καὶ αὐτὴ ἀντεστράφη. Ἐκ τῶν ὀνύχων τεκμαίρομαι τὸν
λέοντα. Ἰτέον οὖν ἐστιν, ὦ Φιλόχορε, ὅτι οὐδὲν ἡμᾶς

---

3 παιδίσκη edd.: -κην V ‖ 9 οὐχ addit Ab et nonnulli edd. de quo uide
apparatum criticum apud Ma: τοὺς εὐλαβῶς ἐγχειροῦντας addit Ma
auctore Le ‖ 12 ἀφυὴς εἶ (correctum ex ἀφιὴς οὖ) V ‖ νὴ plerique edd.:
ὁ νὴ V, ὥ, νὴ Βο ‖ 19 ἀνακομιζόμεναι V et edd. ante He: -κουφίζου-
σαι He, Ma ‖ ἀκροχειρίζουσαι edd.: -χε- V ‖ 21 προσκαλούμεναι
correctum in -λοῦσαι V: -λοῦσαι edd. ante He, -λούμεναι He, Ma.

gênera; nous avons les meilleures chances. D'ailleurs la réalité le prouvera, comme disait le passeur du fleuve[1]. Et ce que nous attendons, il est évident que nous le réaliserions facilement si nous le voulions». Il s'approcha donc, la salua et, lui adressant la parole, il lui déclara: «Au nom de ta beauté, Madame, tu me permets bien de m'entretenir à ton sujet un instant avec ta servante? Nous ne dirons rien avec cette petite fille que tu ne saches et nous ne solliciterons aucune faveur gratuite d'Aphrodite. Nous te récompenserons comme tu le voudras. D'ailleurs, je le sais, tu ne voudras rien que de raisonnable[2]. Accepte, ma belle».[†][3] La femme témoignait d'un gracieux consentement par ses yeux pleins de désirs complaisants. Et ce n'était pas une promesse hypocrite qu'elle manifestait; elle s'était arrêtée toute rougissante et elle jetait un de ces regards enflammés dont la séduisante douceur évoquait le scintillement que produit l'or pur. Alors Hippias se tourna vers moi et me dit: «Je pense que je n'avais pas mal conjecturé sur le caractère de cette femme. Je l'ai rapidement convaincue sans dépenser beaucoup de temps ni de longs discours. Toi, tu es encore novice en ces affaires. Mais suis-moi et apprends. Profite d'un maître en galanterie. Car pour la science des galanteries je me flatte d'être plus malin que personne»[4].

---

1. Cf. Platon, *Théétète*, 200 e; *Hippias majeur*, 288 b, etc. Il s'agit d'un proverbe, montrant qu'il faut croire ceux qui connaissent la réalité. Voir l'étude de D.A. Tsirimbas, Παροιμίαι, p. 56-57.

2. Cf. Platon, *Lettres*, VII,339 c.

3. Ici le texte du manuscrit est corrompu. Il porte quelques mots pouvant signifier: «je ne plains pas un tel bout de sein», ce qui est absurde.

4. Cf. Platon, *Théagès*, 128 b.

βλάψει, ἀλλ' ἐλπίδες καλαί. Πλὴν αὐτὸ δείξει, ὁ τὸν
ποταμὸν καθηγούμενος ἔφη. Τὸ δὲ προσδοκώμενον φανε-   25
ρὸν ὡς, εἰ θέλοιμεν, ῥᾷστα ἂν γένοιτο». Προσπελάσας οὖν
καὶ προσειπὼν αὐτὴν καὶ ἀντιπροσρηθεὶς ἤρετο φάσκων·
«Πρὸς τοῦ σοῦ κάλλους, ὦ γύναι, ἐπιτρέπεις ἡμῖν ὁμιλῆσαι περὶ σοῦ βραχέα τῇ θεραπαίνῃ; Οὐδὲν δὲ ὧν ἀγνοεῖς
διαλεξόμεθα τῇ παιδίσκῃ, οὐδὲ ἀνάργυρον αἰτήσομεν Ἀφρο-   30
δίτην. Χαριούμεθα δὲ ὅσον αὐτὴ ἂν ἐθέλοις· ἐθελήσεις
δὲ οἶδ' ὅτι τὰ μέτρια. Ἐπίνευσον, ὦ καλή, † οὐ τοσοῦτον
ἐλεῶ τὸ τιτθίον †. Ἡ δὲ τὴν σύννευσιν ἐνδοτικοῖς καὶ
θέλουσιν ὀφθαλμοῖς ἐπιχαρίτως ἐδήλου καὶ οὐ κατειρω-
νεύσατο τὴν ὑπόσχεσιν· ἔστη τε καὶ ἠρυθρίασε, καὶ   35
ἀπέστειλεν ἐπαγωγόν τινα καὶ γλυκεῖαν αὐγήν, οἷα πέφυκεν ἀπαστράπτειν ἐξ ἀπέφθου χρυσίου. Τότε δή φησιν
Ἱππίας ἐπιστραφεὶς πρός με· «Οὐκ ἀφυῶς ἐστοχασάμην,
οἶμαι, τοῦ τρόπου τῆς γυναικός, ἀλλὰ καὶ πέπεικα ταχύ,
οὐ χρόνον μακρὸν οὐ λόγον πολὺν ἀναλώσας. Σὺ δὲ   40
τούτων ἄπειρος ἔτι. Ἀλλ' ἔπου καὶ μάνθανε, καὶ συνα-
πόλαυσον ἐρωτικῷ διδασκάλῳ· τοῦτο γὰρ τὸ μάθημα τῶν
ἐρωτικῶν παρ' ὁντιναοῦν ποιοῦμαι δεινότατος εἶναι».

24-25 τὸν ποταμὸν plerique edd.: τῶν ποταμῶν V et Bo qui in
adnotationibus τὸν ποταμὸν restituit ‖ 25 φανερὸν edd.: -ρῶς V ‖ 26
θέλοιμεν He, Ma: θέλοι V et edd. ante He ‖ 28 γύναι edd.: γῦναι V ‖
30 οὐδὲ edd.: οὐδὲν V ‖ 30-31 Ἀφροδίτην Bo, He, Ma: ἀφροδίτως edd.
uet., -της uel -τως V ‖ 32-33 οὐ τοσοῦτον ἐλεῶ τὸ τιτθίον correctum
altera manu in οὐ τοσοῦτον ἐλεεῖς τὸν ἱππίαν (textus corruptus
nondum sanatus de quo uide apparatum criticum in edd. Ma) ‖ 35
ἠρυθρίασε edd.: ἐρ- V ‖ 36 αὐγήν V, Bo, He, Ma: διαυγήν male
legerunt edd. ante Bo ‖ 43 δεινότατος edd. plerique: -τον V.

5. Ruse d'une femme qui trompe son mari d'une façon originale.

Alciphron à Lucien.

On célébrait une grande fête dans un faubourg avec nombreuse assistance et copieux banquet public; Charidémos avait invité au festin ses amis. Il s'y trouvait également une femme (je n'ai pas à la nommer)[1]. Charidémos (tu sais que le jeune homme est porté sur la galanterie) était allé personnellement la prendre sur une place où elle se promenait et où il l'avait aperçue; il l'avait convaincue de prendre part au banquet. Or, tandis que tous les invités se rassemblaient à ce festin, notre excellent amphitryon faisait son entrée en accompagnant un homme âgé qui avait été convié avec nous. Dès que la femme l'eut aperçu de loin, elle s'esquiva prestement et, plus rapide que la pensée[2], elle s'enfuit dans la pièce voisine. Elle y fit venir Charidémos. «Par étourderie, lui dit-elle, tu nous as placés dans un bien vilain cas. Ce vieux monsieur est mon mari; il n'a pas eu de peine à reconnaître le manteau que j'ai quitté à l'extérieur de la salle et, naturellement, le voilà plein de soupçons. Cependant, si tu me rends ce vêtement en cachette et tout de suite, avec quelques morceaux du repas, j'attraperai bien mon homme et je détournerai dans une autre direction le raisonnement contre moi qui le trouble à présent». Ces objets lui furent donc remis et elle regagna son domicile en réussissant dans sa fuite à devancer, je ne sais comment, son époux[3]. Puis elle s'entendit avec une amie habitant le voisinage et prédisposa un plan pour duper avec elle le vieil homme. Celuici arriva bien vite; il fit irruption dans la maison en

---

1. Cf. Platon, *Apologie de Socrate*, 21 c. Le rapprochement n'a pas été vu par Boissonade.

2. Cf. Thémistios, *Discours*, 18, p. 221 b. L'expression «rapide comme la pensée» était proverbiale depuis Homère, *Odyssée*, VII,36.

3. Cf. Lucien, *Dialogues des courtisanes*, 15,2.

Δόλος γυναικὸς καινοπρεπῶς τὸν σύνοικον
ἀπατώσης.

ε'

Ἀλκίφρων Λουκιανῷ.

Πανηγύρεως ἐν προαστείῳ πανδημεὶ τελουμένης καὶ
δημοθοινίας ἀφθόνου Χαρίδημος ἐπ' εὐωχίαν συνεκαλεῖτο
τοὺς φίλους. Ἔνθα καὶ γυνή τις παρῆν — ὀνόματι γὰρ
οὐδὲν δέομαι λέγειν —, ἣν αὐτὸς ὁ Χαρίδημος — οἶσθα
δὲ τὸν νέον ὡς ἐρωτικός — ἐν ἀγορᾷ προϊοῦσαν ἰδὼν   5
ἀγκιστρεύει καὶ πέπεικε παραγενέσθαι τῷ δείπνῳ. Πάντων
οὖν εἰς ταὐτὸν ἀθροιζομένων τῶν δαιτυμόνων, ὁ χρυσοῦς
ἑστιάτωρ εἰσῄει πρεσβύτην τινὰ συνεπαγόμενος καὶ αὐτὸν
δὴ συγκεκλημένον ἡμῖν. Ὃν ἐκείνη προσιόντα πόρρωθεν
κατιδοῦσα ὀξέως ὑπέδυ, καὶ θᾶττον νοήματος εἰς τὸν   10
πλησίον οἶκον ἀπέδρα. Κἀκεῖσε μεταπεμψαμένη Χαρίδη-
μον· «Ἀγνοίᾳ, ἔφη, μέγιστον κακὸν κατειργάσω· οὗτος ὁ
πρεσβύτης ἀνήρ ἐστιν ἐμός, καὶ τὴν ἐσθῆτα, ἣν ἐκδυσα-
μένη κατέλιπον ἔξω, ῥᾳδίως ἐπέγνω, καὶ ὑποψίας, ὡς
εἰκός, γέγονε πλήρης. Ὅμως, ἂν ταύτην λάθρᾳ καὶ βρα-   15
χέα τῶν ὄψων ἐπιδώσῃς, αὐτὸν ἐξαπατήσω καὶ τὸν νῦν
αὐτῷ κατ' ἐμοῦ διενοχλοῦντα λογισμὸν ἑτέρωσε παρα-
τρέψω». Τούτων οὖν ἐπιδοθέντων ἀνέζευξεν οἴκαδε, καὶ
τὸν σύνοικον ἔφθη, οὐκ οἶδ' ὅπως ἐκφυγοῦσα. Καὶ προσ-
λαβομένη φίλην αὐτῆς ἐκ γειτόνων οἰκοῦσαν προδιέθηκεν   20
ὅπως ἀμφότεραι βουκολήσουσι τὸν πρεσβύτην. Εἶτα ἧκεν
εὐθὺς οὗτος καὶ εἰσπεπήδηκεν ἔνδον κεκραγὼς ἅμα καὶ

5 προϊοῦσαν Ab et edd. sequentes: προσιοῦσαν V et edd. ante Ab ‖
12 ἀγνοίᾳ (correctum ex ἀγνοίας) V et Bo, He, Ma: ἀγνοίας edd. ante
Bo ‖ 17 ἑτέρωσε Ab et edd. sequentes: ἑτέρως V et edd. ante Ab ‖
21 βουκολήσουσι (correctum e -σωσι ut uidetur) V et edd. praeter Bo
qui tamen in adnotationibus -σουσι reponit.

hurlant et en soufflant de rage. Pour dénoncer l'incon-
duite de son épouse il lui criait: «Tu n'auras plus jamais
le plaisir d'outrager ma couche», il lui prouvait son
adultère par le manteau qu'il avait vu et, plein de fureur,
il cherchait déjà une épée. Mais enfin la voisine apparut
au bon moment en disant: «Reprends ton vêtement, très
chère amie. Je t'en ai une infinie reconnaissance. J'ai eu
tout ce que je souhaitais. Mais, bon dieu, pas de façons.
Prends, toi aussi, un peu de ce qu'on nous a servi». A
ces mots notre méchant barbon recouvra ses esprits et
réprima sa fureur. Finis les soupçons, sa colère se mua
en une telle gentillesse qu'il s'excusait auprès de son
épouse. «Excuse-moi, ma femme, disait-il, j'étais hors de
moi, je le reconnais. Mais ta sagesse a fait qu'une
bienveillante divinité a envoyé humainement cette voisine pour notre salut commun[1] et elle, en accourant,
nous a sauvés tous les deux».

6. A propos de la fille déflorée avant le mariage.

Hermocratès à Euphoriôn.

Une jeune fille disait à sa nourrice: «Si tout d'abord
tu me jures de garder secret ce que je te dirai, je te le
dirai tout de suite»[1]. La nourrice jura et aussitôt la
fillette lui dit: «Je ne suis plus vierge, pour te dire la
vérité». Aussitôt la vieille femme jeta les hauts cris[2] et se
frappa les joues en se lamentant sur ce malheur. Mais la
jeune fille lui dit: «Bon dieu, tais-toi, Sophroné, reste
tranquille, de peur que dans la maison quelqu'un ne soit
à l'écoute et ne surprenne tes paroles! Malheureuse, ne

1. Cf. Chariton, I,12,10.

1. Cf. Platon, *Gorgias*, 462 b.
2. Cf. Eschine, *Lettres*, 10,6.

πνέων θυμοῦ, τῆς τε γαμετῆς ὧδε τὴν ἀκολασίαν ἐβόα·
«Τὴν ἐμὴν εὐνὴν οὔποτε χαίρουσα καθυβρίσεις», καὶ δι'
ὧν ἑώρακεν ἱματίων ἀπήλεγχε τὴν μοιχείαν, καὶ ξίφος   25
ἤδη μεμηνὼς ἐπεζήτει. Τότε δὴ λοιπὸν ἡ γείτων εἰς
καιρὸν ἀνεφάνη καὶ «Δέχου τὴν ἐσθῆτα, φησίν, ὦ φιλτάτη. Μεγίστην οἶδά σοι χάριν. Πεπλήρωκα τὴν εὐχήν.
Ἀλλὰ πρὸς θεῶν, μηδὲν ἀλαζονικόν. Μετάλαβε δὲ καὶ σὺ
τῶν προτεθέντων ἡμῖν». Τούτων οὕτω λεγομένων ὁ τρα-   30
χὺς ἐκεῖνος ἀνένηφε γέρων, τόν τε θυμὸν ἀνεκρούετο, καὶ
μετὰ τῆς ὑπονοίας εἰς τοσαύτην πραότητα συνδιέλυσε
τὴν ὀργήν, ὡς τοὐναντίον ἀπολογεῖσθαι τῇ γαμετῇ· «Ὦ
γύναι, συγγίνωσκέ μοι, φησίν· ἐξέστην, ὁμολογῶ. Ἀλλὰ
τῆς σῆς ἕνεκα σωφροσύνης θεός τις εὐμενὴς εἰς κοινὴν   35
σωτηρίαν φιλανθρώπως ἀπέσταλκε ταύτην, καὶ ἀμφο-
τέρους ἀπέσωσεν εἰσδραμοῦσα».

Περὶ τῆς πρὸ γάμου φθαρείσης.

ς'
Ἑρμοκράτης Εὐφορίωνι.

Κόρη τις πρὸς τὴν ἑαυτῆς ἔφη τροφόν· «Εἴ μοι πρότερον ἐπομόσεις ὃ δ' ἂν εἴποιμι φυλάξειν ἀπόρρητον, αὐτίκα τοῦτό σοι λέξω». Ὀμώμοκεν ἡ τιτθή, ἡ δὲ παῖς εὐθὺς
εἴρηκεν· «Οὐκέτι σοι παρθένος ἐγώ, ὥς γε πρός σε τἀλη-
θὲς εἰρῆσθαι». Εὐθὺς ἀνακέκραγεν ἡ γραῦς, ἅμα τὴν   5
παρειὰν αἰκιζομένη καὶ σχετλιάζουσα τὸ συμβάν. Ἡ δὲ
κόρη φησί· «Σίγα πρὸς θεῶν, ὦ Σωφρόνη· ἔχε ἡσυχῇ, μή
τις τῶν ἔνδον ὠτακουστῶν ὑποκλέψῃ τὸν λόγον. Οἴμοι,

---

23 θυμοῦ V et edd.: θυμὸν proponit Arnott, *Museum Philologum
Londiniense*, I, 1975, p. 12 ‖ 29 καὶ edd.: καὶ καὶ V ‖ 31 ἀνένηφε Bo,
He, Ma: ἐν- V et edd. ante Bo ‖ 34 γύναι edd.: γῦναι V.
3 ὀμώμοκεν edd.: ὀμ- V ‖ 7 ἡσυχῇ Ma: -χῆ V et ceteri edd.

m'as-tu pas juré à l'instant de n'en parler absolument à personne? Pourquoi donc, ma chère, crier si fort et si haut? Oui, ma mère, j'en atteste Artémis, alors que je brûlais d'un amour terrible, je me suis efforcée de rester sage autant que je pouvais[1]. Mais j'étais faible et partagée entre deux sentiments. Je me disais en moi-même: «Obéirai-je à l'amour? Serai-je indifférente au désir? L'une après l'autre chacune de ces idées me domine. Et puis j'incline de plus en plus fortement d'un côté: vers l'amour. L'attente l'augmentait et, comme une plante dans la terre, il développait sa force en mon âme. Ainsi donc je succombai, je l'avoue, sous la flamme de l'invincible torche». La vieille femme lui dit alors: «C'est un très grand malheur, mon enfant: tu as déshonoré mes cheveux blancs. Mais comme ce qui a été fait ne saurait être changé[2], voici mes conseils pour la suite: Arrête ces fredaines; désormais plus de ces fautes-là, de peur qu'un jour ton ventre ne grossisse avec la poursuite de ces relations et qu'avec le temps tes parents ne connaissent à l'évidence ce que tu as osé faire. Eh bien, souhaitons pour toi un rapide mariage avant qu'on ne découvre l'affaire: les dieux y consentiront. Tu es désormais en âge d'avoir un enfant et ton père devra bientôt trouver de l'argent pour ta dot». — «Que dis-tu là, ma mère? C'est ce que je redoute par dessus tout!» — «Ne crains rien, mon enfant; je t'apprendrai à ce moment comment celle qui est devenue femme avant les noces peut apparaître encore vierge au nouveau marié»[3].

---

1. Cf. Platon, *Lettres*, VII (et non VIII comme le dit Boissonade), 329 c.

2. Cf. Démosthène, *Olynthiennes*, 3,6 etc. Locution proverbiale de tous les temps.

3. Au dire de Michel Psellos, «c'était un jeu pour Africanus de restituer sa virginité à une femme, même si elle s'était donnée à un grand nombre d'hommes». Cf. Jean-René Vieillefond, *Les «Cestes» de Julius Africanus*, p. 318-319.

οὐκ ἀρτίως ὀμώμοκας μηδενὶ παντάπασιν ἐξειπεῖν; Τί
οὖν, ὦ φίλη, σφόδρα καὶ μεγάλως βοᾷς; Νὴ τὴν Ἄρτεμιν, 10
ὦ μῆτερ, καίτοι πρὸς τοῦ ἔρωτος φλεγομένη δεινῶς,
ἐσπούδακα σωφρονεῖν καθ᾽ ὅσον ἠδυνάμην. Σμικρὰ δὲ οἷα
τε ἦν καὶ δίχα μοι γέγονε τὰ νοήματα. Διελογιζόμην δὲ
πρὸς ἐμαυτήν· "Πειθαρχήσω τῷ ἔρωτι; Ἀμελήσω τοῦ πόθου; Ἀμφότερά με κρατεῖ". Εἶτα πολὺ μᾶλλον ἐπὶ θάτερα 15
πρὸς τὸν ἔρωτα κλίνω· ηὐξάνετο γὰρ τῇ μελλήσει, καὶ ὡς
φυτὸν ἐν τῇ γῇ, οὕτως ἔνδον τῆς ἐμῆς ὑπερεφύετο ψυχῆς.
Οὕτως οὖν ἡττήθην, ὁμολογῶ, τῆς ἀνικήτου λαμπάδος».
Ἔφη τοίνυν ἡ πρεσβῦτις· «Χαλεπώτατον μὲν τὸ δυσ- 20
τύχημα, τέκνον, καὶ τὴν ἐμὴν ᾔσχυνας πολιάν. Πλὴν ἐπεὶ
τὸ πραχθὲν οὐκ ἂν ἄλλως ἔχοι, τὰ δεύτερα παραινῶ.
Πέπαυσο τούτων, καὶ μηδὲν περαιτέρω ἐξαμάρτανε, μή
ποτέ σου τῆς γαστρὸς ὀγκουμένης ἐπὶ προσιόντι τῷ
πράγματι καὶ τῷ χρόνῳ ἐναργῶς κατανοήσωσι τὸ τολμη-
θὲν οἱ τεκόντες. Ἀλλ᾽ εἴθε σοι γάμον ταχύ, πρὶν κατά- 25
φωρος γένῃ, συνεπινεύσουσιν οἱ θεοί. Ἤδη δὲ τηλικαύτη
γεγένησαι, καὶ αὐτίκα χρημάτων εἰς προῖκα τῷ σῷ δεηθῇ
τι πατρί». — «Τί φής, ὦ μῆτερ; Τοῦτο δέδοικα μάλιστα
πάντων». — «Μηδὲν δείσῃς, ὦ παῖ· ἐγώ σε τηνικαῦτα δι-
δάξω πῶς ἂν ἡ πρὸ γάμου γεγονυῖα γυνὴ παρθένος ἔτι 30
δόξῃ τῷ νυμφίῳ».

---

12 οἷα Ab, Bo, He, Ma: οἶα V et ceteri edd. ǁ13 γέγονε Me et edd.
sequentes: γεγονέναι V ǁ 14-15 τοῦ πόθου Me et edd. sequentes: τῶ
πόθω V ǁ 19 μὲν τὸ He, auctore Cobet, Ma: μέντοι V et edd. ceteri,
μέντοι τὸ Arnott (cf. supra I,5,22) ǁ 21 ἔχοι (correctum ex ἔχει) V et
edd. plerique ǁ 23 προσιόντι nos: προσίωτι V (non προσίκοντι quod
dicunt edd.) ǁ 25 κατάφωρος Me et edd. sequentes: -φορος V ǁ 27-
28 δεηθῇ τι Bo: δεήσει He, Ma, δεήθιτι V quod acceperunt edd. ante
Bo.

7. Pêcheur à qui une jeune fille demande de lui garder ses vêtements pendant qu'elle se baigne dans la mer et qui la voit toute nue.

Kyrtiôn à Dictys.

Posté sur un rocher du promontoire, je ferrai de mon hameçon un magnifique poisson et j'étais en train de le remonter avec mon roseau se courbant sous le poids, lorsque s'avança vers moi une très jolie fille qui présentait une beauté toute naturelle, pareille à celle d'une plante sauvage. Je me dis en moi-même: «C'est une autre prise; elle vaut beaucoup mieux que la première». — «Garde-moi mes habits, me dit-elle; je t'en prie au nom de ton dieu Poséidon, jusqu'à ce que je me sois baignée dans les flots». J'étais vraiment content et c'est avec grand plaisir que j'acceptai sa demande, puisque j'allais la voir toute nue. Quand elle eut donc ôté son dernier vêtement, je restai frappé d'admiration devant l'éclat de son corps. Son cou resplendissait de blancheur sous l'abondante chevelure brune. Ses joues étaient vermeilles[1]. Son teint, brillant de nature, était rehaussé par le contraste avec le noir des cheveux. A ce moment elle sauta dans la mer et, à la nage, elle en longea le bord, car les flots y étaient d'un calme plat. Par la couleur de son corps elle rivalisait en blancheur avec l'écume des flots qui l'entouraient. J'en atteste les Amours, si je n'avais eu l'occasion de l'admirer auparavant, j'aurais cru voir une des fameuses Néréides[2]. Quand elle eut assez des baignades marines, tu aurais dit, en voyant se dresser cette fille au-dessus des flots: «C'est ainsi que les peintres représentent Aphrodite sortant élégamment de

---

1. Cf. Philostrate, *Images*, II,9,5.
2. Cf. Philostrate, *Lettres*, 32: rapprochement douteux.

Ἀλιεὺς αἰτηθεὶς ὑπὸ κόρης τὴν αὑτῆς ἐσθῆτα
φυλάξαι μέχρις ἂν ἀπολούσηται τῇ θαλάττῃ καὶ
ταύτην ὁρῶν μάλιστα γυμνωθεῖσαν.

ζ΄

Κυρτίων Δίκτυι.

Παρὰ τὴν ἀκτὴν ἑστηκότι μοι κατὰ πέτρας καὶ τῷ
ἀγκίστρῳ προσπεπηγότα κάλλιστον ἰχθῦν ἀνασπῶντι,
τοῦ καλάμου κυρτουμένου τῷ βάρει, προσῆλθέ τις εὐπρό-
σωπος κόρη, κάλλος αὐτοφυὲς καὶ ὅμοιον αὐτομάτῳ
φυτῷ φέρουσα. Καὶ πρὸς ἐμαυτὸν ἔφην· «Ἑτέρα πολλῷ   5
βελτίων τῆς προτέρας ἐμπέπτωκεν ἄγρα». Αὕτη δέ· «Τὴν
ἐσθῆτα, φησί, πρὸς τοῦ σοῦ Ποσειδῶνος, φύλαττε τὴν
ἐμήν, ἄχρις ἂν τοῖς κύμασιν ἐμαυτὴν ἀπολούσω». Ἥσθην
ἀληθῶς καὶ σφόδρα χαίρων τὴν αἴτησιν προσηκάμην, οἷα
δὴ μέλλων αὐτὴν καταγυμνωθεῖσαν ὁρᾶν. Ὡς οὖν ἐξε-   10
δύσατο καὶ τὸν ἔσχατον χιτωνίσκον, ὅλος ἐξέστην ἐκπλα-
γεὶς πρὸς τὴν λαμπρότητα τῶν μελῶν. Ἐξέλαμπε γὰρ ἐκ
πολλῆς τε καὶ μελαίνης κόμης λευκὸς μὲν τράχηλος,
ξανθὴ δὲ παρειά· χρώματα λαμπρὰ μὲν τῇ φύσει, ἀνθηρότε-
ρα ⟨δὲ⟩ τῇ πρὸς τὸ μέλαν φιλονεικίᾳ. Ἐντεῦθεν εἰσπεπήδη-   15
κεν ἔνδον καὶ παρενήχετο τῇ θαλάττῃ· ἦν γὰρ ἀτάραχον
καὶ γαληναῖον τὸ κῦμα. Καὶ τῷ ἀφρῷ τοῦ περιρρέοντος
κύματος ἡ χροιὰ τοῦ σώματος λευκανθίζουσα παρισοῦτο.
Νὴ τοὺς Ἔρωτας, εἰ μὴ πρότερον ἔτυχον τεθεαμένος
αὐτήν, ᾠήθην ἄν τινα τῶν θρυλουμένων Νηρηίδων ὁρᾶν.   20
Ὡς δὲ ἱκανῶς εἶχε τῶν θαλαττίων λουτρῶν, εἶπες ἂν τὴν
κόρην ἀνίσχουσαν τῶν κυμάτων ἰδών· «Οὕτω τῆς θαλάττης τὴν Ἀφροδίτην εὐπρεπῶς προϊοῦσαν γράφουσιν οἱ

2 ἰχθῦν V plerique edd.: ἰχθὺν He, Ma ‖ 11 χιτωνίσκον edd.: χιτ- V ‖
15 δὲ addit He quod accepit Ma ‖ φιλονεικίᾳ Bo, He, Ma: φοινικία V,
φοινικίᾳ edd. ante Bo ‖ 20 θρυλουμένων He, Ma: θρυλλου- Me et edd.
ante He, θρηλλο- V ‖ 20 ὁρᾶν Bo, He, Ma: ὁρᾶν V et ceteri edd.

la mer»[1]. Je courus donc remettre ses habits à l'objet de
mes désirs et, en même temps, je lutinai la belle et lui fis
des avances. Or celle-ci (qui paraissait terriblement sérieuse) devint rouge de colère, mais la fureur rendit plus
beau son visage: son regard sous l'indignation restait
gracieux; ainsi le feu des astres est-il lumière plutôt que
feu. Elle brisa ma canne à pêche et jeta mes poissons à la
mer. Et moi je demeurai là tout penaud, me lamentant
sur ce que j'avais pêché et pleurant à plus chaudes
larmes celle que je n'avais pu capturer.

8. Écuyer d'un cavalier amoureux.

Échépôlos à Mélésippos.

«Oh la belle prestance et bravo pour la tenue à cheval!
Comme notre chevalier est doué pour conduire de l'une
et l'autre main! Il se distingue par la beauté et l'emporte
en rapidité. Apparemment Éros ne l'a pas dompté et il
est lui-même adoré comme l'Adonis des courtisanes».
Pendant que je parlais ainsi notre cher cavalier m'entendit et il me reprocha vertement mes paroles en me
disant: «Rien dans ce que tu as déclaré ne me concerne,
pas plus que Dionysos[2]. Il n'y a que la passion qui sache
faire un excellent cavalier. C'est elle qui me pousse et,
par mon intermédiaire, mon cheval, à l'allure si rapide,
et qui l'éperonne dans sa course en le forçant à marcher
terriblement plus vite. Mon cher écuyer, aide-moi donc
dans mes chevauchées. Chante et par tes chansons
d'amour mets un baume sur mon mal d'amour». J'impro-
visai donc pour lui cette mélodie dont il me fournissait le
sujet: «O mon maître, je pensais, d'après mon humble

1. Cf. Philostrate, *Lettres*, 36.
2. Zénobios, V, 40 etc. «Notissimum adagium», dit Boissonade.
Dans l'*Appendix* des *Paroemiographi Graeci*, p. 454, on lit cette explication: ἐπὶ τῶν τὰ ἀνοίκειά τισι προσφερόντων: «contre ceux qui
profèrent des choses non appropriées», c'est-à-dire hors de la question.
Voir D.A. Tsirimbas, Παροιμίαι, p. 27.

ζωγράφοι». Αὐτίκα γοῦν προσδραμὼν θοἰμάτιον ἐπεδίδουν τῇ ποθουμένῃ, προσπαίζων ἅμα καὶ πειρώμενος   25
τῆς καλῆς. Ἡ δέ — ἦν γάρ, ὡς ἔοικε, σεμνή τε καὶ
βλοσυρά — ἠρυθρίασε μετ' ὀργῆς, καὶ γέγονε τὸ πρόσωπον θυμουμένη καλλίων, τὸ δὲ ὄμμα καίπερ ἀγανακ-
τούσης ἡδύ, ὥσπερ καὶ τὸ τῶν ἄστρων πῦρ φῶς μᾶλλόν
ἐστιν ἢ πῦρ. Τόν τε θηρατικὸν κατέαξε κάλαμον, καὶ τοὺς   30
ἰχθῦς προσέρριψε τῇ θαλάσσῃ. Ἐγὼ δὲ ἀμήχανος παρε-
στήκειν, καὶ οὓς ἐθηρασάμην θρηνῶν καὶ ἣν οὐκ ἤγρευσα
μειζόνως δακρύων.

Ἱπποκόμος ἱππέως ἐρωτικοῦ.

η'

Ἐχέπωλος Μελησίππῳ.

«Εὖγε τῆς εὐπρεπείας, βαβαὶ τῆς ἐλάσεως. Ὡς ἀμφοτε-
ροδέξιος οὗτος πέφυκεν ὁ ἱππότης. Καὶ κάλλει διαπρέπει,
καὶ ὑπερφέρει τῷ τάχει. Ὡς ἔοικε, τοῦτον οὐκ ἐδάμασεν
Ἔρως, ἀλλ' ἔστιν αὐτὸς περιπόθητος Ἄδωνις ταῖς ἑταίραις». Ταῦτά μου λέγοντος ὁ χρυσοῦς ἀκήκοεν ἱππεύς,   5
καὶ διαμεμφόμενος ἔφη· «Οὐδὲν πρὸς τὸν Διόνυσον οὐδὲ
πρὸς ἐμὲ τοῦτον οἰκείως εἴρηκας τὸν λόγον. Ἄριστα μόνος
οἶδεν ἱππάζεσθαι πόθος. Αὐτὸς ἐμὲ καὶ δι' ἐμοῦ τάχιστα
τὸν ἵππον ἐλαύνει, καὶ τὸν θέοντα κεντρίζει δεινῶς ὀξύτε-
ρον κατεπείγων. Ἐπίδος οὖν, ἱπποκόμε, τοῖς δρόμοις,   10
ἅμα τε ᾄδων καὶ ᾄσμασιν ἐρωτικοῖς τὸν ἔρωτα θερα-
πεύων». Ἦιδον τοίνυν τοιόνδε πρὸς ἐκεῖνον αὐτοσχέδιον
μέλος, ἐξ αὐτοῦ τὴν πρόφασιν εἰληφώς· «Ἐγώ σε, δέσ-

24-25 ἐπεδίδουν V et edd. plerique: ἀπ- He fortasse recte ‖
25 προσπαίζων Bo, He, Ma: προσπέζων V, προσπελάζων edd. ante
Bo ‖ **28** θυμουμένη καλλίων plerique edd., -νη (?) καλλίων post
correctionem V.
Tit. Ἐχέπωλος edd.: ἐχέπολος V ‖ **7** τὸν delet Zanetto, *Koinonia*, XII,
1988, p. 148.

jugement, que tu devais être un cavalier à l'abri des flèches. Mais si, beau comme tu l'es, tu aimes, par Aphrodite, les Amours sont bien coupables. Cependant, que cela ne te chagrine pas fort: ils ont bien blessé leur mère»[1].

9. Ruse d'une femme, qui lui permet de caresser son amant en présence de ses serviteurs et de son mari.

Stésichore à Ératosthène.

Une femme passait sur une place, ayant près d'elle son époux, avec tout autour une rangée de domestiques. Elle aperçoit son amant qui s'avançait, et soudain elle combine un plan ingénieux pour pouvoir non seulement regarder, mais aussi toucher astucieusement son bien-aimé, et même, à l'occasion, écouter ses paroles. Elle glissa (ou fit semblant) et tomba sur un genou. Son amant s'associe aux intentions de la femme, comme s'ils en avaient convenu, il lui tend la main et la relève de sa chute en la prenant par la main droite, puis enlace ses doigts à ceux de la femme et, comme je le pense, leurs deux mains tremblaient d'amour. L'amant la consola de son accident simulé en lui disant sans doute quelques mots, et il reprit sa marche. Quant à elle, comme si elle souffrait, elle porte secrètement sa main à sa bouche et pose un baiser sur ses doigts, parce que lui les avait touchés; bien mieux, elle les appuya amoureusement sur ses yeux, comme si elle essuyait de ses paupières qu'elle pressait vainement une larme d'hypocrisie.

1. Voir dans les éd. de Boissonade et de Mazal des rapprochements avec les auteurs grecs et latins.

ποτα, κατά γε τὴν ἐμὴν εἰκότως ἱπποδρόμον ἐνόμιζον
ἐλεύθερον βέλους. Εἰ δὲ τοσοῦτον κάλλος ἔχων ἐρᾷς, νὴ   15
τὴν Ἀφροδίτην, ἀδικοῦσιν οἱ Ἔρωτες. Ὅμως γε τοῦτό σε
μὴ σφόδρα λυπείτω· καὶ τὴν ἑαυτῶν ἔτρωσαν ἐκεῖνοι
μητέρα».

Δόλος γυναικὸς δι' οὗ, θεραπόντων καὶ συνοίκου παρόντων, ἐφήψατο τοῦ μοιχοῦ.

θ'
Στησίχορος Ἐρατοσθένει.

Γυνή τις ἐν ἀγορᾷ προϊοῦσα τόν τε σύνευνον εἶχε
πλησίον, καὶ ὑπὸ τῶν οἰκετῶν περιεστοιχίζετο κύκλῳ. Ὡς
δὲ προϊόντα τὸν ἑαυτῆς εἶδε μοιχόν, ἄφνω βουλεύεται
δαιμονίως ἅμα τῇ θέᾳ ὅπως ἂν εὐπροσώπως ἅψηται τοῦ
ποθουμένου, καί τι τυχὸν καὶ λαλοῦντος ἀκούσῃ. Αὕτη   5
μὲν οὖν ὤλισθεν, ὡς ἐδόκει, καὶ πέπτωκεν ἐπὶ γόνυ· ὁ δὲ
μοιχὸς συμπράττων ὥσπερ ἀπὸ συνθήματος τῇ γνώμῃ
τῆς γυναικὸς ὀρέγει τὴν χεῖρα καὶ διανίστησι πεπτωκυῖαν
λαβόμενος τῆς δεξιᾶς καὶ τοῖς ἐκείνης δακτύλοις τοὺς
ἑαυτοῦ περιπλέξας, καί, ὡς οἶμαι, πρὸς τοῦ ἔρωτος ὑπέ-   10
τρεμον ἀμφοτέρων αἱ χεῖρες. Ὁ μὲν μοιχὸς τῆς πεπλασ-
μένης αὐτὴν παραμυθούμενος συμφορᾶς εἶπεν ἄττα δήπου
καὶ ἔβη. Ἡ δέ, ὥσπερ ἀλγοῦσα, λάθρᾳ τῷ στόματι προ-
σάγει τὴν χεῖρα, καὶ τοὺς ἑαυτῆς πεφιλήκει δακτύλους,
ὧν ἐκεῖνος προσήψατο, ἔτι δὲ καὶ τοῖς ὀφθαλμοῖς ἐρωτι-   15
κῶς ὑπέθηκε τούτους, δάκρυον ὑποκρίσεως ἀποματτο-
μένη τῶν μάτην πρὸς αὐτῆς ὑποθλιβομένων βλεφάρων.

---

14 ἱπποδρόμον He, Ma: -δρομὴν V et ceteri edd. (locus dubius).
8 πεπτωκυῖαν He, Ma in V legerunt: -κυίας plerique (cum ultimas
huius uerbi litteras legere non possumus, -κυῖαν accipimus) ‖ 13 ἔξη
Le, Ma: ἔφη V et ceteri edd. ‖ λάθρᾳ τῷ Ab et edd. sequentes: λαθραίῳ
V et edd. ante Ab.

10. **Sous la forme d'une lettre, le récit amoureux d'Acontios et de Cydippé**[1].

Ératocleia à Dionysias.

Acontios, beau jeune homme, a épousé Cydippé, belle
jeune fille. C'est la confirmation de ce vieux dicton: la
divinité favorise toujours le rapprochement du semblable
au semblable[a]. Aphrodite a paré Cydippé de tous ses
propres avantages, en se réservant seulement le ceste[b],
car c'est là un privilège dont la déesse a privé la jeune
fille. Autour de ses yeux danse le chœur des Grâces, et
elles ne sont pas trois, comme le dit Hésiode[c], mais une
dizaine de dizaines[d]. Quant au garçon, il se parait d'un
regard à la fois étincelant, effet de la beauté, et impo-
sant, effet de la sagesse[e]; la nature faisait courir sur ses
joues une florissante rougeur. Les amateurs de beauté
l'observaient en se pressant les uns les autres lorsqu'ils se
rendaient à l'école et on pouvait les voir remplir les
places et obstruer les rues. Beaucoup même, entraînés
par leur excès de passion, ajustaient leurs pas sur les
traces du jeune homme. Il tomba amoureux de Cydippé.
En effet ce beau garçon, qui avait frappé par les flèches
de sa beauté tant d'admirateurs, devait un jour faire
l'expérience d'une seule pointe de l'amour et connaître
pleinement ce qu'avaient souffert ses victimes. Éros ne
tendit pas modérément la corde (le tir n'est alors qu'un
jeu), mais il banda l'arc de toute sa force et décocha son
trait avec une extrême vigueur. Immédiatement, cher
Acontios, ô toi le plus bel enfant, dès que tu fus atteint
tu n'envisageais que de deux choses l'une: le mariage ou

---

1. Cette lettre, «la plus longue et la plus belle du recueil» dit
Boissonade en latin, est essentiellement inspirée de Callimaque, *Aitia*
(*Origines*), III,4 (éd.-trad. E. Cahen, Paris, Belles Lettres, 3e éd. 1948,
p. 58 et suiv.).

Ὡς ἐν ἐπιστολῇ τὸ κατὰ Ἀκόντιον καὶ
Κυδίππην ἐρωτικὸν διήγημα.

ι'
Ἐρατόκλεια Διονυσιάδι.

Ἀκόντιος τὴν Κυδίππην καλὸς νεανίας καλὴν ἔγημε
κόρην. Ὁ γὰρ παλαιὸς λόγος εὖ ἔχει, ὡς ὅμοιον ὁμοίῳ
κατὰ θεῖον ἀεὶ προσπελάζει. Τὴν μὲν ἅπασι τοῖς ἑαυτῆς
φιλοτίμοις κεκόσμηκεν Ἀφροδίτη, μόνου τοῦ κεστοῦ φει-
σαμένη· καὶ τοῦτον πρὸς τὴν παρθένον εἶχεν ἐξαίρετον ἡ   5
θεός. Καὶ τοῖς ὄμμασι Χάριτες, οὐ τρεῖς, καθ' Ἡσίοδον,
ἀλλὰ δεκάδων περιχορεύει δεκάς. Τὸν δὲ νέον ἐκόσμουν
ὀφθαλμοὶ φαιδροὶ μέν, ὡς καλοί, φοβεροὶ δέ, ὡς σώ-
φρονες, καὶ φύσεως ἔρευθος εὐανθὲς ἐπιτρέχον ταῖς
παρειαῖς. Οἱ δὲ φιλοθεάμονες τοῦ κάλλους εἰς διδασ-   10
κάλου προϊόντα περιεσκόπουν συνωθοῦντες ἀλλήλους,
καὶ ἦν ὁρᾶν πρὸς τούτων πληθούσας μὲν ἀγοράς, στενο-
χωρουμένας δὲ λαύρας. Καὶ πολλοί γε διὰ τοῦτο τὸ λίαν
ἐρωτικὸν τοῖς ἴχνεσι τοῦ μειρακίου τοὺς ἑαυτῶν ἐφήρμο-
ζον πόδας. Οὗτος ἠράσθη Κυδίππης. Ἔδει γὰρ τὸν καλὸν   15
τοσούτους τετοξευκότα τῷ κάλλει μιᾶς ἀκίδος ἐρωτικῆς
πειραθῆναί ποτε καὶ γνῶναι σαφῶς οἷα πεπόνθασιν οἱ δι'
αὐτὸν τραυματίαι. Ὅθεν ὁ Ἔρως οὐ μετρίως ἐνέτεινε τὴν
νευράν — ὅτε καὶ τερπνὴ πέφυκεν ἡ τοξεία —, ἀλλ' ὅσον
εἶχεν ἰσχύος προσελκύσας τὰ τόξα σφοδρότατα διεφῆκε   20
τὸ βέλος. Τοιγαροῦν εὐθέως, ὦ κάλλιστον παιδίον Ἀκόντιε, δυοῖν θάτερον, ἢ γάμον ἢ θάνατον διελογίζου βλη-

---

Arg. ἐρωτικὸν V, Bo, He, Ma: ἐρώτων edd. ante Bo || Tit. Διονυσιάδι
V, Bo, He, Ma: -σίδι edd. ante Bo || 3 θεῖον edd.: θῆον V || 8 καλοί V
et plerique edd.: καλοῦ Ab, He, Ma || 8-9 σώφρονες V et plerique edd.:
σώφρονος Ab, He, Ma || 13 πολλοί Me et edd. sequentes: πολύ V
(correctum altera manu in πολλοί) || 20 διεφῆκε V, Bo: διαφῆκε Ab,
He, Ma.

la mort. Toutefois celui qui t'avait blessé, toujours en train d'ourdir d'étranges machinations[a], t'inspira une idée vraiment nouvelle, sans doute par égard à ta beauté. Donc, aussitôt que tu vis la jeune fille assise à l'Artémision[b], tu cueillis une pomme de Cydonie dans le jardin d'Aphrodite; tu inscrivis tout autour un message de tromperie et secrètement tu la fis rouler devant les pieds de la servante. Celle-ci, émerveillée par sa grosseur et sa couleur, la ramassa; elle se demanda quelle fille, en sautant en l'air, avait bien pu la faire tomber de son corsage. «Serais-tu, ô pomme, dit-elle, un fruit sacré? Quelles sont ces lettres inscrites tout autour de toi? Que veux-tu signifier? Chère maîtresse, accepte une pomme comme je n'en ai jamais vu. Qu'elle est énorme, qu'elle est flamboyante, qu'elle est vermeille à l'égal des roses! Bravo pour son parfum: comme il charme l'odorat, même de loin! Dis-moi, ma chère, qu'y a-t-il d'inscrit tout autour?» La jeune fille prit le fruit, jeta les yeux sur l'inscription et lut tout haut la phrase qu'elle contenait: «Je le jure par Artémis, c'est Acontios que j'épouserai». Comme elle achevait de prononcer ce qui était un serment malgré son caractère involontaire et même frauduleux, elle rejeta, pleine de honte, cette déclaration d'amour[c] et elle laissa tomber, en ne le prononçant qu'à moitié, le mot final qui évoquait le mariage, chose dont une jeune fille sérieuse ne peut même pas entendre parler sans rougir[d]. Son visage devint tellement écarlate qu'elle semblait porter sur ses joues un parterre de roses[e], et cette rougeur ne le cédait en rien à celle de ses lèvres. L'enfant avait parlé, Artémis l'avait entendue, et, cher Acontios, malgré sa virginité cette déesse collabora à ton mariage. Jusque là donc le malheureux[f] (mais il n'est pas facile de dépeindre l'agitation d'une mer en tempête ni d'une passion en furie). Les nuits n'apportaient que des larmes et pas de sommeil au jeune homme. Ayant honte de pleurer pendant le jour, il réservait ses larmes pour la

θείς. Πλὴν αὐτὸς ὁ τρώσας ἀεί τινας παραδόξους μηχανὰς διαπλέκων ὑπέθετό σοι καινοτάτην βουλήν, τάχα που τὸ σὸν αἰδούμενος κάλλος. Αὐτίκα γοῦν, κατὰ τὸ Ἀρτεμίσιον, ὡς ἐθεάσω προκαθημένην τὴν κόρην, τοῦ κήπου τῆς Ἀφροδίτης Κυδώνιον ἐκλεξάμενος μῆλον, ἀπάτης αὐτῷ περιγεγράφηκας λόγον, καὶ λάθρα διεκύλισας πρὸ τῶν τῆς θεραπαίνης ποδῶν. Ἡ δὲ τὸ μέγεθος καὶ τὴν χροιὰν καταπλαγεῖσα ἀνήρπασεν, ἅμα διαποροῦσα τίς ἄρα τοῦτο τῶν παρθένων μετέωρος ἀπέβαλε τοῦ προκολπίου· «Ἆρα, φησίν, ἱερὸν πέφυκας, ὦ μῆλον; Τίνα δέ σοι πέριξ ἐγκεχάρακται γράμματα; Καὶ τί σημαίνειν ἐθέλεις; Δέχου μῆλον, ὦ κεκτημένη, οἷον οὐ τεθέαμαι πρότερον. Ὡς ὑπερμέγεθες, ὡς πυρρωπόν, ὡς ἐρύθημα φέρον τῶν ῥόδων. Εὖγε τῆς εὐωδίας· ὅσον καὶ πόρρωθεν εὐφραίνει τὴν αἴσθησιν. Λέγε μοι, φιλτάτη, τί τὸ περίγραμμα τοῦτο»; Ἡ δὲ κόρη κομισαμένη καὶ τοῖς ὄμμασι περιθέουσα τὴν γραφὴν ἀνεγίνωσκεν ἔχουσαν ὧδε· «Μὰ τὴν Ἄρτεμιν Ἀκοντίῳ γαμοῦμαι». Ἔτι διερχομένη τὸν ὅρκον εἰ καὶ ἀκούσιόν τε καὶ νόθον τὸν ἐρωτικὸν λόγον ἀπέρριψεν αἰδουμένη, καὶ ἡμίφωνον καταλέλοιπε λέξιν τὴν ἐπ' ἐσχάτῳ κειμένην ἅτε διαμνημονεύουσαν γάμον, ὃν σεμνὴ παρθένος κἂν ἑτέρου λέγοντος ἠρυθρίασε. Καὶ τοσοῦτον ἐξεφοινίχθη τὸ πρόσωπον, ὡς δοκεῖν ὅτι τῶν παρειῶν ἔνδον εἶχέ τινα ῥόδων λειμῶνα, καὶ τὸ ἐρύθημα τοῦτο μηδὲν τῶν χειλῶν αὐτῆς διαφέρειν. Εἶπεν ἡ παῖς, ἀκήκοεν Ἄρτεμις· καὶ παρθένος οὖσα θεός, Ἀκόντιε, συνελάβετό σοι τοῦ γάμου. Τέως οὖν τὸν δείλαιον — ἀλλ' οὔτε θαλάττης τρικυμίας οὔτε πόθου κορυφούμενον σάλον εὐμαρὲς ἀφηγεῖσθαι· δάκρυα μόνον, οὐχ ὕπνον αἱ νύκτες ἐπῆγον τῷ μειρακίῳ· κλαίειν γὰρ αἰδούμενος τὴν ἡμέραν τὸ δάκρυον

nuit. Les membres amaigris, le corps consumé par les chagrins, le regard affreusement éteint, il redoutait de se montrer à son père et, pour le fuir, il se rendait à la campagne, sous tous les prétextes. Aussi les plus drôles de ses camarades le surnommaient-ils «Laerte»[a], en pensant que le jeune homme s'était fait cultivateur. Mais Acontios se souciait peu de la vigne et du hoyau. Il se contentait de s'asseoir au pied de chênes et d'ormes pour converser avec eux en ces termes: «Puissiez-vous, chers arbres, avoir pensée et parole pour dire seulement: Cydippé est belle; puissiez-vous du moins ne porter, incisées sur votre écorce, que les lettres nommant Cydippé belle. Cydippé, je voudrais tout de suite ajouter que tu es belle et, en même temps, fidèle à ton serment, et qu'Artémis ne doit pas lancer contre toi de trait vengeur et te faire périr. Le carquois doit garder tout près son couvercle. Que je suis malheureux! Pourquoi t'ai-je causé une telle alarme, puisqu'on dit également que, si la déesse est terriblement sensible à toutes les fautes, elle châtie avec encore plus de sévérité ceux qui oublient leurs serments? Aussi, comme je viens d'en faire le vœu, je souhaite que tu sois fidèle à ton serment. Oui, je le souhaite! Mais s'il arrivait ce qu'on ne doit même pas dire, la vierge Artémis te restera favorable. Car ce n'est pas toi, mais celui qui t'a donné l'occasion du parjure qu'il faut punir. Je veux seulement savoir que tu as pris quelque intérêt à ce que j'avais écrit, et en débarrassant mon esprit des effets de l'ouragan où tu l'avais plongé, je ne ménagerai pas plus mon sang que l'eau qu'on verse au hasard. Mais vous, arbres chéris qui abritez les oiseaux mélodieux, connaîtriez-vous également cet amour, est-ce que par hasard un cyprès s'est épris d'un pin ou quelque autre plante d'une autre plante[b]? Non, par Zeus, je ne le pense pas. Vous ne perdriez pas seulement vos feuilles et la passion ne se

ἐταμιεύετο ταῖς νυξίν. Ἐκτακεὶς δὲ τὰ μέλη καὶ δυσθυ-
μίαις μαραινόμενος, τὴν χροιὰν καὶ τὸ βλέμμα δεινῶς
ὠρακιῶν, ἐδεδίει τῷ τεκόντι φανῆναι καὶ εἰς ἀγρὸν ἐπὶ   55
πάσῃ προφάσει τὸν πατέρα φεύγων ἐφοίτα. Διόπερ οἱ
κομψότεροι τῶν ἡλικιωτῶν Λαέρτην αὐτὸν ἐπωνόμαζον,
γηπόνον τὸν νεανίσκον οἰόμενοι γεγονέναι. Ἀλλ' Ἀκοντίῳ
οὐκ ἀμπελῶνος ἔμελεν, οὐ σκαπάνης, μόνον δὲ φηγοῖς
ὑποκαθήμενος ἢ πτελέαις ὡμίλει τοιάδε· «Εἴθε, ὦ δένδρα,   60
καὶ νοῦς ὑμῖν γένοιτο καὶ φωνή, ὅπως ἂν εἴπητε μόνον·
«Κυδίππη καλή». Ἦ γοῦν τοσαῦτα κατὰ τῶν φλοιῶν
ἐγκεκολαμμένα φέροιτε γράμματα, ὅσα τὴν Κυδίππην ἐπο-
νομάζει καλήν. Κυδίππη, καλήν σε καὶ εὔορκον ὁμοίως
προσείπω ταχύ, μηδὲ Ἄρτεμις ἐπί σοι ποιναῖον βέλος ἀφῇ   65
καὶ ἀνέλῃ· μένη δὲ τὸ πῶμα προσκείμενον τῇ φαρέτρᾳ. Ὦ
δυστυχὴς ἐγώ. Τί δέ σοι τοῦτον ἐπήγον τὸν φόβον;
Ὁπότε καί φασι τὴν θεὸν ἐπὶ πάσαις μὲν ἁμαρτάσι
κινεῖσθαι δεινῶς, μάλιστα δὲ τοὺς ἀμελοῦντας τῶν ὅρκων
πικρότερον τιμωρεῖσθαι. Εἴθε μὲν οὖν ὡς ἀρτίως ηὐχόμην   70
εὔορκος εἴης, εἴθε γάρ· εἰ δὲ ἀποβαίη, ὅπερ μηδὲ λέγειν
καλόν, ἡ Ἄρτεμις ἔσται σοι, παρθένος, πραεῖα. Οὐ σὲ γάρ,
ἀλλὰ τὸν δόντα τῆς ἐπιορκίας τὴν πρόφασιν κολαστέον.
Μαθήσομαι μόνον ὡς μεμέληκας τῶν γραμμάτων, καὶ τοῦ
σοῦ πρηστῆρος τὴν ἐμὴν ψυχὴν ἀπαλλάττων οὐχ ἧττον   75
αἵματος ἀφειδήσω τοῦ ἡμετέρου ἤπερ ὕδατος εἰκῆ χεο-
μένου. Ἀλλ' ὦ φίλτατα δένδρα, τῶν ἡδυφώνων ὀρνίθων οἱ
θῶκοι, ἆρα κἂν ἐν ὑμῖν ἐστιν οὗτος ὁ ἔρως, καὶ πίτυος
τυχὸν ἠράσθη κυπάριττος ἢ ἄλλο φυτὸν ἑτέρου φυτοῦ;
Μὰ Δία, οὐκ οἶμαι· οὐ γὰρ ἐφυλλορροεῖτε καὶ τοὺς   80
κλάδους ἁπλῶς ὁ πόθος κόμης ὑμᾶς καὶ ἀγλαΐας ἐψίλου,

---

59 ἔμελεν Me, Ma: ἔμελλεν V ‖ **66** μένη edd. recentes: μενεῖ V et edd.
uet. ‖ **72** ἔσται V: fortasse in ἔστω corrigendum, sicut fecerunt nonnulli
edd. auctore Me ‖ παρθένος V: fortasse in παρθένε corrigendum, sicut
fecerunt He, Ma ‖ **74** μεμέληκας V: correxit in ἠμέληκας Zanetto,
Koinonia, XII 1988, p. 149 ‖ **76** ἤπερ edd.: εἴπερ V ‖ **80** Δία edd.: δῖα
V.

bornerait pas à faire tomber les rameaux de votre glorieuse chevelure, mais, en s'enfonçant, elle pénétrerait avec sa torche jusqu'à la souche et aux racines». Voilà les discours que tenait le jeune Acontios, dépérissant de corps et d'esprit. Quant à Cydippé, on préparait son mariage avec un autre. Et devant la chambre nuptiale les plus virtuoses des jeunes filles chantaient l'hyménée de leur voix de miel[a], pour employer l'expression charmante de Sappho[b]. Mais soudain la fillette tomba malade et ses parents se disposaient à des funérailles plutôt qu'à des noces. Or, contre toute attente, elle se rétablit et, pour la seconde fois, on se mit à préparer la chambre, puis, comme par une volonté du Destin, elle retomba malade. Une troisième fois la fillette connut le même sort. Le père n'attendit pas une quatrième rechute; il consulta Apollon Pythien pour savoir quel était le dieu qui mettait obstacle au mariage de la jeune fille. Apollon désigne très clairement au père le jeune homme, la pomme, le serment et le courroux d'Artémis, puis il conseille que la jeune fille se montre sans plus tarder fidèle au serment. «D'ailleurs, ajoute-t-il, en unissant Acontios à Cydippé, tu ne risques pas d'allier le plomb à l'argent[c]: des deux côtés ce sera un mariage en or». Telle fut la réponse que donna le dieu des oracles; serment et réponse trouvèrent leur consécration dans les noces. Les compagnes de la fillette chantaient à pleine voix un hymne d'hyménée que la maladie n'obligeait plus à renvoyer ou à interrompre. La maîtresse du chœur regardait de travers celle qui lançait une fausse note et, pour la replacer dans l'harmonie, il lui suffisait d'indiquer le ton d'un geste de la main. Quelqu'un d'autre accompagnait les chants en battant la mesure. De la main droite, avec ses doigts un peu repliés, il frappait dans le creux de la main gauche placée en dessous, et de cette façon ses mains résonnaient en battant comme des cymbales[1].

---

1. Cf. Philostrate, *Images*, II,1,3.

ἀλλὰ καὶ μέχρι στελέχους τε καὶ ῥιζῶν ὑπονοστήσας τῷ
πυρσῷ διικνεῖτο». Τοιαῦτα μὲν τὸ παιδίον Ἀκόντιος διε-
λέγετο, πρὸς τῷ σώματι μαραινόμενος καὶ τὸν νοῦν. Τῇ
δὲ Κυδίππῃ πρὸς ἕτερον ηὐτρεπίζετο γάμος. Καὶ πρὸ τῆς   85
παστάδος τὸν ὑμέναιον ᾖδον αἱ μουσικώτεραι τῶν παρθένων καὶ μελλιχόφωνοι — τοῦτο δὴ Σαπφοῦς τὸ ἥδιστον
φθέγμα —. Ἀλλ᾽ ἄφνω νενόσηκεν ἡ παῖς καὶ πρὸς ἐκφορὰν ἀντὶ νυμφαγωγίας οἱ τεκόντες ἑώρων. Εἶτα παραδόξως ἀνέσφηλε, καὶ δεύτερον ὁ θάλαμος ἐκοσμεῖτο· καὶ   90
ὥσπερ ἀπὸ συνθήματος τῆς Τύχης αὖθις ἐνόσει. Τρίτον
ὁμοίως ταῦτα συμβέβηκε τῇ παιδί. Ὁ δὲ πατὴρ τετάρτην
οὐκ ἀνέμεινε νόσον, ἀλλ᾽ ἐπύθετο τοῦ Πυθίου τίς ἄρα
θεῶν τὸν γάμον ἐμποδίζει τῇ κόρῃ. Ὁ δὲ Ἀπόλλων πάντα
σαφῶς τὸν πατέρα διδάσκει, τὸν νέον, τὸ μῆλον, τὸν   95
ὅρκον, καὶ τῆς Ἀρτέμιδος τὸν θυμόν· καὶ παραινεῖ θᾶττον
εὔορκον ἀποφῆναι τὴν κόρην. «Ἄλλως τε, φησί, Κυδίππην Ἀκοντίῳ συνάπτων οὐ μόλιβδον ἂν συνεπιμίξαις
ἀργύρῳ, ἀλλ᾽ ἑκατέρωθεν ὁ γάμος ἔσται χρυσοῦς». Ταῦτα μὲν ἔχρησεν ὁ μαντῷος θεός, ὁ δὲ ὅρκος ἅμα τῷ   100
χρησμῷ συνεπληροῦτο τοῖς γάμοις. Αἱ δὲ τῆς παιδὸς
ἡλικιώτιδες ἐνεργὸν ὑμέναιον ᾖδον οὐκ ἀναβαλλόμενον
ἔτι, οὐδὲ διακοπτόμενον νόσῳ. Καὶ ἡ διδάσκαλος ὑπέβλεπε
τὴν ἀπᾴδουσαν καὶ εἰς τὸ μέλος ἱκανῶς ἐνεβίβαζε χειρο-
νομοῦσα τὸν τρόπον. Ἕτερος δὲ τοῖς ᾄσμασιν ἐπεκρότει,   105
καὶ ἡ δεξιὰ τοῖς δακτύλοις ὑπεσταλμένοις ὑποκειμένην
τὴν ἀριστερὰν ἔπληττεν εἰς τὸ κοῖλον, ἵν᾽ ὦσιν αἱ χεῖρες

---

87 μελλιχόφωνοι Ma auctore Nissen: μελιφ- He, μελιχόφ- edd. uet.,
μειλιχιφ- V ‖ 90 ἀνέσφηλε edd.: ἐν- V ‖ 91 Τύχης edd.: ψύχης V ‖
102 ἡλικιώτιδες edd.: -κιότ- V ‖ 103 ὑπέβλεπε He, Ma: ἐπ- V et ceteri
edd. ‖ 104 ἀπᾴδουσαν edd.: ἐπ- V ‖ 107 τὸ edd.: τὸν V.

Acontios considérait tout cela comme des retardements[1] et ne trouva pas de jour plus long ni de nuit plus courte. Cette nuit-là il ne l'aurait pas échangée pour l'or de Midas[2] et il n'aurait pas admis de mettre les richesses de Tantale[3] en balance avec la jeune fille. Tout le monde en sera d'accord avec moi, du moins ceux qui ne sont pas totalement ignorants des choses de l'amour, car qui n'a jamais aimé est naturellement d'un avis contraire. Donc Acontios, après avoir brièvement lutté de nuit avec cette vierge dans un combat amoureux, finit par jouir de plaisirs pacifiques. A travers la maison brûlaient des torches faites d'encens: en brûlant elles dégageaient une fumée odorante, si bien qu'elles procuraient à la fois lumière et parfum. Naguère les vierges, au nombre desquelles se comptait Cydippé, l'emportaient de loin sur les femmes; leur prestance les plaçait au pinacle. Aujourd'hui que notre jeune mariée se classe parmi les femmes, ce sont les jeunes filles qui ont le dessous. Chez Cydippé la nature s'est toujours évertuée à glorifier si haut l'éclat de sa beauté! Telle la plante chrysopole[a], elle s'alliait intimement à ce jeune homme en or. Tous deux, de leurs regards éclatants, comme des astres se renvoyant mutuellement leurs lumières, ils renforçaient mutuellement l'éclat de leur beauté.

1. Cf. Xénophon d'Éphèse, I,8,1.
2. Midas, roi légendaire de Phrygie, était le héros de nombreuses aventures. Il lui arriva d'obtenir de Dionysos le don de voir se convertir en or tout ce qu'il touchait.
3. La légende principale concernant Tantale, roi de Lydie, se réfère au «supplice de Tantale», qui n'arrive pas à saisir les nourritures qui lui sont proposées. Ici Aristénète évoque un mythe moins célèbre, faisant de Tantale un émule de Crésus. Ταντάλου πλοῦτον est une correction à la place de πάντα πλοῦτον que conservent les anciennes éditions (Boissonade traduit: nec puellae contra aestimasset omnes divitias). Il faut cependant adopter cette correction puisque en I,18,11, on lit Ταντάλου θησαυρούς. Cf. d'ailleurs Platon, *Euthyphron*, 11e, etc.

εὔφωνοι συμπληττόμεναι τρόπον κυμβάλων. Ἅπαντα δ᾽
οὖν ὅμως βραδύνειν ἐδόκει τῷ Ἀκοντίῳ, καὶ οὔτε ἡμέραν
ἐκείνης ἐνόμισε μακροτέραν ἑωρακέναι οὔτε νύκτα βραχυ-   110
τέραν. Τῆς νυκτὸς ἐκείνης Ἀκόντιος οὐκ ἂν ἠλλάξατο τὸν
Μίδου χρυσόν, οὐδὲ τὸν Ταντάλου πλοῦτον ἰσοστάσιον
ἡγεῖτο τῇ κόρῃ. Καὶ σύμψηφοι πάντες ἐμοὶ ὅσοι μὴ
καθάπαξ τῶν ἐρωτικῶν ἀμαθεῖς· τὸν γὰρ ἀνέραστον οὐκ
ἀπεικὸς ἀντίδοξον εἶναι. Ὃς δ᾽ οὖν τῇ παρθένῳ βραχέα   115
νυκτομαχήσας ἐρωτικῶς, τότε λοιπὸν εἰρηναίων ἀπέλαυεν
ἡδονῶν. Ἐκαίοντο δὲ κατὰ δώματα δαῖδες ἐκ λιβανωτοῦ
συγκείμεναι, ὥστε ἅμα καίεσθαι καὶ θυμιᾶσθαι καὶ πα-
ρέχειν τὸ φῶς μετ᾽ εὐωδίας. Πάλαι τοίνυν αἱ παρθένοι
συναριθμουμένης αὐταῖς τῆς Κυδίππης ἐπλεονέκτουν   120
σφόδρα τῶν γυναικῶν, τὸν κολοφῶνα φέρουσαι τῆς εὐπρε-
πείας· νυνὶ δὲ τῆς νύμφης ἐν γυναιξὶ ταττομένης μειονεκ-
τοῦσιν αἱ κόραι· τοσοῦτον ἡ φύσις ἁπανταχοῦ τὸ λαμπρὸν αὐτῆς ἐκορυφώσατο κάλλος. Ὥσπερ δὲ χρυσόπολις
ἡ πόα τῷ χρυσῷ μειρακίῳ συνήπτετο προσφυῶς. Ἄμφω δὲ   125
λαμπροῖς ὄμμασιν οἷον ἀστέρες ἀνταυγοῦντες ἀλλήλοις
φαιδρότερον τῆς ἀλλήλων ἀπέλαυον ἀγλαΐας.

110-111 Post βραχυτέραν distinxit Ma: post ἐκείνης distinxerunt V et
ceteri edd. praeter He qui Ἀκόντιον correxit in ἧς οὐ ‖ 112 Μίδου
edd.: μήδου V ‖ Ταντάλου Ab et edd. sequentes: πάντα V et edd. ante
Ab ‖ 115 Ὃς Bo, Ma: ὡς V et edd. ante Bo, ὁ He ‖ 117 Ἐκαίοντο Ma:
ἔκαον (sic cum spiritu aspro) V, ἔκαον plerique edd., ἐκάοντο He ‖
121 κολοφῶνα edd.: -ναι V ‖ 125 μειρακίῳ Bo, He, Ma: μείρακι ceteri
edd., μεῖρκ´ V.

11. Une femme éprise d'un jeune garçon s'informe auprès de sa servante pour savoir s'il est beau.

Philostrate à Évagoras.

Une femme interrogeait sa petite servante: «Au nom des Grâces, que te semble du garçon que j'aime? Pour moi je le trouve beau, mais, comme je l'aime, il se peut que je me trompe dans mon jugement sur mon chéri et que mon jugement soit faussé par mon amour. Dis-moi aussi ce que disent les femmes qui le voient. Est-ce qu'elles font des compliments sur sa beauté, est-ce qu'elles la contestent en évitant de le regarder?» L'autre, ne songeant qu'à débaucher sa maîtresse, lui répond: «Par Artémis, j'ai entendu beaucoup de femmes, et de mes propres oreilles, qui tout près du jeune homme déclaraient des choses de ce genre: Voilà un joli garçon, voilà pour la beauté un chef-d'œuvre de la nature! C'est ainsi qu'il fallait sculpter les Hermès[1] au lieu de les représenter sous les traits d'Alcibiade. Heures chéries, quelle jolie beauté! Le jeune homme est charmant, parce qu'il est fier de sa beauté, sans toutefois atteindre l'orgueil, mais en parvenant à la distinction et à la grande classe. Pour tomber amoureuse du garçon il suffit de sa chevelure bouclée, belle en soi mais encore embellie du fait qu'elle encadre son front et descend le long des oreilles[a] jusqu'à la barbe naissante. Quant à son petit manteau, comme il a de jolies couleurs, car il ne reste pas d'une seule teinte mais chatoie en changeant de nuances[b]! Voilà bien l'amant de nos rêves dans toute sa première jeunesse[c]. Heureuse celle qui a la chance de

---

1. Le texte du manuscrit porte ἐραστάς. Doit-on lire Ἔρωτας ou Ἑρμᾶς? Nous avons choisi Ἑρμᾶς d'après Clément d'Alexandrie, *Protreptique*, 41,26, dont le passage est cité par Boissonade dans son édition d'Aristénète, p. 391 (traduction: «de même que les sculpteurs ont représenté à Athènes les Hermès sous les traits d'Alcibiade»). Cf. Pline l'Ancien, *Histoire naturelle*, 36,28.

Γυνὴ ποθοῦσα μειράκιον πυνθάνεται τῆς δούλης
εἰ καλὸς ὁ ποθούμενος.

ια´
Φιλόστρατος Εὐαγόρᾳ.

Παιδίσκην ἑαυτῆς ὡδέ πως ἤρετό τις γυνή· «Πρὸς τῶν
Χαρίτων, ὁποῖον δοκῶ σοι νεανίσκον ποθεῖν; Ἐγὼ μὲν
γὰρ οἶμαι καλόν, ἀλλ' ἐρῶσα τυχὸν σφάλλομαι περὶ τὴν
κρίσιν τοῦ ποθουμένου καὶ ἔρωτι πλανῶμαι τὴν ὄψιν.
Λέγε δή μοι κἀκεῖνο. Τί φασιν αἱ καθορῶσαι τοῦτον   5
γυναῖκες; Πότερον αὐτὸν ἐπαινοῦσι τοῦ κάλλους, ἢ ψέγου-
σιν ἀποστραφεῖσαι τὴν θέαν»; Ἡ δὲ μαστροπεύουσα
πρὸς τὴν κεκτημένην φησί· «Νὴ τὴν Ἄρτεμιν, ἐγὼ πολλῶν ἀκήκοα γυναικῶν αὐτήκοος γινομένη πλησίον ἐπι-
φθεγγομένων τοιάδε τῷ νέῳ· Ἰδοὺ μειράκιον εὐπρεπές, ἰδοὺ   10
κάλλος ἀπηκριβωμένον τῇ φύσει· τοιούτους ἔδει πλάττεσ-
θαι τοὺς Ἑρμᾶς μᾶλλον ἢ κατὰ Ἀλκιβιάδου μορφήν.
Κάλλος γε καλόν, νὴ τὰς φίλας Ὥρας. Χαρίεις ὁ νεανίας
ἐπὶ κάλλει μέγα φρονῶν, οὐ μέντοι εἰς ὑπερηφάνειαν,
ἀλλ' εἰς τὸ ἁβρὸν καὶ μεγαλοπρεπές. Ἱκανὸν πρὸς ἔρωτα   15
καὶ μόνον τὸ ἐπίγρυπον τοῦ νεανίσκου, ἱκανὴ δὲ καὶ ἡ
κόμη, καλὴ μὲν καθ' ἑαυτὴν οὖσα, ἔτι δὲ καλλίω περικει-
μένη μὲν τῷ μετώπῳ, συγκατιοῦσα δὲ τῷ ἰούλῳ παρὰ τὸ
οὖς. Τὸ δὲ χλανιδίσκιον βαβαὶ τῶν χρωμάτων· οὐ γὰρ ἐφ'
ἑνὸς μένει χρώματος, ἀλλὰ τρέπεται καὶ μετανθεῖ. Οὗτος   20
ἡμῖν εὐκταῖος ἐραστής, ἡβάσκων ἀμφὶ πρώτην ὑπήνην.
Εὐδαίμων ἡ τὸν νέον εὐτυχοῦσα ἐπίσης ἐραστὴν ὁμοῦ καὶ
ἐρώμενον. Μακαρία ἡ συγκοιμωμένη τούτῳ, χλιδῶσα κατ'

---

12 Ἑρμᾶς Me, Pa, Ab, Bo, He: Ἔρωτας Le, Ma, ἐραστάς V ‖
16 ἐπίγρυπον edd.: ἐπήγρυπνον correctum in -πον V ‖ **18** τῷ ἰούλῳ Ab
et edd. sequentes: τῶν ἰούλων V et edd. ante Ab.

l'avoir pour amant et pour bien-aimé! Bienheureuse celle qui couche avec lui pour se livrer aux voluptés du lit et jouir de sa beauté[1]! Celle-là les Grâces l'ont regardée d'un œil bien complaisant[2]. Je pense que toutes les femmes s'éprennent tout de suite de ce garçon». La maîtresse fut ravie de ces déclarations: à chaque mot le plaisir la faisait changer de couleur[3] et, comme on dit, elle pensait toucher le ciel de sa tête[4]. Elle fut à ce moment persuadée que le jeune homme était beau. Car les femmes estiment qu'elles sont belles lorsqu'en les voyant quelqu'un leur fait compliment, lorsqu'il s'éprend d'elles, saisi d'admiration[a].

12. Jeune homme invitant tout le monde à juger de la beauté de son amie.

Evhémère à Leucippos.

Qui donc a contemplé les beautés orientales, qui a fréquenté les femmes occidentales? Que les galants amateurs de femmes arrivent de partout pour juger de ma jolie maîtresse, et qu'ils disent en toute sincérité si jamais ils ont connu une beauté pareillement admirable! Quel que soit le point de vue d'où on la regarde, partout on rencontre la beauté et on communie avec la beauté. Mômos[b], qu'elle a désespéré, proteste, gémit, et se trouve dans un étrange embarras. Je suis plein d'admiration devant sa jeunesse, sa grâce; j'admire jusqu'à son pied, car le pied s'il est bien fait peut parer même celles qui sont privées de parure. Je suis charmé par ses manières qui correspondent si bien à son physique. Car, si le destin a fait de Pythias une courtisane, elle possède

---

1. Cf. Lucien, *Dialogues des courtisanes*, 14,4.
2. Cf. Alciphron, IV,9,4.
3. Cf. Platon, *Lettres*, VII,349 a.
4. Cf. Lucien, *Alexandre*, 35.

εὐνὴν καὶ ἐντρυφῶσα τῷ κάλλει. Εὐμενεστέροις ὄμμασιν
ἐκείνην αἱ Χάριτες εἶδον. Καὶ πᾶσαί μοι δοκοῦσιν ἐρᾶν   25
αὐτίκα τοῦ μειρακίου». Ἥσθη ταῖς μαρτυρίαις καὶ ὑφ᾽
ἡδονῆς παντοδαπὰ χρώματα παρ᾽ ἕκαστον λόγον ἠφίει,
καί — τὸ λεγόμενον δὴ τοῦτο — ἐδόκει τῇ κεφαλῇ ψαύειν
τοῦ οὐρανοῦ. Καὶ τότε πεπίστευκε τὸν νέον εἶναι καλόν.
Αὗται γὰρ ἑαυτὰς αἱ γυναῖκες τότε δὴ κρίνουσιν εἶναι   30
καλάς, ὅταν ἰδών τις ἐπαινέσῃ, ὅταν ἐρασθείη θαυμάσας.

Νέος προσκαλούμενος πάντας τῆς φίλης δοκιμάσαι τὸ κάλλος.

ιβ'
Εὐήμερος Λευκίππῳ.

Τίς ἄρα τεθέαται τῆς ἔω τὰ κάλλη, τίς δὲ ταῖς ἑσπε-
ρίαις ὡμίληκε γυναιξίν; Ἡκέτωσαν οἱ πανταχόθεν ἐρωτι-
κοὶ φιλογύναικες πρὸς κρίσιν τῆς ἐμῆς καλλικοίτης καὶ
σὺν ἀληθείᾳ λεγόντων εἴ που τοιοῦτον ἱστορήκασιν ἀξιο-
θέατον κάλλος. Ὅπου γὰρ ἄν τις αὐτῇ τοὺς ὀφθαλμοὺς   5
ἐπιβάλῃ, πανταχοῦ κάλλος αὐτῷ συναντᾶται καὶ κάλλους ἐφάπτεται. Ταύτης ὁ Μῶμος ἀποσφαλεὶς ἄχθεται
καὶ στένει καὶ ἀπορεῖ παραδόξως. Τεθαύμακα τὴν ἡλι-
κίαν, τὴν χάριν, καὶ μέχρι τοῦ ποδὸς διῆλθε τὸ θαῦμα·
φύσει γὰρ ὁ πούς εὔπλαστος ὢν καὶ τὰς ἀκοσμήτους οἶδε   10
κοσμεῖν. Ἐφήδομαι τοῖς τρόποις εὖ μάλα συμπρέπουσι
τῇ μορφῇ. Ἑταίρας μὲν γὰρ ἡ Πυθιὰς εἴληχε βίον, ἁπλο-

---

27 ἠφίει Bo, He, Ma: ὑφίει V et edd. ante Bo.
1 ἄρα edd. auctore Me: ἄρα V ‖ **3** καλλικοίτης V et plerique edd.: an
legendum Καλλικοίτης nomen proprium sicut in titulo epistulae I,18
(cf. Bo, adnotationes, p. 598)? ‖ **8** Post παραδόξως distinguunt He,
Ma: post ἀπορεῖ V et ceteri edd. ‖ **12** ἑταίρας edd.: ἑτέρας V ‖ **12-
13** ἁπλότητα edd.: ἀπαλ- V.

une simplicité naturelle et une irréprochable moralité. Tout son comportement est supérieur à sa vie. Si elle m'a choisi, c'est que je n'étais pas méchant garçon. Quoi qu'on lui donne, elle en remercie[a], elle n'agit pas comme une courtisane pour qui tout cadeau est mesquin. Et comme une corneille auprès d'une corneille nous restons toujours ensemble[b]. Faut-il en dire davantage, puisque les plaisirs d'Aphrodite sont secrets? Je n'ajouterai qu'une chose: elle résiste juste assez pour accroître mon désir en me faisant attendre. Sa nuque sent l'ambroisie et son haleine est douce. A-t-elle le parfum des breuvages composés d'un mélange de fruits ou de roses, embrasse-la et tu le diras[c]. Ma tête reposant sur la poitrine de la belle[d], je restais sans pouvoir dormir et je déposais de tendres baisers juste à l'endroit où battait son cœur. Ainsi donc, en amour, comme disait quelqu'un, pour atteindre le plaisir parfait il n'y a pas qu'un chemin. En effet les femmes laides ne valent rien pour l'amour: on ne peut trouver chez elles de plaisir, ni au début, ni à la fin. Il en est de même pour les aliments: ils ont tous pour but de rassasier, mais l'un fait plaisir en nourrissant, les autres démolissent complètement[e]. Grâce à elle chaque jour est pour moi un jour blanc et, en ce qui concerne le bonheur, il ne le cède en rien à ceux qui sont comptés dans un carquois[f]. Souvent j'ai entendu chanter que l'absence émousse le désir et les amateurs de proverbes affirment: «Il n'y a d'ami que celui qu'on voit en face de soi». Eh bien moi, je jure par les grâces de Pythias que, même absent, je n'ai jamais manqué à mon amour pour elle. En revenant je ne l'en aimais pas moins, ou plutôt, après une séparation, je sentais redoubler ma passion, et je remercie le Destin de ne pas m'avoir imposé l'oubli de la bien-aimée. Un poète galant devrait dire de moi en parodiant Homère[g]:

τητα δὲ σύμφυτον ἔχει καὶ ἄμεμπτον ἦθος. Ἅπαντα τῆς
τάξεως βελτίω τοῦ βίου καὶ αὐτόν με μάλιστα ᾕρηκε τῷ
ἀκάκῳ. Δῶρον δ' ὅ τις δῷ ἐπαινεῖ, οὐχ ὥσπερ ἑταίρα πᾶν 15
τὸ διδόμενον σμικρὸν ἡγουμένη. Καὶ ὥσπερ κολοιὸς ἀεὶ
παρὰ κολοιόν, ἱζάνομεν ἄμφω. Τί δεῖ περαιτέρω προ-
βαίνειν, ἔνθα δὴ τὰ τερπνὰ τῆς Ἀφροδίτης ἀπόρρητα;
Λεκτέον δὲ μόνον ὡς ἀντιλέγει τοσοῦτον ὅσον ἐν τῷ
βραδύνειν ἐρεθίσαι. Ὁ μὲν οὖν τράχηλος αὐτῆς ἀμβρο- 20
σίας ὄδωδε, καὶ τὸ ἄσθμα ἡδύ· ἢ δὲ μήλων ἢ ῥόδων
πόμασι συμμιγέντων ἀπόζειν φιλήσας ἐρεῖς. Τοῖς δὲ
στέρνοις τῆς καλῆς ἐπιθεὶς τὴν κεφαλὴν ἠγρύπνουν, αὐτὸ
καταφιλῶν τὸ πήδημα τῆς καρδίας. Οὐκ οὖν τῶν ἀφροδισίων, ὡς ἔφη τις, εἰς τὸ τῆς ἡδονῆς τέλος ὁδός ἐστιν μία. 25
Ἀναφρόδιτοι γὰρ αἱ δυσειδεῖς γυναῖκες, καὶ ἡδονῆς ἐν
ἐκείναις οὐκ ἀρχὴν οὐ τέλος εὕροι τις. Ἐπεὶ κἂν τοῖς
ἐδέσμασιν ἓν τέλος ὁ κόρος· ἀλλὰ τὸ μὲν τρέφει καὶ
τέρπει, τὰ δὲ παντελῶς ἀνατρέπει. Διὰ ταύτην ἡμέρα
μοι πᾶσα λευκή, καὶ τῶν ἐν φαρέτρᾳ λογιζομένων εἰς 30
εὐτυχίαν οὐχ ἧττων. Ἀιδόντων μὲν οὖν ἀκήκοα πολλάκις
ὡς πέφυκεν ἀποδημία τὸν πόθον ἐκλύειν, καὶ παροιμια-
ζόμενοι δέ φασι «τοσοῦτον φίλος ὅσον ὁρᾷ τις ἐναντίον».
Ἐγὼ δὲ ὄμνυμι τὰς χάριτας Πυθιάδος ὡς οὐδὲ ἀποδημῶν
ἀπεστάτουν τῆς πρὸς ἐκείνην φιλίας. Οὐδὲν οὖν ἧττον
ἐπανῆλθον ἐρῶν, μᾶλλον διαλιπὼν καὶ μειζόνως ᾐσθόμην 35
τοῦ πόθου, καὶ χάριν οἶδα τῇ Τύχῃ ὅτι μοι λήθην οὐκ
ἐνέθηκε τῆς φιλτάτης. Ἔφη δ' ἄν τις ἐρωτικὸς ποιητὴς

---

14 βελτίω τοῦ βίοι Me (in adnotationibus): τοῦ βίου βελτίω Ma,
τούτου βελτίω Bo, βελτίω He, τοῦ βελτίω βίου V et ceteri edd. ||
15 ἑταίρα edd.: ἑτέρα V || 20 ἐρεθίσαι edd.: αἱρεθεῖσα V || 21 ἢ δὲ V et
plerique edd.: εἰ δὲ He, Ma || 22 ἀπόζειν V et plerique edd.: ἀπόζει He,
Ma || 23 τοῖς καλοῖς (correctum in τῆς καλῆς) V: τῆς καλῆς He, Ma,
τοῖς καλοῖς ceteri edd. || 27 κἂν Bo, He, Ma: κἄν V et ceteri edd. ||
28 τὸ V et plerique edd.: τὰ He, Ma fortasse recte || 31 ἥττων Me, He,
Ma: ἧττον V et ceteri edd. || 33 ὁρᾷ Me, He, Ma et plerique edd.: ἐρᾷ
V fortasse accipiendum sicut uoluit Bo.

«Il revint au bonheur de retrouver sa couche et ses droits d'autrefois».

13. Un fils aimait la maîtresse de son père. Un médecin découvrit son amour, aidé par le hasard plutôt que par la science, et méthodiquement persuade le père de céder sa maîtresse à son fils[1].

Eutychoboulos à Akestodôros.

Après beaucoup de temps, cher ami, j'ai appris également ceci: toutes les sciences ont besoin de la bonne-fortune et la bonne-fortune est aidée par le savoir. En effet les sciences n'aboutissent à rien sans le secours de la divinité et la bonne-fortune trouve des occasions plus favorables lorsqu'elle se livre aux connaisseurs. Mais ce préambule est un peu long, je le sais, et pour qui désire être plus rapidement renseigné[2] je dirai immédiatement ce qui est arrivé, sans tarder davantage.

Chariclès, le fils de l'excellent Polyclès, gardait le lit, malade d'amour pour la maîtresse de son père: physiquement il prétextait une vague souffrance, mais en réalité c'était une maladie de l'âme qui était en cause. Alors son père, qui était un bon père, aimant beaucoup son enfant, appelle tout de suite Panacios, médecin méritant bien son nom[3]. Celui-ci appliqua ses doigts sur le pouls, puis sa science lui fit donner l'essor à son esprit; il montra par ses regards l'agitation de la pensée cherchant le diagnostic; mais il ne remarquait absolument aucune affection connue des médecins. Longtemps ce

---

1. Le sujet de cette lettre se retrouve chez Valère Maxime, V,7 (*externa exempla*, 1); Plutarque, *Démétrius*, 38, etc.

2. Cf. Platon, *République*, 432 e.

3. Le nom est choisi par Aristénète parce qu'il signifie «guérissant tous les maux» (cf. Πανάκεια: Panacée).

καθομηρίζων ἡμᾶς «Ἀσπάσιον λέκτροιο παλαιοῦ θεσμὸν ἵκοιτο».

Παῖς ἐπόθει τὴν τοῦ φύσαντος παλλακήν. Ἰατρὸς διέγνω τὸν ἔρωτα, τύχῃ πλέον ἢ τέχνῃ χρησάμενος, καὶ μεθόδῳ πείθει τὸν πατέρα τῷ παιδὶ παραχωρῆσαι τῆς παλλακίδος.

ιγ΄
Εὐτυχόβουλος Ἀκεστοδώρῳ

Τῷ μακρῷ καὶ τοῦτο, φίλτατε, κατέμαθον χρόνῳ, ὡς καὶ τέχναι πᾶσαι προσδέονται τύχης, καὶ τύχη διακοσμεῖται ταῖς ἐπιστήμαις. Αἵ μὲν γὰρ ἀτελεῖς μὴ συνεργοῦντος τοῦ θείου, ἡ δὲ μᾶλλον εὐδοκιμεῖ τὰς ἑαυτῆς ἀφορμὰς τοῖς ἐπιστήμοσι δωρουμένη. Ἐπεὶ τοίνυν μακρόν γε τὸ προοίμιον, εὖ οἶδα, τῷ ποθοῦντι θᾶττον ἀκοῦσαι, ἤδη λέξω τὸ συμβάν, μηδὲν ἔτι μελλήσας. 5

Χαρικλῆς ὁ τοῦ βελτίστου Πολυκλέους υἱὸς παλλακίδος τοῦ τεκόντος πόθῳ κλινοπετὴς ἦν, σώματος μὲν ἀφανῆ πλαττόμενος ἀλγηδόνα, ψυχῆς δὲ ταῖς ἀληθείαις αἰτιώμενος νόσον. Ὁ γοῦν πατήρ, οἷα πατὴρ ἀγαθὸς καὶ σφόδρα φιλόπαις, αὐτίκα Πανάκιον μεταπέμπεται τὸν ὄντως ἐπώνυμον ἰατρόν, ὃς τοὺς μὲν δακτύλους τῷ σφυγμῷ προσαρμόζων, τὸν δὲ νοῦν μετάρσιον ἄγων τῇ τέχνῃ, καὶ τοῖς ὄμμασι τὸ διαγνωστικὸν ὑποφαίνων κίνημα τῆς διανοίας οὐδὲν ὅλως ἀρρώστημα κατενόει γνώριμον ἰα- 10 15

39 ἀσπάσιον V et edd. ante He: -σιοι He, Ma ‖ 40 ἵκοιτο V et edd. ante He praeter Me: ἵκοντο Me, He, Ma.

Arg. Post χρησάμενος circa 13 litterae male erasae sunt in V quas καὶ λογιζόμενος legimus ‖ 9 πόθῳ Ab et edd. sequentes: ποθῶν V et edd. ante Ab ‖ 12 et alibi in hac epistula Πανάκιος V et edd. ante He: -κειος He, Ma.

médecin si renommé resta impuissant. Or la femme que désirait le jeune homme vint à passer près de celui-ci, dont le pouls se dérégla et bondit violemment; son regard paraissait troublé et son visage n'était pas en meilleur état que son poignet. Alors Panacios détermina la maladie de deux façons: ce qu'il n'avait pas trouvé directement par sa science il l'obtenait plutôt de la bonne-fortune et ce que lui avait accordé la providence il le réservait par son silence à un moment propice. Voilà quel était le premier type d'investigation qui le guidait. Revenant par la suite, il ordonna à toutes les filles ou femmes de la maison de s'approcher du malade, non pas toutes à la fois, mais une à une et séparées l'une de l'autre par un court intervalle. Durant ce défilé le médecin examinait, en posant ses doigts dessus, l'artère radiale du poignet, indicateur exact pour les enfants d'Asclépios[a] et interprète infaillible de nos états de santé. Celui que sa passion clouait au lit restait impassible en face des autres femmes, mais, lorsqu'apparut la maîtresse de son père dont il était amoureux, aussitôt son regard et son pouls redevinrent ceux d'un autre homme. Alors l'habile et si chanceux médecin voyait en lui-même se confirmer le diagnostic de la maladie, et il proclama que le troisième coup serait le bon[b]. Sous prétexte que cette affection nécessitait des médicaments qu'il devait préparer, il se retira en promettant de les apporter le lendemain; en même temps il rassurait le malade en lui donnant les meilleurs espoirs et il calmait les inquiétudes de son père. Il revint au jour dit: le père et toute la famille l'appelaient leur sauveur et s'empressaient de lui faire fête. Mais il se récria d'une voix coléreuse et, en les rabrouant, il renonça à poursuivre son traitement. A peine eut-il entendu ce refus, Polyclès en demanda la

τροῖς. Ἐπὶ πολὺ μὲν οὖν ὁ τοιοῦτος ἰατρὸς ἀμήχανος ἦν.
Τῆς δὲ ποθουμένης ἐκ ταὐτομάτου παριούσης διὰ τοῦ
μειρακίου, ἀθρόον ὁ σφυγμὸς ἄτακτον ἤλλατο, καὶ τὸ
βλέμμα ταραχῶδες ἐδόκει, καὶ οὐδὲν ἄμεινον τὸ πρό-   20
σωπον διέκειτο τῆς χειρός. Καὶ διχόθεν ὁ Πανάκιος
διέγνω τὸ πάθος, καὶ ὅπερ ἁπλῶς ἐκ τέχνης οὐχ εἷλεν, ἐκ
τύχης μᾶλλον εἶχε λαβών, καὶ τὸ δῶρον τῆς προνοίας εἰς
καιρὸν ἐταμιεύετο τῇ σιωπῇ. Καὶ πρῶτος ἦν αὐτῷ τῆς
ἐπισκέψεως ἡγούμενος ὅδε ὁ τρόπος. Αὖθίς τε παρα-   25
γενόμενος διεκελεύετο πᾶσαν τῆς οἰκίας κόρην τε καὶ
γυναῖκα διὰ τοῦ κάμνοντος παριέναι, καὶ μὴ χύδην, ἀλλὰ
κατὰ μίαν, ἐκ διαστήματος βραχέος διακρινομένας ἀλλήλων. Καὶ τούτου γιγνομένου αὐτὸς μὲν τὴν ὑποκάρπιον
ἀρτηρίαν τοῖς δακτύλοις ἁρμονικῶς ἐπεσκόπει, τὸν ἀκρι-   30
βῆ γνώμονα τῶν Ἀσκληπιαδῶν καὶ μάντιν ἀψευδῆ τῶν
ἐμφυομένων ἡμῖν διαθέσεων. Ὁ δὲ τῷ πόθῳ κλινήρης
πρὸς μὲν τὰς ἄλλας ἀτάραχος ἦν, τῆς δὲ παλλακῆς ἧς
εἶχεν ἐρωτικῶς ἐκφανείσης, εὐθὺς καὶ τὸ βλέμμα πάλιν
καὶ τὸν σφυγμὸν ἀλλοιότερος ἦν. Ὁ δὲ σοφὸς καὶ λίαν   35
εὐτυχὴς ἰατρὸς ἔτι μᾶλλον τὴν ἀπόδειξιν τῆς νόσου παρ'
ἑαυτῷ βεβαιότερον ἐπιστοῦτο, «τὸ τρίτον τῷ σωτῆρι» φάσκων. Προφασισάμενος γὰρ κατασκευῆς αὐτῷ φαρμάκων
δεῖσθαι τὸ πάθος, ἀπεχώρει τέως ὑπισχνούμενος τῇ ὑσ-
τεραίᾳ ταῦτα κομίζειν, ἅμα τε τὸν νοσοῦντα χρησταῖς   40
παραθαρρύνων ἐλπίσι καὶ δυσφοροῦντα ψυχαγωγῶν τὸν
πατέρα. Ὡς δὲ κατὰ καιρὸν ἐπηγγελμένον παρῆν, ὁ μὲν
πατὴρ καὶ πάντες οἱ λοιποὶ σωτῆρα τὸν ἄνδρα προσεῖ-
πον καὶ φιλοφρόνως ἠσπάζοντο προσιόντες· ὁ δὲ χαλε-

19 ἤλλατο V, edd. ante Ab, Bo: ἤλατο He, Ma ‖ 22 οὐχ εἷλεν edd.:
οὐκ εἷλεν V ‖ 25 τε V et edd. plerique: δὲ Me, He, Ma ‖ 30 ἁρμονικῶς
V: ἡρμοκὼς edd. plerique, ἁρμονικὴν Zanetto, *Koinonia*, XII, 1988,
p. 149 ‖ 38 προφασισάμενος Ab et edd. sequentes: -σιασα- V et edd.
ante Ab ‖ 42 ἐπηγγελμένον edd.: ἠπηγγ- V.

raison au médecin, mais celui-ci s'emporta en criant plus fort et décida de partir au plus vite. Le père se mit à le supplier encore plus instamment: il lui embrassait la poitrine, lui prenait les genoux. Alors celui-ci, comme s'il y était bien forcé, et toujours en colère, lui expliqua ses raisons: «Ton fils est follement amoureux de ma femme; il brûle à son égard d'une passion criminelle[1]. Désormais je suis jaloux de cet individu et je ne supporte plus de le voir menaçant de me tromper». Polyclès fut rempli de honte en apprenant quelle était la maladie de son fils[2] et il rougissait devant Panacios, mais, obéissant à une loi bien naturelle, il n'hésita pas à supplier le médecin à propos de sa femme, en disant que dans cette affaire il s'agissait d'un sauvetage obligatoire et non pas d'un adultère. Polyclès n'avait pas terminé sa requête que Panacios se récriait violemment[3]: il déclarait (ce qu'il était bien normal d'exprimer pour un homme odieusement traité) qu'on transformait une personne appelée comme médecin en souteneur et qu'on lui demandait de contribuer à l'adultère de sa propre épouse (il employait peut-être des termes moins vifs). Comme Polyclès insistait de nouveau en suppliant son partenaire et comme de nouveau il prétendait qu'il s'agissait d'un sauvetage et non d'un adultère, le subtil médecin, réalisant l'événement comme il l'avait imaginé, demanda à Polyclès: «Eh quoi, par Zeus, si ton fils aimait ta maîtresse, aurais-tu le courage de la livrer aux désirs du garçon?» L'autre répondit: «Bien sûr, par Zeus!» Alors le sage Panacios lui dit: «Eh bien, Polyclès, adresse à toi-même tes prières et console-toi comme il convient. En effet c'est ta maîtresse qu'il aime. S'il était légitime de livrer mon épouse

1. Cf. Lucien, *Dialogues des courtisanes*, 15,2.
2. Cf. Achille Tatios, IV,17,5.
3. Cf. Chariton, III,7,4.

παίνων ἐϐόα, καὶ δυσανασχετῶν αὐστηρῶς τὴν θεραπείαν   45
ἀπέγνω. Τοῦ δὲ Πολυκλέους λιπαροῦντος ἅμα καὶ πυνθα-
νομένου τῆς ἀπογνώσεως τὴν αἰτίαν, ἠγανάκτει σφοδρότε-
ρον κεκραγὼς καὶ ἀπαλλάττεσθαι τὴν ταχίστην ἠξίου.
Ἀλλ' ὁ πατὴρ ἔτι μᾶλλον ἱκέτευε, τά τε στήθη φιλῶν
καὶ τῶν γονάτων ἁπτόμενος. Τότε δῆθεν πρὸς ἀνάγκης   50
ὧδε σὺν ὀργῇ τὴν αἰτίαν ἐξεῖπε· «Τῆς ἐμῆς γαμετῆς
οὗτος ἐκτόπως ἐρᾷ καὶ παρανόμῳ τήκεται πόθῳ, καὶ
ζηλοτυπῶ τὸν ἄνθρωπον ἤδη καὶ οὐ φέρω θέαν ἀπειλου-
μένου μοιχοῦ». Ὁ τοίνυν Πολυκλῆς τοῦ παιδὸς ᾐσχύνθη
τὴν νόσον ἀκούων καὶ τὸν Πανάκιον ἠρυθρία, πλὴν ὅλως   55
τῆς φύσεως γεγονὼς οὐκ ἀπώκνησε περὶ τῆς αὐτοῦ
γυναικὸς τὸν ἰατρὸν ἱκετεύειν, ἀναγκαίαν τινὰ σωτηρίαν,
οὐ μοιχείαν τὸ πρᾶγμα καλῶν. Ἔτι δὲ τοιαῦτα δεομένου
τοῦ Πολυκλέους ὁ Πανάκιος διωλύγιον κατεϐόα, φάσκων
οἷάπερ εἰκὸς ἦν φθέγγεσθαι δεινοπαθοῦντα τὸν αἰτούμε-   60
νον ἐξ ἰατροῦ μεταβάλλειν εἰς μαστροπὸν ⟨καὶ⟩ μοιχείας
τῆς ἑαυτοῦ γαμετῆς ⟨συλλαβεῖν⟩, εἰ μὴ φανερῶς οὕτως
τοῖς ῥήμασιν. Ἐπεὶ δὲ πάλιν ἐπέκειτο Πολυκλῆς ἀντιϐο-
λῶν τὸν ἄνδρα, καὶ πάλιν σωτηρίαν, οὐ μοιχείαν ἐκάλει
τὸ πρᾶγμα, ὁ συλλογιστικὸς ἰατρὸς ὡς ἐν ὑποθέσει τὸ   65
συμβὰν ἀληθῶς ἀντεπάγων ἤρετο Πολυκλέα· «Τί οὖν,
πρὸς Διός, οὐδ' ἂν ὁ παῖς τῆς σῆς ἤρα παλλακίδος,
ἐκαρτέρεις αὐτῷ ποθοῦντι ταύτην ἐκδοῦναι»; Ἐκείνου δὲ
φήσαντος· «Πάνυ γε, νὴ τὸν Δία», ὁ σοφὸς ἔφη Πα-
νάκιος· «Οὐκοῦν σαυτόν, ὦ Πολύκλεις, ἱκέτευε καὶ πα-   70
ραμυθοῦ τὰ εἰκότα. Τῆς σῆς γὰρ οὗτος παλλακίδος ἐρᾷ.

---

45 θεραπείαν edd.: θεοπρέπειαν V ǁ **52** ἐκτόπως edd.: ἐκτοπόπως cum
πό expuncto V ǁ **60** αἰτούμενον Bo, Le, Ma: αἰνιττόμενον He,
αἰτιώμενον V et edd. ante Bo ǁ **61** μεταξάλλειν V et edd. ante He:
-ζαλεῖν He, Le, Ma ǁ καὶ addit Ma ǁ **62** συλλαζεῖν addit Ma in loco
incerto ǁ **65** ὑποθέσει Bo, He, Ma: ἐπιθ- V et edd. ante Bo ǁ **67** τῆς σῆς
⟨εἰ⟩ ἤρα Zanetto, *Koinonia*, XII, 1988, p. 150 ǁ **70** Πολύκλεις Bo, He,
Ma: Πολυκλῆς edd. ante Bo, πολύκλης V.

au premier venu pour sauver ce dernier, comme tu le prétendais, il est bien plus légitime de renoncer à ta maîtresse pour ton fils dont la vie est en danger». Le raisonnement était de bonne méthode, solidement conduit, et il réussit à convaincre le père d'obéir à sa propre justice. Cependant Polyclès commença par se dire: «La demande était pénible, mais quand deux maux se présentent à notre choix il faut choisir le moindre».

14. Une prostituée à des jeunes gens cherchant à l'attirer par des sérénades et non par de l'argent.

Philomation à Eumousos.

Aucune flûte n'arrive à convaincre une courtisane; personne n'entraîne par sa lyre des filles publiques sans le secours de l'argent. Le gain est notre seul maître; nous ne sommes pas séduites par des chansons. Pourquoi donc, vous les garçons, vous gonflez-vous inutilement les joues jusqu'à les faire éclater avec la syrinx? Vous n'obtiendrez rien avec vos airs de cithare; pourquoi vous affairez-vous avec ses cordes[1] et pourquoi chantez-vous: «Vierge, ne désires-tu pas devenir femme?» Jusqu'à quand nous appeler vierge et jeune fille? Ce sont là les noms des sottes[2]? Sans doute savez-vous parfaitement que sans argent il n'y a aucun moyen de se faire entendre des courtisanes, mais vous avez pensé qu'il était facile de me berner comme une enfant sans expérience des questions d'amour, complètement profane dans le culte d'Aphrodite, et dont la proie serait plus facile que pour

1. Cf. Platon, *République*, 531 b.
2. Cf. Lucien, *Timon*, 43: rapprochement douteux.

Εἰ δὲ δίκαιον ἐμὲ τὴν ὁμόζυγα παραδιδόναι τῷ τυχόντι
διὰ σωτηρίαν, ὡς ἔφης, πολύ γε μᾶλλον δικαιότερόν σε
τῷ παιδὶ κινδυνεύοντι παραχωρῆσαι τῆς παλλακίδος».
Εἶπεν εὐμεθόδως, συνελογίσατο δυνατῶς, καὶ πέπεικε τὸν   75
τεκόντα τοῖς οἰκείοις πειθαρχῆσαι δικαίοις. Πρότερον
μέντοι Πολυκλῆς ἑαυτῷ προσεφθέγγετο λέγων· «Χαλεπὴ
μὲν ἡ αἴτησις· δύο ⟨δὲ⟩ κακῶν εἰς αἴρεσιν προκειμένων τὸ
μετριώτερον αἱρετέον».

Πορνίδιον πρὸς νέους ᾄσμασιν, οὐκ ἀργυρίῳ
προτρεπομένους αὐτήν.

ιδ'
Φιλομάτιον Εὐμούσῳ.

Οὔτε αὐλὸς ἑταίραν οἶδε προτρέπειν, οὔτε λύρᾳ τις
ἐφέλκεται πόρνας ἀργυρίου χωρίς. Κέρδει μόνον δου-
λεύομεν, οὐ θελγόμεθα μελῳδίαις. Τί οὖν μάτην, ὦ νέοι,
διαρρήγνυσθε τὰς γνάθους ἐμφυσῶντες τῇ σύριγγι; Οὐδὲν
ὑμᾶς ὀνήσει τὰ κιθαρίσματα· τί πράγματα παρέχετε ταῖς   5
χορδαῖς; Τί δὲ καὶ ᾄδοντες ἔφητε «Οὐκ ἐπιθυμεῖς, ὦ
παρθένε, γενέσθαι γυνή»; Μέχρι τίνος παρθένος καὶ κόρη,
τὰ τῶν ἀνοήτων ὀνόματα; Ἦ ταῦτα μὲν ἴστε που πάντως
ὡς ἀνάργυρον οὐδὲν ταῖς ἑταίραις ἐστὶ πιθανόν, ᾠήθητε
δέ με ῥᾳδίως ἐξαπατᾶν ὡς ἐρωτικῶν ἀγύμναστον παῖδα   10
καὶ παντελῶς ἀμύητον Ἀφροδίτης, καὶ προχειρότερον

---

78 δὲ addunt Pa, Ab, He, recte ut monet Arnott, *Museum Philologum
Londiniense*, I, 1975, p. 18 ‖ 79 μετριώτερον correctum e μετριότε-
ρον V.

Tit. Φιλομάτιον V: Φιλημ- Me, Bo, He, Φιλοχρημάτιον Ab, Bast, Le,
Ma ‖ 4 ἐμφυσῶντες edd.: ἐνφ- V ‖ 9 οὐδὲν edd.: οὐδὲ V ‖ ἑταίραις
edd.: ἑτέραις correctum in ἑταίραις manu recenti V ‖ ἐστὶ edd.: εἴ τι
V.

un loup une tendre agnelle endormie? Or, en ce qui me concerne, je suis depuis longtemps l'élève de ma sœur, qui est une vieille maquerelle; à l'occasion, je fréquente ses amants et je ne leur ai pas semblé manquer d'aptitude. J'ai déjà vécu la vie d'une courtisane en y aiguisant mon astuce; je suis devenue un rasoir sur la pierre[1] et j'évalue d'après l'argent l'amour des jeunes gens. Je ne connais que l'or pour preuve d'amour sérieux. Aussi, quand on nous voit nous avancer, souvent on nous surnomme pour plaisanter le couple de Crobylos[a]. Je le jure par les Grâces, j'ai souvent entendu ma sœur dire à ses amis surtout ceci, et elle n'avait pas tort: «Vous autres vous recherchez la beauté; moi j'aime l'argent. Alors tranquillement suivons chacun notre propre inclination». Moi de même, j'approuve cette règle et je l'observe. Suivez-la également et abandonnez vos inutiles instruments. De notre part, nous ne présenterons pas d'obstacle[b]: qu'il y ait de l'argent et tout marche rondement[c].

15. Deux villes se faisaient la guerre. Le roi de l'une d'elles s'éprit d'une jeune fille de la ville ennemie qui l'aimait à la folie et, l'ayant épousée, il accorda en échange la paix aux compatriotes de sa bien-aimée[2].

Aphrodisios à Lysimaque.

Il n'y a rien, à mon avis, de naturellement plus persuasif et plus efficace qu'Aphrodite. Ceux qui ont subi ses atteintes le savent bien: aucun d'eux ne me contredira.

---

1. Il s'agit d'un proverbe souvent cité par les paroemiographes: cf. les références de l'édition Mazal; voir aussi l'étude de D.A. Tsirimbas, p. 36.

2. Le sujet de cette lettre est essentiellement tiré de Callimaque, *Origines*, III,4. Cf. ci-dessus I,10. Voir aussi Plutarque, *Vertus des femmes*, XVI; Polyen, *Stratagèmes*, VIII,35.

ἑλεῖν ἢ λύκος λιπαρὰν ἄρνα καθεύδουσαν; Ἀλλ' ἔγωγε
παλαιᾷ συνοῦσα πορνοδιδασκάλῳ τῇ ἀδελφῇ καὶ τοῖς
ἐκείνης ἐρασταῖς κατὰ πρόφασιν ὁμιλοῦσα οὐδὲν ἔδοξα
δυσμαθής, ἀλλὰ τὸν ἑταιρικὸν ἤδη μεμελέτηκα βίον καὶ 15
παρατέθηγμαι τὸν νοῦν καὶ γέγονα ξυρὸν εἰς ἀκόνην καὶ
ἀργυρίῳ τῶν νέων τὸν ἔρωτα δοκιμάζω. Χρυσίου γὰρ
μεῖζον τεκμήριον τοῦ κομιδῇ φιλεῖν οὐκ οἶδα ἔτερον.
Τοιγαροῦν τινες ἅμα προϊούσας ὁρῶντες Κρωβύλου ζεῦ-
γος ἀστεϊζόμενοι πολλάκις ἐπιφωνοῦσιν ἡμᾶς. Νὴ τὰς 20
Χάριτας, ἀκήκοα πολλάκις αὐτῆς εἰκότως ἐκεῖνο μάλιστα
τοῖς φίλοις λεγούσης· «Ὑμεῖς μὲν ὀρέγεσθε κάλλους, ἐγὼ
δὲ χρημάτων ἐρῶ. Οὐκοῦν ἀνεπιφθόνως τοὺς ἀλλήλοις
θεραπεύσωμεν πόθους». Κἀγὼ τὸν νόμον ἀποδέχομαι καὶ
ζηλῶ. Τούτῳ πείθεσθε, τῶν περιττῶν ὀργάνων ἀφέμενοι. Τό 25
γε ἡμέτερον οὐ κωλύσει· ἀλλ' ἐὰν ἀργύριον ᾖ, πάντα θεῖ
κέλαύνεται.

Δύο πόλεις κατ' ἀλλήλων διέκειντο πολεμίως.
Μιᾶς τούτων βασιλεὺς ἠράσθη κόρης ἐκ τῆς
ἐναντίας πόλεως, ὡς ἐπαφροδίτως ἐκμανείσης
αὐτῷ, καὶ γάμου τυχών, ἐν ἀμοιβῆς μέρει πρὸς
τοὺς πολίτας ἐσπείσατο τῆς φιλτάτης.

ιε΄

Ἀφροδίσιος Λυσιμάχῳ.

Οὐδέν, ὡς ἐγῷμαι, πιθανώτερον πέφυκεν οὐδ' ἀνυσιμώτε-
ρον Ἀφροδίτης. Ἴσασι δὲ οἱ βεβλημένοι, καὶ τούτων ἡμῖν

16 παρατέθηγμαι edd.: -γμε V ‖ 20 ἀστεϊζόμενοι Ab et edd. sequentes:
ἀστιζόμενον V et edd. ante Ab ‖ 21 πολλάκις correctum e -κης V ‖
ἐκεῖνο edd.: εἰκεῖνο V ‖ 27 κἐλαύνεται V et plerique edd.: κάλ- He,
Ma.

Tit. Ἀφροδίσιος correctum ex ἀφοδ- V.

Elle met fin aux guerres et elle amène les adversaires à conclure entre eux les plus solides traités. Souvent, en effet, sans tenir compte de glorieux généraux, de puissantes armées et d'un équipement guerrier formidable, ce petit archer, par le jet d'une flèche minuscule, montre l'impuissance d'Arès lui-même et il introduit les sentiments pacifiques en bannissant les instincts sauvages[1]. Aperçoit-on un hoplite et serait-il redoutable au combat, on le pousse hardiment du bouclier en dirigeant la lance contre lui, mais, à l'apparition d'Éros, d'audacieux on devient immédiatement lâche; à contre-cœur on lève la main droite en reconnaissant sa défaite, on quitte le champ de bataille en tournant le dos à un archer encore enfant, sans même tenter devant lui la moindre combativité[2].

Depuis très longtemps les villes de Milet et de Myonte restaient sans relations. Cependant les habitants de Myonte avaient l'autorisation de se rendre à Milet pour un bref séjour, à l'occasion et pour la durée des cérémonies en l'honneur d'Artémis; en observant une courte trêve, les uns et les autres s'y livraient à une fête commune. Aphrodite, compatissante, les réconcilia et voici l'arrangement qu'elle imagina. Une jeune fille nommée Piéria, naturellement jolie, mais qu'Aphrodite avait encore embellie, était venue pour la circonstance de Myonte à Milet. Puis la déesse, qui dirigeait tout, fit entrer dans le temple d'Artémis, au milieu de la foule, d'une part cette vierge étincelante de toutes les grâces et, d'autre part, Phrygios, le roi de la ville; celui-ci eut le

---

1. Cf. Platon, *Banquet*, 197 d.
2. Cf. Homère, *Iliade*, XVII,588.

ἀντίψηφος οὐδὲ εἷς. Αὕτη καὶ πόλεμον διαλύει καὶ δυσμε-
νεῖς παρασκευάζει βεβαιότατα σπένδεσθαι πρὸς ἀλλήλους.
Ἀμέλει τοι πολλάκις μετὰ στρατηγοὺς ἀρίστους καὶ με-   5
γάλα στρατόπεδα καὶ πολλὴν τοῦ πολέμου συσκευὴν ὁ
βραχὺς ἐκεῖνος τοξότης μικρᾶς ἀκίδος βολῇ καὶ αὐτὸν
δήπου τὸν Ἄρη περιττὸν ἀποφαίνει, πρᾳότητα μὲν πο-
ρίζων, ⟨ἀγριότητα δὲ ἐξορίζων⟩. Ἔνθα τις ὁπλίτην μὲν
ἰδών, εἰ καὶ δύσμαχον, προὐβάλλετο τὴν ἀσπίδα σὺν   10
εὐτολμίᾳ κατιθύνων τὸ δόρυ, Ἔρωτος δὲ φανέντος γέγονε
ῥίψασπις εὐθὺς ὁ τέως θρασύς, καὶ τὴν δεξιὰν ἀκονιτὶ
προσανατείνας ὡμολόγει τὴν ἧτταν, τῆς τε μάχης ὑπα-
νεχώρει, μετατρέπων τὰ νῶτα παιδαρίῳ τοξότῃ, μηδέ γ᾽
οὖν μαλθακὸς αἰχμητὴς εἶναι δι᾽ ἐκεῖνον τολμήσας.   15

Μίλητος τοίνυν καὶ Μυοῦς αἱ πόλεις ἐπὶ μήκιστον
χρόνον πρὸς ἀλλήλας ἀνεπίμικτοι διετέλουν, πλὴν ὅσον
ἐς Μίλητον οἱ τῆς ἑτέρας ὑπόσπονδοι βραχὺ προσε-
φοίτων, καιρὸν ἔχοντες καὶ μέτρον τῆς αὐτόθι τιμωμένης
Ἀρτεμίδος τὴν πανήγυριν καὶ σμικρὰν ἀνακωχὴν ἑκάτε-   20
ρος τὴν ἑορτὴν ἐποιοῦντο. Τούτους Ἀφροδίτη κατελεοῦσα
διήλλαξεν, ἀφορμὴν εἰς σύμβασιν μηχανησαμένη τοιάνδε.
Κόρη γάρ τις τοὔνομα Πιερία, φύσει τε καὶ κάλλει κἀκ
τῆς Ἀφροδίτης ἐπισημότερον κοσμηθεῖσα, ἐκ τοῦ Μυοῦν-
τος ἐγκαίρως ἐπεδήμησε τῇ Μιλήτῳ. Καὶ τῆς θεοῦ τὸ πᾶν   25
διεπούσης, μετὰ τοῦ πλήθους εἰς Ἀρτέμιδος ἐχώρουν, ἡ
μὲν παρθένος ταῖς Χάρισιν ἀγλαϊζομένη, Φρύγιος δὲ ὁ

---

9 ἀγριότητα δὲ ἐξορίζων addunt He, Le, Ma e Platonis *Symposio*
325 c: lacunam statuerunt edd. ante He ‖ 12 ἀκονιτὶ corr. He Ma
auctore Me: ἀκοντὶ V et edd. nonnulli ‖ 16 Μυοῦς αἱ πόλεις edd.
auctore Me: μυοῦσα πόλις V ‖ 20-21 ἑκάτερος V et edd. nonnulli: -ροι
He, Ma ‖ 21 ἐποιοῦντο edd.: ἐπιοῦντο V ‖ 23 καὶ κάλλει V et plerique
edd.: καλὴ He, Ma auctore Me ‖ post κάλλει addit διαφέρουσα
Zanetto, *Koinonia*, XII, 1988, p. 151 ‖ 25 ἐπεδήμησε edd.: ἐπηδ- V.

cœur percé par les flèches des Amours aussitôt qu'il aperçut la jeune fille et, sans plus tarder, ils partagèrent un même lit afin d'unir aussi leurs deux villes pour la paix le plus rapidement possible. Le jeune époux, qui avait joui des joies suprêmes de l'amour avec la jeune fille, s'empressa de lui offrir une juste récompense en lui déclarant: «Ô ma jolie, n'hésite pas à me dire ce qui te serait le plus agréable de ma part. Je doublerai même volontiers ta demande». Voilà pour cet honnête amoureux. Mais toi, qui dépasses toutes les femmes en raison comme en beauté, tu ne te laisses égarer hors de ta sage résolution ni par un pendentif, ni par des boucles d'oreilles, ni par une couronne luxueuse, ni par un collier, ni par une longue tunique de Lydie, ni par des vêtements de pourpre, ni par des servantes de Carie, ni par des femmes lydiennes, ces extraordinaires tisseuses: toutes choses dont raffole le monde féminin. Mais toi tu fixais le sol du regard comme si tu réfléchissais[1]. Puis tu parlais, les joues couvertes d'une charmante rougeur[2], la tête baissée pudiquement, tantôt prenant du bout des doigts les franges de ta robe, tantôt retournant le bout de ta ceinture, parfois grattant le sol du pied (mouvements qui révèlent l'embarras des timides). Tu disais donc d'une voix mal assurée: «Ô roi, consens à ce que mes compatriotes comme moi nous puissions venir dans cette heureuse ville à notre guise et librement.» Phrygios comprit parfaitement le but de cette patriote, qui était de réaliser ainsi pour sa patrie une réconciliation avec les Milésiens, et royalement il y consentit; il sanctionna le projet de sa bien-aimée et, grâce aux liens d'amour, il

1. Cf. Platon, *Alcibiade*, II,138 a.
2. Cf. Philostrate le Jeune, *Images*, 8.

τοῦ ἄστεος βασιλεὺς πρὸς τῶν Ἐρώτων κατατοξευόμενος
τὴν ψυχὴν ἐπὶ τῇ κόρῃ τὴν πρώτην αὐτίκα φανείσῃ, καὶ
θᾶττον ἄμφω συνῆλθον εἰς εὐνήν, ἵνα καὶ πρὸς εἰρήνην   30
ὅτι τάχιστα συναφθῶσιν αἱ πόλεις. Ἔφη δ᾽ οὖν ὁ νυμφίος
ἐρασμίως ἐναφροδισιάσας τῇ κόρῃ καὶ σπεύδων αὐτῇ
πρέπουσαν ἀμοιβὴν ἀποδοῦναι· «Εἴθε γὰρ θαρροῦσα λέ-
ξειας, ὦ καλή, τί ἄν σοι χαριέστατα γένοιτο παρ᾽ ἐμοῦ.
Καὶ διπλασίαν ἡδέως τὴν αἴτησιν ἀποπληρώσω». Τοιαῦ-   35
τα μὲν ὁ δίκαιος ἐραστής· σὲ δέ, ὦ πασῶν ὑπερφέρουσα
γυναικῶν καὶ κάλλει καὶ γνώμῃ, τῆς ἔμφρονος οὐ παρήγα-
γεν εὐβουλίας οὐχ ὅρμος, οὐχ ἑλικτῆρες, οὐ πυλεὼν ὁ
πολύτιμος, οὐ περιδέρραιον, οὐ Λύδιός τε καὶ ποδήρης
χιτών, οὐ πορφυρίδες, οὐ θεράπαιναι τῆς Καρίας οὐδὲ   40
Λυδῶν ὑπερφυῶς ἱστουργοῦσαι γυναῖκες, οἷς ἅπασιν
ἀτεχνῶς ἀγάλλεσθαι τὸ θῆλυ πέφυκε γένος, ἀλλ᾽ εἰς γῆν
ἑώρας τὸ πρόσωπον, ὥσπερ τι συννοουμένη. Εἶτα ἔφης
ἐπιχαρίτως πεφοινιγμένη τὰς παρειὰς καὶ τὸ πρόσωπον
ἐξ αἰδοῦς ἀποκλίνασα καὶ πῇ μὲν τῆς ἀμπεχόνης ἄκροις   45
δακτύλοις ἐφαπτομένη τῶν κροσσῶν, πῇ δὲ περιστρέ-
φουσα τοῦ ζωνίου τὸ ἄκρον, ἔστιν δὲ ὅτε καὶ τοὔδαφος
περιχαράττουσα τῷ ποδί — ταῦτα δὴ τὰ τῶν αἰδουμένων
ἐν διαπορήσει κινήματα —. Ἔφης οὖν μόλις ἠρεμαίᾳ
φωνῇ· «Ἐπίνευσον, ὦ βασιλεῦ, ἐμέ τε καὶ τοὺς ἐμοὺς   50
συγγενεῖς εἰς τήνδε τὴν εὐδαίμονα πόλιν ὅταν ἐθέλοιμεν
ἐπ᾽ ἀδείας ἰέναι». Ὁ δὲ Φρύγιος τῆς φιλοπάτριδος γυναικὸς ὅλον κατενόησε τὸν σκοπόν, ὡς διὰ τούτων ἐκείνη
σπονδὰς πρὸς Μιλησίους πραγματεύεται τῇ πατρίδι, κα-
τένευσέ τε βασιλικῶς, καὶ τὸ σπουδασθὲν ἐκύρωσε τῇ   55

29 τῇ κόρῃ τὴν πρώτην αὐτίκα φανείσῃ Me, Ma: τῇ κόρῃ τὴν
πρώτην αὐτίκα φανεῖσαν V, Ab, τὴν κόρην τὴν πρώτην αὐτίκα
φανεῖσαν Bo, τῇ κόρῃ αὐτίκα φανείσῃ He ‖ 32 ἐναφροδισιάσας Ab et
edd. sequentes: -διάσας V et edd. ante Ab ‖ 37 ἔμφρονος Ma: εὔφ- V
et edd. ante Ma ‖ 38-39 πυλεῶν ὁ πολύτιμος Le, Ma: alii alia, πόλεων
τὸ πολύτιμον V ‖ 39 περιδέρραιον V et plerique edd. (cf. I,1,22):
περιδέραιον He, Ma ‖ 47 ἔστιν V, edd. ante He: ἔστι He, Ma ‖
52 φιλοπάτριδος altera manu in margine sed φιλόπαιδος in textu V.

confirma la paix entre les deux villes voisines plus sûre-
ment que par une cérémonie sacrée. Car on est naturellement d'autant moins intransigeant qu'on est heureux: les
succès sont souverains pour apaiser les colères et pour
noyer les doléances dans le bonheur[1]. Ainsi donc, Piéria,
tu as démontré qu'Aphrodite était capable de former des
avocats tout aussi forts que Nestor de Pylos en personne. Souvent en effet, de part et d'autre des deux
villes, de nombreux ambassadeurs parmi les plus habiles
s'étaient rendus de l'une à l'autre pour traiter de la paix,
mais, les mains vides et la tête basse, ils avaient triste-
ment abandonné leurs démarches sans aboutir. C'est
vraisemblablement pourquoi chez les femmes ioniennes
s'est imposée cette formule traditionnelle: «Pourvu que
mon mari m'honore, moi sa femme, aussi bien que
Phrygios a honoré la belle Piéria!».

**16. Un homme aimait sans déclarer sa passion. Ensuite
il y réussit, et, de joie, écrit à un ami.**

Lamprias à Philippidès.

Victime d'un amour inavoué, je me disais à moi-même
dans mon embarras: «Personne ne sait de quel trait est
frappé mon cœur, sinon toi qui l'as blessé à mort et ta
mère qui t'a joliment instruite en la matière! Je ne peux
en effet dire à personne la passion dont je souffre[2]. Or
ceux qui en souffrent ne font qu'augmenter leur amour
s'ils le cachent et le taisent. Quelle que soit la peine de
cœur, en racontant son chagrin on allège le poids des
soucis. Du même trait dont tu as frappé mon âme,

---

1. Cf. Démosthène, *Olynthiennes*, II, p. 23.
2. Le texte est ici corrompu. Les corrections sont nombreuses mais
aucune n'est assurée.

φιλτάτη, πιστότερον ἢ κατὰ θυσίαν ἐμπεδώσας ἐξ ἔρωτος
τοῖς ἀστυγείτοσι τὴν εἰρήνην. Φύσει γὰρ εὐδιάλλακτον
ἄνθρωπος, ὅταν εὐτυχῇ· αἱ γὰρ εὐπραξίαι δειναὶ τὰς
ὀργὰς ὑφαρπάζειν καὶ τοῖς εὐτυχήμασι τὰ ἐγκλήματα
διαλύειν. Οὕτως οὖν ἐκφανῶς δεδήλωκας, ὦ Πιερία, τὴν   60
Ἀφροδίτην ἱκανὴν εἶναι παιδεύειν ῥήτορας οὐκ ὀλίγον
ἀμείνους καὶ τοῦ Νέστορος τοῦ Πυλίου. Πολλοὶ γὰρ
πολλάκις ἑκατέρωθεν τῶν πόλεων σοφώτατοι πρέσβεις ἐξ
ἑτέρας εἰς ἑτέραν ὑπὲρ εἰρήνης εἰσιόντες διὰ κενῆς ὅμως
κατηφεῖς τε καὶ ἀσχάλλοντες ἄπρακτον ἀνέλυον τὴν   65
πορείαν. Ἐντεῦθεν τοιοῦτος εἰκότως παρὰ ταῖς Ἴωσι
πάτριος ἐπεκράτησε λόγος· «Εἴθε με παραπλησίως ὁ
σύνοικος τιμήσειε τὴν ὁμόζυγα, ὥσπερ ὁ Φρύγιος τὴν
καλὴν τετίμηκε Πιερίαν».

Ἥρα τις ἀπόρρητον ἔχων τὸν πόθον. Εἶτα,
τυχών, ἐκ περιχαρείας γεγράφηκε φίλῳ.

ις'

Λαμπρίας Φιλιππίδῃ.

Ἔρωτι περιπεσὼν ἀπορρήτῳ κατ' ἐμαυτὸν ἔφασκον
ἀπορῶν· «Οὐδεὶς ἕτερος ἐπίσταται τῆς ἐμῆς καρδίας τὸ
βέλος, εἰ μὴ σύ γε πάντως ὁ τρώσας καὶ ἡ ταῦτά σε
καλῶς παιδεύσασα μήτηρ. Οὐ δύναμαι γὰρ οὐδὲ γυναιξὶν
† οὐνὲ† τοὐμὸν ἀφηγήσασθαι πάθος. Πέφυκε δὲ τοῖς   5
ποθοῦσιν ἔτι μᾶλλον ἐπαύξειν ὁ λαθραῖος ἅμα καὶ σιγώμενος ἔρως. Ἅπας γάρ, δι' ὁτιοῦν ἀχθόμενος τὴν ψυχήν, τὸ
λυποῦν ἐκλαλῶν ἐπικουφίζει τῇ διανοίᾳ τὸ βάρος. Ὡς

57 φύσει correctum e φύσις altera manu V.

Arg. τις edd.: τίς V ‖ τυχὼν edd.: τυχὸν V ‖ 4-5 οὐδὲ γυναιξὶν οὐνὲ V
(locus corruptus nondum sanatus de quo uide Ma) ‖ 8 ἐκλαλῶν Me et
edd. sequentes: ἐκκαλῶν V ‖ τῇ διανοίᾳ edd.: τῇ διάνοια V.

puisses-tu, Éros, atteindre ma bien-aimée, ou plutôt moins cruellement, afin de ne pas détruire sa beauté par des souffrances»[1]... On m'annonce tout de suite; j'entre dans la maison et je vais à sa rencontre. Ma bien-aimée engage la conversation; la grâce de sa personne, la suave odeur de ses parfums accompagnent ses paroles, et son regard pudique est bien fait pour ensorceler le véritable amant. Je vis le bout de ses mains et de ses pieds, brillants indices de la beauté, et je vis son visage, son beau visage. Je regardais un peu de sa poitrine qu'elle avait négligé de couvrir. Cependant je n'ai pas osé déclarer ouvertement ma passion; à grand peine je pus balbutier du bout des lèvres: «C'est à toi, Éros, car tu en as le pouvoir[2], de la préparer à faire la première avance, à m'attirer vers elle, à me conduire jusqu'au lit». A peine avais-je prononcé cette prière en m'adressant au très puissant Éros que celui-ci m'écouta bienveillamment et exauça mon souhait. Elle me prit la main et me caressa les doigts en tirant doucement sur les jointures[3], sourit doucement, son regard montrant un vif désir: tout à l'heure sérieux, il était devenu passionné. Transportée d'un délire amoureux, elle me saisit le cou, m'attira contre elle, me donna un baiser si fou que j'eus de la peine à dégager mes lèvres[4] et elle m'écrasa la bouche. Lorsque ses lèvres s'entrouvrirent, une suave haleine, qui ne le cédait en rien aux parfums exotiques, se répandit dans mon âme. Pour le reste (tu sais ce dont il s'agit), tu te le représentes, mon cher, sans avoir besoin d'explica-

---

1. Ici il y a sans doute une lacune. Mercier dit justement qu'il n'y voit pas clair: «haec ...mihi tenebrae».
2. Cf. Homère, *Odyssée*, IV,827; Lucien, *Les portraits*, 12; Proclus, *Hymne au Soleil*, 56: rapprochements douteux, en tout cas insignifiants.
3. Cf. Alciphron, IV,13,13.
4. Cf. Lucien, *Dialogues des courtisanes*, III,2.

ταύτην, Έρως, βέβληκας τὴν ψυχήν, οὕτως ἴσῳ βολῇ τὴν
ἐμὴν κατατόξευσον ἐρωμένην, μᾶλλον πραοτέρῳ, ἵνα μὴ   10
ταῖς ἀλγηδόσιν αὐτῆς ἀμαυρώσῃς τὸ κάλλος». *** Μη-
νύομαι ταχύ· ἔνδον εἰσπορεύομαι πρὸς ἐκείνην. Λόγου
μεταδίδωσιν ἡ φιλτάτη, καὶ συμπαραθεῖ τοῖς ῥήμασι χάρις καὶ τῶν μύρων αὐτῆς εὐοσμία καί πως αἰδουμένης τὸ
βλέμμα δεινῶς ἐκμαῖνον τὸν ὀρθῶς ἐρῶντα. Εἶδον χεῖρας   15
ἄκρας καὶ πόδας, τὰ λαμπρὰ τοῦ κάλλους γνωρίσματα,
καὶ πρόσωπον εἶδον εὐπρόσωπον· τὸ δέ τι καὶ ⟨τῶν⟩
στέρνων ἀμεληθὲν τεθεώρηκα. Πλὴν οὐ τεθάρρηκα τὸν πόθον ἐκφῆναι, ἐντὸς δὲ μόλις τῶν χειλῶν ὑποστένω· «Σὺ
τοίνυν, ὁ Έρως — δύνασαι γάρ —, αὐτὴν παρασκεύασον   20
πρώτην αἰτῆσαι καὶ προτρέψαι καὶ καθηγήσασθαι πρὸς
εὐνήν». Ταῦτα μὲν οὖν ἔφην ἀρτίως τῷ κρατίστῳ προσ-
ευχόμενος Έρωτι, ὁ δὲ ἀκήκοεν εὐμενῶς καὶ πεπλήρωκε
τὴν εὐχήν. Καὶ τῆς ἐμῆς αὐτὴ λαβομένη χειρὸς ἐμάλαττε
τοὺς δακτύλους ἐκ τῶν ἄρμων ἠρέμα χαλῶσα, καὶ προσε-   25
γέλασεν ἡδύ, καὶ ἦν σφόδρα βουλομένης τὸ βλέμμα,
πάλαι μὲν σεμνόν, νῦν δὲ γέγονεν ἐξαίφνης ἐρωτικόν.
Τοιγαροῦν ἐκβακχευθεῖσα τῷ ἔρωτι ἀνέκλασέ τε πρὸς
ἑαυτὴν τὸν αὐχένα, καὶ πεφίληκεν οὕτω προσφῦσα μανικῶς ὥστε μόλις ἀποσπάσαι τὰ χείλη καὶ κατατέτριφέ μου   30
τὸ στόμα. Τῶν δὲ χειλέων αὐτῆς ὑπανοιχθέντων ἀτμὸς
εὐώδης καὶ τῶν ἔξωθεν οὐκ ἐλαττούμενος μύρων εἰς τὴν
ψυχὴν ἐπωχετεύετο τὴν ἐμήν· τὰ δ᾽ ἄλλα — οἶδας γὰρ
ὁποῖα τὰ λοιπά — νόει μοι κατὰ σαυτόν, ὦ φιλότης,
οὐδὲν περιττοῦ δεόμενος λόγου. Λέξω μέντοι τοιοῦτον, ὡς   35

---

9 ἴσῳ V et edd. ante He: ἴσῃ He, Ma fortasse recte ‖ 10 πραοτέρῳ edd.
ante He: -τέρω V πραοτέρως He, Ma ‖ 11 ἀμαυρώσῃς Ma: -ρωσε V,
-ρώσετο Sa, -ρώσαι Ab, Bo, -ρώσαιτο Me, -ρωθῇ He ‖ post κάλλος
lacunam indicant He, Ma ‖ 24 χειρὸς edd.: χειρὼς V ‖ 25 cum uerbo
τοὺς finis folii 24v in V ‖ In principio folii 25r denuo scriptum est
ος ἅμα καὶ σιγώμενος ἔρως, id est lineae 6-7 eiusdem epistulae ‖
30 κατατέτριφε V, He, Ma: κατέτριψε Me.

tion inutile. Je te dirai simplement ceci: nous avons rivalisé toute la nuit, jouant à qui des deux se montrerait le plus ardent, et pendant ces débats amoureux, où nous échangions des compliments, des mots se perdaient à moitié sous l'effet du plaisir[1].

17. L'amoureux de la grincheuse.

Xénopeithès à Démarètos.

Oh quelle femme revêche, quels procédés barbares, oh quel caractère sauvage dont la nature est aussi indomptable que celle des bêtes féroces! J'ai connu des courtisanes, j'ai fréquenté des servantes, j'ai l'expérience des femmes mariées de diverses conditions; simple mortel que je suis, j'ai servi bien des fois la divinité, car Éros m'a conduit de ci de là, comme l'eau distribuée à travers les jardins; souvent contre les femmes j'ai célébré des triomphes dus à mon mérite et à ma chance, et j'ai su adapter à chacune les méthodes de séduction. Mais je ne suis pas venu à bout de Daphnis, j'en conviens, et aujourd'hui, pour la première fois, moi Xénopeithès, j'échoue devant une petite femme. C'est qu'elle constitue un répertoire de toutes les avanies qu'on peut souffrir des courtisanes[a]. On l'aime: elle se raidit; on la désire: elle s'en indigne; elle est insensible aux compliments; elle méprise l'argent; elle n'observe que le but qu'elle s'est fixé et, à ses yeux, ce qu'elle a décidé prime tout. Si jamais elle esquisse un sourire, il reste sur le bout des lèvres[b]. J'ai fait des remontrances à la cruelle en lui disant: «Tu es trop belle pour prendre des mines renfrognées[c] et pour froncer les sourcils; avec cet air menaçant tu vas t'enlaidir»[d]. Mais elle n'a tenu aucun compte de mes paroles: l'âne et la lyre![e] Elle ne prêtait pas le

1. Cf. Xénophon d'Éphèse, I,9,9.

πρὸς ἀλλήλους ἐφιλονεικοῦμεν δι' ὅλης τῆς νυκτός,
ἁμιλλώμενοι τίς φανεῖται θατέρου μᾶλλον ἐρῶν, κἂν τοῖς
ἀφροδισίοις κολακικῶς ἀμφοῖν ὁμιλούντων ἡμιτελεῖς ὑφ'
ἡδονῆς ὠλίσθαινον λόγοι.

Ὁ τῆς κακοήθους ἐρῶν.

ιζ'

Ξενοπείθης Δημαρέτῳ.

Ὦ δυστρόπου γυναικός, ὦ βαρβάρων ἠθῶν, ὦ ψυχῆς
ἀνημέρου μηδὲ ἴσα θηρίοις τιθασσευομένης τὴν φύσιν.
Ἔγνων ἑταίρας, ἐνέτυχον θεραπαίναις, ὁμοζύγων πεπεί-
ραμαι διαφόρων, καὶ θνητὸς ὢν πολλάκις καὐτὸς ὑπηρέτηκα θεῷ — ὁ γὰρ Ἔρως ὡς ὕδωρ ἀνὰ τοὺς κήπους   5
ἀμαρεῦον ἄγει με πολυτρόπως —, καὶ πολλαχοῦ κατὰ
γυναικῶν, ὡς ἐπήβολος, ὡς ἐπιτυχής, ἔστησα τρόπαια,
προσφόρως ἑκάστῃ τὰς ἐρωτικὰς μεθόδους προσάγων.
Ἀλλὰ τῆς Δάφνιδος ἡττήθην, ὁμολογῶ, καὶ νῦν πρῶτον
εἰς γύναιον ἠπόρηκε Ξενοπείθης. Κύρβις γὰρ ἑταιρικῶν   10
ἐστιν κακῶν. Ἐρῶσα καρτερεῖ, ὑπεραίρεται ποθουμένη,
οὐκ ἐνδίδωσι κολακείαις, κέρδους ὑπερορᾷ, οἰκείῳ μόνῳ
δουλεύει σκοπῷ, καὶ πάντα δεύτερα ποιεῖται τοῦ δοκοῦν-
τος αὐτῇ. Ὁ δὲ γέλως αὐτῆς, εἴ ποτε συμβαίη, ἐπ' ἄκρων
κάθηται τῶν χειλῶν. Ἐγὼ δὲ παρήνεσα τῇ βαρβάρῳ   15
λέγων· «Μὴ σκυθρώπαζε καλή γε οὖσα, μηδὲ τὰς ὀφρῦς
ἄναγε· εἰ γὰρ φοβερὰ γένοιο, ἧττον ἔσῃ καλή». Ἀλλ'
οὐδὲν αὐτῇ τῶν ἐμῶν ἐμέλησε λόγων· ὄνος λύρας. Οὐδὲ

Tit. Ξενοπείθης edd.: -πειθές V ǁ 1 ὦ ψυχῆς Bo, He, Ma: ὦ ψ- V et
edd. ante Bo ǁ 2 τὴν φύσιν Ma: τῆς φύσεως Bo et edd. ceteri, τῆς
φύσις V ǁ 4-5 ὑπηρέτηκα edd.: -τικα V ǁ 5 θεῷ V et plerique edd.: τῷ
θεῷ He (in adnotationibus) ǁ 6 ἀμαρεῦον plerique edd. auctore
Pa: ἅμα ῥέων V ǁ καὶ V et plerique edd.: καὶ πολλὰ Ma auctore
Cobet ǁ 7 ἐπιτυχής edd.: ἐπιτύχης V ǁ 18 ὄνος edd.: ἑνὸς V.

moindre brin[1] d'attention à mes conseils. Mais ce n'est pas une raison de se décourager pour des amoureux intrépides: une goutte d'eau tombant continuellement sait faire un trou dans la roche[2]. Il me faut donc appâter la fille plus abondamment et, si elle mord de nouveau à l'hameçon, j'amorcerai encore, puis au troisième coup je la tirerai par la mâchoire; si difficile à manœuvrer qu'elle soit, elle n'aura pas le dessus et je ne renoncerai pas à ma prise, même si la femme est d'une pêche difficile[3]. D'ailleurs obstination et ténacité sont le propre de l'amour: avec le temps les Atrides sont venus à bout de la fameuse Troie[4]. Or, cher ami, tu participes à la même entreprise; toi aussi tu es pareillement amoureux et tu es ballotté au gré de la vague houleuse; «Même navire, même danger» dit l'expression proverbiale[5].

18. Amie seulement des beaux jeunes gens.

Callicoïtè à Meïraciophilé.

Tu as beaucoup de chance de jouir d'un amour ne connaissant que le beau et n'étant pas très désagréablement soumis à la richesse. En tout cas c'est toujours vers les jeunes que tu cours, déterminée à prendre ton plaisir avec des amants désirables. Tu aimes la jeunesse. Tu te réjouis de fréquenter de jolis garçons, tu es passionnée pour ceux qui sont beaux[6]; tu es constamment indiffé-

1. Encore une expression proverbiale qu'on trouve fréquemment chez les paroemiographes. Voir l'édition Mazal et l'étude de D.A. Tsirimbas, p. 55.
2. Toujours une expression proverbiale extrêmement répandue et dont on trouve des exemples à toutes les époques et dans toutes les cultures. Voir les commentaires de Boissonade dans son édition d'Aristénète, p. 474-475, et de D.A. Tsirimbas dans son étude p. 55.
3. N'y aurait-il pas ici un autre proverbe?
4. Boissonade cite à ce propos Théocrite, XV,60.
5. Cf. Achille Tatios, III,1,6.
6. Cf. Platon, *Banquet*, 216 d.

γρῦ τῆς ἐμῆς συμβουλῆς ἐπαΐειν δοκεῖ. Πλὴν οὐκ ἀπογνω-
στέον ταὐτά ἐστιν τοῖς ἀνδρειοτέροις τῶν ἐραστῶν· ῥανὶς   20
γὰρ ὕδατος ἐνδελεχῶς ἐπιστάζουσα καὶ πέτραν οἶδε κοι-
λαίνειν. Συχνότερον οὖν τὸ δέλεαρ αὐτῇ προσακτέον, κἂν
αὖθις τὸ ἄγκιστρον καταπίῃ, πάλιν ἀσπαλιεύσω, καὶ τό
γε τρίτον αὐτῆς ἀνακρούσω τὴν γένυν· οὐ γάρ με νικήσει
ἡ δυσμεταχείριστος οὖσα, οὐδὲ ἀπαγορεύσω τὴν ἐμὴν   25
ἀγκιστρείαν, εἰ καὶ δυσθήρατος ἡ γυνή. Ἐπεὶ καὶ τοῦτο
ἔρωτος ἴδιον, τὸ λιπαρὲς καὶ φιλόπονον· χρόνῳ δὲ καὶ
Ἀτρεῖδαι τῆς κλεινῆς ἐκράτησαν Τροίας. Συνεπιλαβοῦ
τοίνυν, ὦ φίλε· καὶ σὺ γὰρ ὁμοίως ἐκοινώνεις μοι τοῦ
πόθου, καὶ τρικυμίας τὸν τρόπον τῆς ἀστάτου σαλεύεις.   30
«Κοινὴ γὰρ ναῦς, κοινὸς κίνδυνος», ὁ παροιμιώδης διε-
τάξατο λόγος.

Ἑταίρα μόνοις καλοῖς τε καὶ νεανίαις.

ιη´
Καλλικοίτη Μειρακιοφίλῃ.

Ὑπερευδαιμονεῖς ἔρωτα φιλόκαλον εὐτυχοῦσα καὶ μηδενὶ παρὰ τὸ ἥδιστον δουλεύοντα πλούτῳ. Ἀεὶ γοῦν τοῖς
ἐν ἡλικίᾳ προστρέχεις, οἷα ποθεινοῖς ἐρασταῖς συνήδεσθαι
βουλομένη. Καὶ τοῖς ἀκμάζουσι χαίρεις, καὶ μειρακίοις
ὡραϊζομένοις εὐφραίνῃ συνοῦσα, καὶ λίαν ἐρωτικῶς διά-   5

21 πέτραν correctum e πέτρα V ‖ 25 ἡ V et plerique edd.: delent
He, Arnott, in *Gnomon*, XLVI, 1974, p. 356 ‖ 30 τρικυμίας edd.
recentes auctore Me: -μίαις V et edd. uet. ‖ 31 Κοινὴ edd. auctore Me:
κοινὴ V.

Arg. Ἑταίρα edd.: ἑταῖρα V ‖ Post νεανίαις in editione fecit lacunae
indicium Bo et in animaduersionibus dixit «deest epithetum εὐπειθής
uel simile aliud», εὐπειθής addit Ma fortasse recte ‖ Tit. Μειρακιοφίλῃ edd. auctore Me: Μειρακιοφιλιή V ‖ 2 ἥδιστον edd. auctore Me:
ἴδ- V.

rente pour ceux qui manquent d'élégance et fort inté-
ressée par ceux qui en ont[1]. Comme les chiens de
Laconie tu cours fort bien à la trace, partout où tu
flaires un gibier digne de ta chasse[2]. Quant aux vieux qui
n'ont rien de réjouissant, tu les fuis de très loin et, si un
homme âgé t'offrait des trésors de Tantale[3], tu estime-
rais que ce serait là une consolation insuffisante aux
cheveux blancs de l'impuissance et à l'extrême dégoût
que tu éprouverais à la vue de ces vieillards hors d'âge,
sans compter les autres disgrâces qui s'ensuivent, répu-
gnantes rien qu'à les entendre nommer et, à plus forte
raison, lorsque dans la réalité on est obligé d'y mettre
constamment la main[4]. Aussi tous les prétextes te sont
bons pour ne rechercher que les jeunes. L'ancien proverbe dit également qu'on se plaît entre personnes de la
même génération. Car, à mon avis, l'identité d'âge, qui
conduit à une identité de plaisir, procure l'amitié grâce à
cette parfaite similitude[a]. Un jeune homme qui a le nez
camard, tu l'appelles par flatterie «charmant», tu nom-
mes «royal» le nez crochu de tel autre; celui qui est entre
les deux tu diras qu'il est «très bien proportionné»; tu
appelles «virils» les hommes basanés et tu surnommes
«fils des dieux» ceux qui ont le teint pâle. Crois-tu qu'en
traitant quelqu'un de «couleur de miel» tu fasses autre
chose qu'exprimer ta propre passion? Crois-tu qu'en
masquant et en négligeant sa pâleur tu t'intéresses à
autre chose qu'à sa jeunesse? En un mot, tu cherches
tous les prétextes, tu emploies toutes les expressions
pour que, dans ta poursuite des jeunes gens, tu ne laisses
échapper aucun de ceux qui se trouvent dans la splen-

1. Cf. Platon, *Banquet*, 197 d.

2. Cf. Platon, *Parménide*, 128 c. Les chiens de Laconie étaient
réputés dans l'antiquité gréco-romaine pour leur flair et leur rapidité.
Voir D.A. Tsirimbas, Παροιμίαι, p. 18.

3. Cf. ci-dessus note 4 à I,10 sur cette locution proverbiale à propos
de laquelle on trouvera des références dans l'édition Mazal et on
consultera D.A. Tsirimbas, Παροιμίαι, p. 16.

4. Cf. Platon, *Phèdre*, 240 d-240 e.

κεῖσαι τῶν καλῶν, καὶ διατελεῖς ἀμελὴς ἀκόμψων, ἐπιμελὴς εὐπρεπῶν. Ὥσπερ οὖν αἱ Λάκαιναι σκύλακες εὖ
μεταθεῖς τε καὶ ἰχνεύεις ὅπῃ δ' ἂν αἴσθοιό τινος τῆς σῆς
ἀμέλει θήρας ἀξίου. Τοὺς δὲ πρεσβύτας παντελῶς ἀτερ-
πεῖς καὶ πόρρωθεν ἀποφεύγεις, κἂν τις γέρων προτείνοι   10
Ταντάλου θησαυρούς, οὐχ ἱκανὸν ταῦτα παραμύθιον
κρίνεις πρὸς ἀνάφρόδιτον πολιὰν μὴ οὐχὶ ἐπ' ἔσχατον
ἐλθεῖν σε τῆς ἀηδίας, ὁρῶσαν μὲν ὄψιν πρεσβυτέραν καὶ
οὐκ ἐν ὥρᾳ, ἑπομένων δὲ τῶν ἄλλων ταύτῃ, ἃ καὶ λόγοις
ἀκούειν οὐκ ἐπιτερπές, μὴ ὅτι δὴ ἔργοις, ἀνάγκης ἀεὶ   15
προσκειμένης μεταχειρίζεσθαι. Ἐντεῦθεν ἐπὶ πάσης προφάσεως τοὺς ἐν ἡλικίᾳ ποθεῖς. Ἥλικα γὰρ [δεῖ] καὶ ὁ
παλαιὸς λόγος τέρπειν τὸν ἥλικα· ἡ γάρ, οἶμαι, χρόνου
ἰσότης ἐπὶ ἴσας ἡδονὰς ἄγουσα δι' ὁμοιότατον φιλίαν
παρέχεται. Καὶ ὁ μέν τις τῶν νέων, ὅτι σιμός, «ἐπίχαρις»   20
παρὰ σοὶ κληθεὶς ἐπαινεῖται, τοῦ δὲ τὸ γρυπὸν «βασι-
λικὸν» ἔφης, τὸν δὲ διὰ μέσου τούτων ἐρεῖς «ἐμμετρότατα
ἔχειν», μέλανας δὲ «ἀνδρικοὺς» ὀνομάζεις, λευκοὺς δὲ
«θεῶν παῖδας» προσείρηκας. «Μελιχρώτους» δὲ οἴει τοὔνομα τίνος ἄλλου ποίημα εἶναι ἢ τοῦ ἐνόντος σοι πόθου,   25
ὑποκοριζομένου τε καὶ φέροντος εὐχερῶς τὴν ὠχρότητα,
εἰ μόνον ἐπὶ ὥρᾳ προσῇ; Καὶ ἑνὶ λόγῳ πάσας προφάσεις
προφασίζῃ καὶ πάσας φωνὰς ἀναφθέγγῃ, ὥστε διὰ φιλεραστίας μηδέν' ἀποβαλεῖν τῶν ἀνθούντων ἐν ὥρᾳ, ὥσπερ

7 εὐπρεπῶν edd. auctore Me: εὐπρέπον V ‖ Λάκαιναι Ab et edd.
sequentes: λάκιναι V et edd. ante Ab ‖ 8 αἴσθοιο plerique edd. auctore
Me: αἴσθοι V, αἴσθη He, Ma ‖ 13 ὁρῶσαν edd. auctore Me: τρῶσαν
V ‖ 15 δὴ ἔργοις edd. praeter He qui δι' ἔργων habet auctore Me: δὴ
ἔργον V ‖ 16-17 προφάσεως edd.: προφάσης V ‖ 17 δεῖ seclusimus
auctore He e Platonis *Phaedone* 240 c: δεῖ V et aliqui edd. uet., δὴ Bo,
Ma ‖ 19 ἄγουσα edd.: ἀλγοῦσα V ‖ ὁμοιότατον V et plerique edd.:
-τητα Pa, He, Ma ‖ 22 τὸν Pa et edd. sequentes: τὸ V et edd. ante Pa ‖
24 μελιχρώτους V et edd. plerique: μελίχρους He, μελιχλώρους Ma ‖
25 τίνος Bo, He, Ma: τινός V, τινος edd. ante Bo ‖ 28-29 φιλεραστίας
uel -τείας edd.: -τεῖς V.

deur de l'âge. Ainsi voyons-nous les ivrognes rechercher tous les vins sous tous les prétextes[1]. Et, en ce qui concerne l'amour du vin, cher Dionysos, nous pourrions l'observer même chez nous les filles, sans avoir besoin d'en chercher des exemples ailleurs[2].

19. Un amant a retiré du théâtre une courtisane musicienne après qu'elle lui a donné un fils ressemblant beaucoup à son père.

Euphronion à Thelxinoé.

Par Héra, si jamais la Bonne-Fortune a regardé d'un œil bienveillant Mélissarion, fille d'Aglaïs, c'est bien aujourd'hui[3]. Après avoir quitté la scène elle a changé de nom et de comportement en devenant joliment sérieuse. Quant à moi (et qu'on ne voie aucune envie dans ma franchise), quant à moi je continuerai d'être l'esclave de théâtres vulgaires et d'amants grossiers. Mélissarion était chanteuse; élevée par une mère sans fortune, elle eut de pénibles débuts, mais, par la suite, elle devint meilleure musicienne que toutes ses collègues et elle s'affirma dans son art à force de pratiquer le théâtre. Tout d'abord on se moqua d'elle, évidemment; ensuite on l'admira franchement; enfin on la jalousa terriblement; autant que je m'en souvienne[4], jamais elle ne dut quitter la scène. Habilement parée, elle apparaissait, comme de juste, encore plus belle et elle maintenait dans le feu de la passion ses admirateurs qui se faisaient plus nombreux et rivalisaient d'hommages, vu la renommée

---

1. Cf. Platon, *Phèdre*, 240 c; Aristote, *Rhétorique* I, 1371 d, 15; Diogénianus, V,16.
2. Cf. Platon, *République*, 474 d-474 e.
3. Cf. Alciphron, III,8: rapprochement douteux.
4. Cf. Platon, *Alcibiade*, I,106 e: rapprochement douteux.

τοὺς φιλοίνους ὁρῶμεν πάντα οἶνον ἐπὶ πάσης προ-   30
φάσεως ἀσπαζομένους. Τὸ δὲ τῆς οἰνοποσίας, ὦ φίλε
Διόνυσε, κἂν ἐφ' ἡμῖν αὐταῖς θεωρήσαιμεν, ἀλλοτρίου
παραδείγματος μηδὲν δεηθεῖσαι.

**Μουσουργὸν ἑταίραν τις ἀπέστησεν ἐραστής,
παιδὸς αὐτῷ παρ' ἐκείνης ὁμοιοτάτου τεχθέντος.**

ιθ'
Εὐφρόνιον Θελξινόῃ.

Μελισσάριον τὴν Ἀγλαΐδος, νὴ τὴν Ἥραν, εὐμενέσιν ὀφθαλμοῖς εἴπερ ποτὲ καὶ νῦν εἶδεν ἡ Τύχη, καὶ τῆς σκηνῆς
ἀπαλλαγεῖσα παγκάλως ἐπὶ τὸ σεμνὸν μετήλλαχε προσηγορίαν ἅμα καὶ σχῆμα. Ἐγὼ δέ — ἀλλὰ φθόνος
ἐκποδὼν εἴη τῆς ἐλευθερίας —, ἐγὼ δ' οὖν τὸν πάντα   5
δουλεύσω χρόνον ἀτόποις τε θεάτροις καὶ ἀγνώμοσιν
ἐρασταῖς. Αὕτη μουσουργὸς ἦν ὑπὸ μητρὶ πενιχρᾷ τὰ
πρῶτα πονήρως τρεφομένη, προϊοῦσα δὲ πασῶν γέγονεν
εὐμουσοτέρα τῶν ὁμοτέχνων, καὶ θαρσαλέως ἐχρῆτο τῇ
τέχνῃ, ἅτε λοιπὸν θεάτρου μεστὴ γεγονυῖα. Πρότερον μὲν   10
γὰρ ὡς εἰκὸς ἐγελᾶτο, εἶτα λαμπρῶς ἐθαυμάζετο, τὰ δ'
οὖν τελευταῖα καὶ δεινῶς ἐφθονεῖτο· οὐπώποτε γὰρ κατὰ
μνήμην ἐμὴν ἐκβέβηκε τῆς σκηνῆς. Κἀκ τῆς τέχνης, οἷα
φιλεῖ, κοσμηθεῖσα τὴν ὄψιν ἐδόκει βελτίων, καὶ τοὺς
ἐραστὰς εἶχε θερμοτέρους, εἶτα καὶ πλείους φιλοτιμότε-   15
ρόν τε χαριζομένους διὰ κλέος τῆς ἐπιστήμης. Πολύτιμον

---

32 θεωρήσαιμεν edd.: θεωρῆσαι μὲν V.

Arg. ἑταίραν τις edd.: ἑταῖραν τίς V ‖ Tit. Εὐφρόνιον edd.: ἐφρ- V ‖
4 ἀλλὰ φθόνος Ab auctore Me et edd. sequentes: ἀλλ' ἄφθονος edd.
ante Ab, ἀλλαφθονος V ‖ 5 ἐκποδὼν Bo, He, Ma: ἐκ ποδῶν V et edd.
ante Bo ‖ δ' Bo, He, Ma: γ' V et ceteri edd. ‖ 7 αὕτη edd.: αὔτη V ‖
16 χαριζομένους edd.: -νου V.

de son talent. Mélissarion fréquentait avec grand succès les hommes les plus riches. Mais il ne lui fallait pas se faire engrosser, car elle aurait ainsi flétri le jeune éclat de sa beauté par les douleurs de l'enfantement. La chanteuse avait entendu ce que les femmes se disent entre elles : que lorsqu'une femme va devenir grosse la semence ne lui sort plus du tout, car la nature la force à rester dedans. Ayant donc entendu cela, elle le comprit parfaitement et n'oublia pas ce qui avait été dit. Aussi quand elle s'aperçut qu'elle se trouvait en pareille situation et que la semence ne lui sortait plus, elle en parla à sa mère, puis s'adressa à moi comme étant plus expérimentée. L'ayant mise ainsi au courant et lui ayant indiqué de faire ce que je savais, je la délivrai rapidement de la crainte qui le menaçait[1]. Mais lorsqu'elle se fut éprise de Chariclès, jeune homme remarquable par sa beauté et sa richesse et qui partageait son amour, elle supplia tous les dieux présidant aux naissances d'avoir un enfant de lui. Effectivement elle se trouva enceinte, puis, avec l'heureuse assistance d'Ilithye[a], elle accoucha d'un bel enfant, j'en atteste les Grâces, physiquement le vrai portrait de son père. La mère considère que c'est là pour elle chance et bonne aubaine et elle donne à son fils le prénom d'Eutychidès[b]. Elle adore ce bébé, le choyant outre mesure parce que c'est son fils, parce qu'il est joli, parce que c'est un enfant désiré et parce qu'il ressemble tellement à son père si joli. Tu constateras en effet que les parents ont tendance à préférer parmi leurs enfants ceux qui par chance sont les plus gracieux et qu'entre deux ou plusieurs c'est le plus beau qui leur plaît davantage. Chariclès éprouva immédiatement tant d'affection

---

1. Toute cette histoire de grossesse est tirée d'Hippocrate, *Nature de l'enfant*, XIII. Voir l'édition-traduction de Robert Joly, Paris, Belles Lettres, 1970, mais la curieuse transposition d'Aristénète n'y est pas mentionnée. Brenous a commis une erreur en traduisant : «quand une femme va concevoir il y a arrêt complet du flux mensuel»; γονή signifie «semence» ou «sperme».

τὸ Μελισσάριον παρ' ἄνδρας πλουσιωτάτους ἐφοίτα. Ἦν
οὐκ ἔδει λαβεῖν ἐν γαστρί, ὅπως μὴ διὰ παιδογονίαν
ἀτιμοτέρα γένοιτο τοῖς συνοῦσι, τῆς ἀκμῆς τὸ ἄνθος
ἄωρον ἀποβαλοῦσα τοῖς πόνοις. Ἀκηκόει δὲ ἡ μουσουρ-   20
γὸς ὁποῖα γυναῖκες λέγουσι πρὸς ἀλλήλας, ὡς, ἐπειδὰν
ἐν γαστρὶ γυνὴ λήψεσθαι μέλλοι, οὐκ ἐξέρχεταί οἱ παντάπασιν ἡ γονή, ἀλλ' ἔνδον ἐμμένει κεκρατημένη τῇ
φύσει. Ταῦτα τοίνυν ἀκούσασα ξυνῆκεν ἐμφρόνως καὶ
διεφύλαττεν ἀεὶ τὸ ῥηθέν· καὶ ὡς ᾔσθετο τὸ συμβὰν   25
οὕτως, οὐκ ἐξιοῦσάν οἱ τὴν γονήν, ἔφρασε τῇ μητρί, καὶ ὁ
λόγος ἅτε πρὸς ἐμπειροτέραν ἦλθεν ὡς ἐμέ. Κἀγὼ μα-
θοῦσα καὶ ταύτῃ διαπράξασθαι ἅπερ ᾔδειν ἐγκελευσα-
μένη, τῆς προσδοκωμένης ἐλπίδος ἀπήλλαξα τάχιον. Ὡς
δὲ Χαρικλέους ἠράσθη, νέου τινὸς ἐπισήμου καὶ κάλλει   30
καὶ πλούτῳ καὶ ἀντερῶντος οὐχ ἧττον ἐκείνης, παιδο-
ποιεῖν ἐξ ἐκείνου προσηύχετο πᾶσι τοῖς γενεθλίοις θεοῖς.
Καὶ δὴ συνείληφεν ἀσφαλῶς, εἶτα τῆς Εἰλειθυίας ἐγκαίρως ἐφισταμένης τίκτει παιδίον ἀστεῖον, νὴ τὰς Χάριτας, καὶ τῷ φύσαντι γνησίως ἐξεικονισμένον τῇ φύσει. Ἡ   35
μὲν οὖν μήτηρ ἔρμαιον αὐτῇ καὶ εὐτύχημα λογίζεται
τοῦτο, καὶ τὸν υἱὸν ἐπωνόμακεν Εὐτυχίδην. Ὑπερηγάπα
δὲ τὸ βρέφος, στέργουσα διαφόρως ὡς υἱόν, ὡς εὐπρεπές,
ὡς ποθούμενον παιδίον καὶ λίαν ἐμφερὲς ὡραιοτάτῳ
πατρί. Εὑρήσεις γάρ τινα ῥοπὴν εὐνοίας παρὰ τοῖς γεγεν-   40
νηκόσιν εὐτυχοῦντας τοὺς εὐειδεστέρους τῶν παίδων, καὶ
δυοῖν ὄντοιν ἢ καὶ πλειόνων ἡδίων τοῖς γονεῦσιν ὁ καλλίων. Ὁ δὲ Χαρικλῆς οὕτως εὐθὺς διετέθη πρὸς τὸ τεχθὲν
φιλοστόργως ὥστε ἀδικώτατον κρίνειν «ἑταίραν» ἔτι κα-
λεῖσθαι τὴν ἐρώτιον τοιοῦτον τεκοῦσαν. Τοιγαροῦν αὐτί-   45
κα τῆς αἰσχρᾶς αὐτὴν ἀπέστησεν ἐργασίας καὶ ἐπ'

---

20 ἀποβαλοῦσα correctum alia manu ex ἀποβαλοῦ V ‖ 22 οἱ edd.: οιεν
V ‖ 25 διεφύλαττεν edd.: διαφ- V ‖ 26 ἔφρασε edd.: ἔφρασσε V ‖
27 ἐμπειροτέραν edd.: ἐμπερ- V ‖ 36 ἔρμαιον edd.: ἔρ- V ‖ αὐτῇ Bo,
He, Ma: αὐτῆς V et edd. ante Bo.

pour ce fils qu'il jugea souverainement injuste d'entendre
appeler plus longtemps «courtisane» la mère d'un si joli
petit amour. Aussi, sans plus tarder, il la libéra de son
métier infamant et, pour n'avoir que des enfants légiti-
mes[1], il fit de sa maîtresse son épouse. Et le caractère de
ce petit enfant multipliait chez le mari son amour pour
sa femme[a]. Comme il fallait s'y attendre, la joie de la
mère maintint chez elle l'éclat du regard de l'accouchée,
qui ne connut pas de flétrissement. Donc, tout récemment, je pris un manteau habillé et je me rendis chez
Pythias (c'est le nom qu'elle s'est donné) et je lui présen-
tai mes congratulations pour toutes les joies qu'elle
connaissait. Voyant l'enfant qui pleurnichait je l'ai em-
brassé chaleureusement, car il est beau, tendrement, car
il est plus délicat que les roses auxquelles il ressemble par
ses couleurs. Par les deux déesses, je suis abasourdie de
tout le brusque changement qui s'est produit chez cette
femme. On ne peut qu'admirer son regard modeste, son
air convenable, son sourire discret, sa chevelure simplement tressée, le foulard qu'elle porte, extrêmement discret, et la sobriété de ses paroles qu'elle exprime d'une
voix douce. Je lui ai vu des anneaux aux poignets et aux
chevilles, mais ce ne sont pas de ces bijoux prétentieux,
ma chère; au contraire un ouvrage seyant vraiment à la
condition libre. C'est du même genre que l'on peut voir
également sur elle collier et autre parure. On dit que
lorsqu'elle se promène elle baisse les yeux et marche à
pas comptés; elle a l'air qui convient à une situation
sérieuse et on jurerait qu'elle a été toujours pareille
depuis l'enfance. D'ailleurs tout cela fait le sujet des
conversations entre femmes dans les réunions féminines
et lorsqu'elles se groupent pour filer la laine. Va donc toi
aussi chez elle, Thelxinoé, puisqu'elle habite dans le
voisinage[b], mais prends un vêtement distingué: une
tunique pourpre, et garde-toi bien, ma chérie, en lui

1. Cf. Lucien, *Timon*, 17.

ἀρότῳ παίδων γνησίων ⟨τὴν⟩ ἐρωμένην ἠγάγετο γαμετήν. Καὶ πολλαπλασιάζει τὸν πόθον ⟨ἀπὸ⟩ τῆς σχέσεως
τοῦ παιδαρίου. Ὅθεν εἰκότως ἐκ περιχαρείας τῇ μητρὶ τὸ
βλέμμα φαιδρόν, καὶ οὐδὲ τεκούσης ἀπήνθησεν. Ἀρτίως   50
οὖν περιβαλομένη σεμνὴν ἐφεστρίδα γέγονα παρὰ τῇ
Πυθιάδι — τοῦτο γὰρ μετακέκληκεν ἑαυτήν — καὶ
πάντων ἀγαθῶν συνηδόμην αὐτῇ. Τὸ δὲ παιδίον κλαυθμυ-
ριζόμενον ἰδοῦσα πεφίληκα, θερμῶς μὲν ὡς καλόν, ἁπαλῶς δὲ ὡς τρυφερώτερον καὶ τῶν ῥόδων οἷσπερ ἔοικε τὴν   55
χροιάν. Ἐκπλήττομαι, νὴ τὼ θεώ, πῶς ἀθρόως ἅπαντα
μεταβέβληκεν ἡ γυνή. Καὶ πάρεστι θαυμάζειν ἐκείνης
βλέμμα προσηνές, μέτριον ἦθος, μειδίασμα σεμνόν, κόμην
ἀφελῶς πεπλοκισμένην, καλύπτραν ἐπ' αὐτῆς εὖ μάλα
σεμνήν, βραχυλογίαν ἐν ἠρεμαίᾳ φωνῇ. Εἶδον καὶ ἀμφι-   60
δέας καὶ περισκελίδας, οὐ τὰς περιέργους ἐκείνας, ὦ
φίλη, ἀλλ' ἔργον ὄντως ἐλευθερίᾳ πρεπῶδες. Τοιοῦτον
αὐτῇ καὶ περιαυχένιον καὶ τὸν ἄλλον κόσμον ἴδοι τις ἄν.
Προϊοῦσάν τέ φασι νεύειν τε κάτω καὶ τεταγμένα βαδίζειν,
σχῆμα δὲ συμπρέπον τῇ σωφροσύνῃ· καὶ εἴποις ἂν ὡς ἀεὶ   65
τοιαύτη γέγονεν ἐκ παιδός. Ἅπαντα γοῦν ἐν ταῖς γυναικωνίτισι καὶ ταῖς ταλασίαις πρὸς ἀλλήλας ὁμιλοῦσι
γυναῖκες. Ἄπιθι τοίνυν, Θελξινόη, καὶ σὺ παρ' ἐκείνην ἐκ
γειτόνων οἰκοῦσαν, μεταμφιασαμένη μέντοι κοσμίως ἡμι-

47 ἀρότῳ Ab et edd. sequentes: ἀρότρῳ V et edd. ante Ab ‖ τὴν addit
Bo quod accipiunt He, Ma ‖ 48 ante τῆς addidimus ἀπὸ auctore He:
lacunam esse censet Ma auctore Le qui supplet, exempli gratia, χάριν
εἰδὼς αὐτῇ ‖ 50 τεκούσης V et edd. praeter Ma: τεκούσῃ τὸ κάλλος
Ma auctore Le ‖ ἀπήνθησεν Ab et edd. sequentes: ἀπήθ- V et edd.
ante Ab ‖ 51 περιβαλομένη Bo, He, Ma: περιλαζο- V et edd. ante Bo ‖
54-55 ἁπαλῶς He, Ma auctore Reiske: ἁπαλὸν V et edd. ante Bo ‖
56 τὼ θεώ Ab et edd. sequentes: τῶι θεῶ V, τῶν θεῶν edd. ante Ab ‖
60-61 ἀμφιδέας edd.: -δέτας V ‖ 61 περιέργους edd.: περὶ ἔργους V ‖
62 ἐλευθερίᾳ V et edd. ante He: -θέρᾳ He, Ma auctore Bo ‖ 64 φασι
edd.: φασαν V ‖ 66-67 γυναικωνίτισι edd. auctore Me: γυναικῶν
τισί V.

parlant, de te laisser entraîner par l'habitude et d'appeler
«Mélissarion» celle qui est aujourd'hui «Pythias». C'est
ce qui a failli m'arriver, par Diôné[a], si Glycère, qui était
présente, ne m'avait pas secrètement et prestement poussée du coude.

20. Geôlier dont la femme a été poussée à l'adultère par un individu emprisonné pour adultère.

Phylakidès à Phrourion.

Un jeune homme avait été arrêté pour adultère et se
trouvait emprisonné sous ma garde. Voyant sa distinction et sa jeunesse je me suis laissé fléchir par la pitié; je
l'ai débarrassé de ses liens et, tout simplement, je lui ai
permis de circuler dans la prison, à peu près sans surveillance. Or il a donné une juste récompense à ma gentillesse en me trompant avec ma femme! C'est là, comme
on dit, un forfait que même le brigand Eurybate n'aurait
pas osé[1]. Celui-ci, après avoir été arrêté, se trouvait
emprisonné: il gagna l'amitié des gens de la prison et
leur montra par quel moyen il réalisait ses vols. Comme
ils étaient en possession de pointes et d'éponges, il s'en
servit pour escalader le mur; en tout cas il n'enleva pas
ma jolie femme! Ma mésaventure s'est ébruitée et répandue comme une curiosité grotesque, et moi, par
Diké[2], je suis encore plus navré d'être ridicule que
trompé, moi qui, gardien et même directeur de prison,
n'ai pu garder ma femme qui s'y trouvait.

---

1. Dans son commentaire à l'*Odyssée*, XIX,247, Eustathe, à la fin
du XIIe siècle, reprend cette histoire légendaire, bien connue dans
l'antiquité (cf. Alciphron, II,17,4).
2. Diké représente la déification de la justice ou de la loi. Un
directeur de prison jure donc naturellement par elle.

φάριον ἁλουργές· φυλάττου δέ, γλυκυτάτη, μὴ μεταξὺ   70
παρελκομένη τῇ συνηθείᾳ Μελισσάριον τὴν νῦν Πυθιάδα
προσείπῃς· ὃ μικροῦ πέπονθα, νὴ τὴν Διώνην, εἰ μὴ
Γλυκέρα παροῦσα λάθρᾳ με ταχὺ διένυξε τῷ ἀγκῶνι.

Φρούραρχος μοιχευθείσης αὐτοῦ τῆς γαμετῆς ὑπό τινος ἐμβεβλημένου μοιχοῦ.

κ΄
Φυλακίδης Φρουρίωνι.

Ἥλω τις νεανίας μοιχός, καὶ δεσμώτης ἐφυλάττετο
παρ' ἐμοῦ. Ἐγὼ τοῦτον εὐπρεπῆ καὶ νεανίσκον ὁρῶν
πρὸς ἔλεον ἐπεκάμφθην, καὶ τῶν δεσμῶν ἀπολύσας ἄδε-
τον ἁπλῶς καὶ σχεδὸν ἄφρουρον κατὰ τὴν εἱρκτὴν δια-
φῆκα. Ὁ δέ μοι δίκαιον μισθὸν τῆς φιλανθρωπίας διδοὺς   5
τὴν σύνοικον ἐμοίχευσε τὴν ἐμήν. Τοιοῦτον οὐδὲ τὸν
κλέπτην Εὐρύβατον τετολμηκέναι φασίν. Ἐκεῖνον μὲν
γὰρ ἁλόντα φυλάττεσθαι, φίλον δὲ γενόμενον τοῖς ἐπὶ τοῦ
δεσμωτηρίου τὸν τρόπον ἐπιδείκνυσθαι τῆς κλοπῆς· ἦσαν
ἐγκεντρίδες αὐτοῖς καὶ σπογγίαι· ταύτας λαβὼν ἀνερ-   10
ριχᾶτο τὸν τοῖχον, ἀλλ' οὐ τὴν καλὴν ἀνήρπασε γαμετήν.
Τοῦτο ἔκπυστον καὶ περιβόητον ὡς παράδοξον καὶ παγ-
γέλοιον γέγονε τὸ κακόν, καί με, νὴ τὴν Δίκην, ὑπὲρ
τὴν μοιχείαν ὁ γέλως λυπεῖ, ὅτι, δεσμοφύλαξ ἅμα καὶ
φρούραρχος ὤν, τὴν ἐμὴν ἔνδον οὖσαν οὐκ ἐφύλαξα   15
γαμετήν.

---

73 παροῦσα edd. auctore Me: παρουσίᾳ V.

Arg. ἐμβεβλημένου edd.: ἐμβεβληκέναι V ‖ Tit. Φυλακίδης edd.: -δες
V ‖ 7 φασίν edd.: φ et lacuna circa septem litterarum V ‖ 9 κλοπῆς
edd.: κολπῆς V ‖ 11 ἀλλ' οὐ edd.: ἀλλά V.

21. A propos d'une femme accordant tout à son amant, sauf de coucher avec lui.

Aristomène à Myrônidès.

Le mal d'amour est bien étrange, cher Myrônidès, et je ne connais pas de pareille situation. Architélès de Phalère aime Télésippé et celle-ci, après avoir accordé, non sans peine, à ce garçon le droit de la fréquenter, lui a fixé des limites peu banales. «Touche mes seins, lui dit-elle, profite des plus doux baisers[1], serre-moi dans tes bras quand je suis toute habillée, mais pour coucher n'insiste pas, n'y compte pas; tu regretterais cet entêtement[2], car en plus tu serais privé de ce que je t'ai concédé». — «Soit, c'est décidé», dit Architélès qui ne pouvait faire autrement. «Si cela te plaît, chère Télésippé, je ne saurais m'y opposer[3]. Et même, dit-il, je rendrai grâce à la Bonne-Fortune, même si je ne peux jouir que d'un simple mot de toi, même si je ne mérite que de te voir[4]. Je voulais cependant, si tu y consens, ma très chère, savoir pourquoi donc tu refuses absolument de te donner entièrement». — «Parce que, dit-elle, coucher ensemble est chose agréable, charmante, fort désirable tant qu'on y songe; une fois qu'on l'a réalisée elle vous ennuie et ce que naguère on avait recherché ardemment est tout d'un coup délaissé, abandonné comme un acte dégoûtant. En effet les impulsions de la jeunesse sont brusques et même souvent contradictoires»[5]. Voilà le genre de femme que supporte ce mal-aimé, voilà dans quelle lamentable situation se trouve Architélès. Il vit comme un eunuque auprès d'une femme qu'il désire, ne faisant que tâter les choses de l'amour et rester sur sa

---

1. Cf. Philostrate, *Lettres*, 59: rapprochement douteux.
2. Cf. Alciphron, IV,9,5: rapprochement douteux.
3. Cf. Platon, *Théétète*, 162 b.
4. Cf. Achille Tatios, I,9,3.
5. Cf. Platon, *Lettres*, VII,328 b.

Περὶ γυναικὸς πάντα πλὴν μίξεως [οὐκ]
ἐπιτρεπούσης τῷ ἐραστῇ.

κα΄
Ἀριστομένης Μυρωνίδη.

Καινόν γε τὸ κακὸν ἔρωτος, ὦ Μυρωνίδη· τοιοῦτον οὐδ᾽
ἀκήκοα τρόπον. Τῆς Τελεσίππης ὁ Φαληρεὺς Ἀρχιτέλης
ἐρᾷ, ἡ δὲ πεισθεῖσα μόλις ὁμιλῆσαι τῷ μειρακίῳ παράδοξον αὐτῷ προδιώρισε μέτρον· «Ἅπτου, φησί, τῶν μαστῶν,
ἡδίστων ἀπόλαυε φιλημάτων, καὶ προσαγκαλίζου περι-   5
βεβληκυῖάν με τὴν ἐσθῆτα, γάμον δὲ μήτε πολυπραγμόνει
μήτε προσδόκα, ἐπεὶ σαυτὸν ἀνιάσεις καὶ τῶν ἐπιτετραμ-
μένων ἐκπίπτων». — «Ἔστω, δεδόχθω», ἐξ ἀπορίας ἔφη-
σεν Ἀρχιτέλης. «Εἰ γὰρ οὕτω σοι φίλον, ὦ Τελεσίππη,
οὐδ᾽ ἐμοὶ ἐχθρόν. Ἀλλὰ καὶ χάριν, εἶπεν, εἴσομαι τῇ Τύχῃ   10
καὶ ψιλοῦ ῥήματος ἀπολαύων ἢ καὶ μόνης ἀξιούμενος
θέας. Ἐβουλόμην δέ, εἴ γε σοί, φιλτάτη, δοκεῖ, γνῶναι τί
δή ποτέ μοι παντελῶς ἀπέγνως τὴν μῖξιν»; — «Ὅτι, ἔφη,
ἐλπιζόμενός ἐστιν ὁ γάμος ἡδύς, εὔχαρις καὶ λίαν
εὔκταιος· γέγονε, περιεφρονήθη, καὶ τὸ πάλαι σπουδα-   15
ζόμενον ἐξαίφνης ἀπέρριπται καὶ περιπτυόμενον ἀμελεῖ-
ται. Αἱ γὰρ ἐπιθυμίαι τῶν νέων ταχεῖαι καὶ αὐταὶ πολλάκις ἑαυταῖς ἐναντίαι». Τοιαύτης ὁ δύσερως ἀνέχεται
γυναικός, τοσοῦτον δεδυστύχηκεν Ἀρχιτέλης. Καὶ σύν-
εστι ποθουμένη καθάπερ εὐνοῦχος τὰ ἐρωτικὰ περιεργα-   20

Arg. ἐπιτρεπούσης: οὐκ ἐπ- V ‖ 1-2 Καινόν γε τὸ κακὸν ἔρωτος, ὦ
Μυρωνίδη· τοιοῦτον οὐδ᾽ ἀκήκοα τρόπον V et edd. ante He: alio
modo He, Ma, de quo uide editionem Ma ‖ 2 Τελεσίππης edd.:
λεσίππης V ‖ 8 δεδόχθω edd.: δὲ μόχθω V ‖ 9 ὦ edd.: ὡς V ‖
11 ἀπολαύων Ab et edd. sequentes: ἀπολαβὼν V et edd. ante Ab ‖
15 γέγονε V et plerique edd.: γεγονὼς Ma auctore Nissen.

faim; et même le pauvre malheureux souffre d'une impuissance plus complète que les eunuques amoureux.

22. Ruse d'une entremetteuse.

Lucien à Alciphron.

Glycère aimait Charisios et elle l'aime toujours. Mais, ne voulant plus supporter l'arrogance de ce garçon (tu connais le jeune homme et ses manières)[1], elle désirait voir sa passion se changer en haine et l'excès d'amour expliquait cette volonté de haine[2]. Elle sollicite donc les conseils de Doris (Doris était la servante et l'entremetteuse de Glycère). Après qu'elles eurent suffisamment réfléchi, la servante sortit comme pour autre chose. Charisios l'aperçut et lui dit: «Bonjour, ma très chère!» — «Eh, comment serait-ce un bon jour pour moi?», dit-elle. Alors le jeune homme lui demanda: «Qu'y a-t-il donc, au nom des dieux? Est-il arrivé quelque chose?» L'entremetteuse répondit alors en pleurant amèrement: «Glycère aime à la folie cette canaille de Polémon, et toi, même si c'est incroyable, elle te porte une haine épouvantable[3]». — «Est-ce que tu dis vrai?» demandait à nouveau le jeune homme stupéfait en pâlissant beaucoup. — «Parfaitement vrai», répond Doris. «Et même elle me frappe sans pitié à peine je murmure ton nom du bout des lèvres». Alors Charisios est convaincu qu'il aime plus qu'on ne l'aime. Souvent en effet un amour dont on ne fait aucun cas parce qu'il vous est dû se révèle avec éclat sous l'effet de la jalousie. Quittant ses folles prétentions, il parle d'une voix humble, avec l'air

---

1. Cf. Platon, *Phédon*, 59 a.
2. Cf. Plutarque, *Caton le jeune*, 37,3; *De l'éducation des enfants*, chap. 13, qui attribue pareille remarque à Théophraste.
3. Cf. Sozomène, V,4,2.

ζόμενος καὶ λιχνεύων, μᾶλλον δὲ τῶν ἐρώντων εὐνούχων ὁ
μέλεος ἀργότερα δυστυχεῖ.

Δόλος προαγωγοῦ.

κβ΄
Λουκιανὸς Ἀλκίφρονι.

Γλυκέρα Χαρίσιον ἐπόθει, καὶ νῦν δὲ ποθεῖ· μὴ φέρουσα
δὲ τὴν ἀγερωχίαν τοῦ μειρακίου — οἶσθα γὰρ τὸν νέον
καὶ τὸν τρόπον αὐτοῦ —, ἤθελε πρὸς μῖσος αὐτῇ μετα-
βληθῆναι τὸ φίλτρον. Αἴτιον δὲ ἦν τοῦ βούλεσθαι μισεῖν τὸ
λίαν φιλεῖν. Αὕτη οὖν συμβουλεύεται τῇ Δωρίδι — ἄβρα   5
δὲ καὶ μαστροπὸς τῆς Γλυκέρας ἡ Δωρίς. Ὅτε τοίνυν
ἱκανῶς αὐταῖς εἶχε τὸ σκέμμα, ἡ προαγωγὸς ὡς ἐφ᾽
ἕτερόν τι προῆλθεν. Ταύτην ὁ Χαρίσιος ἰδών· «Χαίροις,
εἶπε, φιλτάτη». Ἡ δέ· «Καὶ πόθεν ἂν ἐμοί, φησίν, γένοιτο
χαίρειν»; Ὁ δ᾽ οὖν νεανίας ἐπύθετο· «Τί δέ, φησίν, πρὸς   10
θεῶν; Νεώτερόν τι συμβέβηκεν»; Ἡ δὲ μαστροπὸς ἀπεκρίθη
δεδακρυμένη δῆθεν πικρῶς· «Ἡ Γλυκέρα τοῦ βδελυροῦ Πο-
λέμωνος ἐκτόπως ἐρᾷ, σὲ δέ, εἰ καὶ παράδοξον ἐρῶ, μισεῖ
μῖσος ἐξαίσιον». — «Ἆρα λέγεις ἀληθῆ»; καταπλαγεὶς
ἤρετο πάλιν ὁ νέος, πολλὰ χρώματα ἀφιείς. «Καὶ μάλα,   15
φησίν, ἀληθινά, ἡ Δωρίς. Ἐμὲ γοῦν ἔπληξεν ἀφειδῶς ἵνα
σου μόνην ἐπὶ στόματος ἠρεμὶ τὴν προσηγορίαν ἐνέγκω».
Ἐνταῦθα Χαρίσιος ἐλέγχεται μᾶλλον ἐρῶν ἢ ποθούμενος.
Πολλοὶ γὰρ ὧν κατεφρόνουν ἐπ᾽ ἐξουσίας ὑπὸ τοῦ ζηλο-
τυπεῖν ἠράσθησαν ἐκφανῶς. Τὴν οὖν πολλὴν ἀλαζονείαν   20

4-5 βούλεσθαι μισεῖν τὸ λίαν φιλεῖν Bo, He, Ma: βούλεσθαι φιλεῖν
μισεῖν· τὸ λίαν μισεῖν φιλεῖν V et edd. ante Bo ‖ 5 συμβουλεύεται
edd.: συμβολ- V ‖ ἄβρα edd.: αὔρα V ‖ 10 τί δέ τι V et Me: τί δ᾽ ἔστι
He, Ma, τί δέ, τι Bo, alii alia ‖ 19 ἐπ᾽ edd.: ὑπ᾽ V.

triste et mourant de désespoir; il est en effet de règle que l'orgueil s'effondre quand on n'y prête plus attention[1]. Ne pouvant se retenir de pleurer, il se tournait d'un côté et de l'autre et secouait son visage dans tous les sens, comme pour chasser les larmes de ses joues. «En quoi, dit-il, ai-je pu chagriner ma petite Glycère sans le faire exprès (car je serais incapable de commettre la moindre faute contre elle en le faisant exprès)? Sur cette question je voudrais bien, je le jure, interroger Glycère en ta présence et savoir si, par hasard, elle a quelque chose à me reprocher et s'il existe quelque remède à ma peine. Que j'aie tort, je le reconnais, je ne le conteste pas. Mais ne voudrait-elle pas me recevoir et pardonner à un suppliant?» Doris ne fit qu'esquisser de la tête un signe de doute en jetant son regard d'un côté et de l'autre. Et lui, prêt à défaillir, demandait: «Pas même si je tombais à ses pieds en suppliant?» — «C'est bien possible, mon cher; rien ne t'empêche d'essayer l'humeur de ta bien-aimée pour voir quelles sont les chances d'arrangement avec toi». Alors, tout content, Charisios se précipita chez la courtisane et lui, le beau garçon, trois fois désiré, il se voit changé en suppliant et tombe aussitôt à ses genoux. Pendant ce temps Glycère admirait la nuque du bien-aimé, puis elle lui fit une douce caresse[2] sur le visage, l'aida à se relever; ensuite elle déposa un baiser sur sa main droite qui avait touché le jeune homme, et bien vite se réconcilia avec lui. Car le fol amour qui la possédait ne lui permettait pas, même un instant, de faire croire qu'elle allait chasser son ami. L'entremetteuse, en dissimulant un sourire, fit signe de la tête à Glycère, et ce signe voulait dire: «C'est moi seule qui ai mis ce prétentieux à tes pieds».

---

1. Cf. Alciphron, IV,10,3: rapprochement douteux.
2. Cf. Musée, *Héro*, 171.

ἀφεὶς φθέγγεται ταπεινόν τε καὶ σκυθρωπὸν καὶ τεθνηκὼς
ἀθυμίᾳ· εἴωθε γὰρ ἡ βαρύτης, ἐὰν ἀμελεῖσθαι δοκῇ, κα-
ταβάλλεσθαι. Ἐδάκρυέ τε ἀστακτὶ μεταστραφεὶς ἐπὶ θάτερα, καὶ τῇδε κἀκεῖσε τὸ πρόσωπον ἐξωθῶν ὡς ἀποπέμπεσθαι τὰ δάκρυα τῶν παρειῶν. «Τί δὴ οὖν ἄκων, φησίν,   25
λελύπηκα τὸ Γλυκέριον; Ἑκὼν γὰρ οὐκ ἄν ποτε κατ'
ἐκείνης ἐπλημμέλουν ἐγώ. Ταῦτα, νὴ τοὺς Ἔρωτας, ἐβουλόμην σοῦ γε παρούσης πυθέσθαι τῆς Γλυκέρας, καὶ
γνῶναι εἴ τι τυχὸν δίκαιον ἐγκαλεῖ, καὶ τὸ λυποῦν εἴπερ τι
ἔστιν θεραπεῦσαι. Πλὴν ἥμαρτον, ὁμολογῶ· οὐδὲν ἀντι-   30
τείνω. Ἆρ' οὖν οὐκ ἄν δέξαιτό με καὶ παραιτούμενον
συγγνώμην ἔχειν»; Ἐπένευσε μόλις καὶ ἀμφισβητήσιμον ἡ
Δωρίς, ἐφ' ἑκάτερα παρακινοῦσα τὸ βλέμμα. Ὁ δὲ δυσανασχετῶν ἐπανήρετο· «Οὐδ' ἄν ἱκετεύων προσπέσω»; —
«Εἰκός γε, ὦ φίλτατε· οὐδέν, οἶμαι, κωλύει συκάζειν τῆς   35
ἐρωμένης τὸν τρόπον, ὅπως ἔχει συμβάσεως περὶ σέ».
Τότε δὴ χαίρων δεδράμηκεν ὁ Χαρίσιος οἴκαδε τῆς
ἑταίρας, ὁ καλός, ὁ τριπόθητος, ἐφ' ἱκετείας τραπόμενος
καὶ περιτυχὼν αὐτίκα προσπίπτει. Ἡ Γλυκέρα μὲν τέως
τὸν τράχηλον ἐθαύμαζε τοῦ ποθουμένου, εἶτα τὸ πρό-   40
σωπον ἡδέως ἀνερείδουσα τῇ χειρί, ἀνέστησέ τε καὶ
λάθρα τὴν ἑαυτῆς πεφίληκε δεξιὰν ἢ προσήψατο τοῦ
μειρακίου, καὶ πρὸς τὸν νέον ξυνέβη ταχύ. Οὐ γὰρ ἐπέτρε-
πεν ὁ μανικῶς ἐγκείμενος ἔρως δόξαι γοῦν σμικρὸν ἀπω-
θεῖσθαι τὸν φίλον. Ἡ δὲ μαστροπὸς λαθραίως μειδιῶσα   45
διένευσε τῇ Γλυκέρᾳ, ἐδήλου δέ πως τὸ νεῦμα· «Ἐγώ σοι
μόνη τὸν ὑπερήφανον ὑπέταξα τοῖς ποσίν».

21 τεθνηκὼς Ma auctore Me: τεχνηκῶς V, τεθνηκὸς Bo, He; alii alia
‖ 22 βαρύτης, ἐὰν edd.: βραδύτης κἂν V ‖ 23 ἐδάκρυέ τε edd.:
ἐδακρύεταί V ‖ ἀστακτὶ Ab et edd. sequentes: ἀτ- V, ἄτακτον Me ‖ 24-
25 ὡς ἀποπέμπεσθαι Ma auctore Ab: ἀπ- V, ἀποπέμπεται Bo, He ‖
27 distinguunt post ἐγώ He, Ma: post ἐπ- V et edd. ante He ‖ 32 καὶ
ἀμφ- Bo, He, Ma: ἀναμφ- V et edd. ante Bo ‖ 34 ἐπανήρετο edd.:
-ρητο V ‖ 35 οὐδέν, οἶμαι, κωλύει Bo, He, Ma: οὐδ' ἄν, οἶμαι,
κωλύειν V et edd. ante Bo ‖ 38 ἑταίρας edd.: ἑτέρας V ‖ 45 φίλον edd.:
φίλουν V.

23. Joueur de dés amoureux, des deux côtés malheureux.

Monochoros à Philokybos[1].

J'ai sombré, cher ami, dans deux passions terribles et, alors que je suffirais difficilement à satisfaire l'une des deux, m'en voici une de plus: je suis doublement malheureux. L'une est détestable, l'autre ne vaut pas mieux. Je suis entièrement possédé par une courtisane insatiable ainsi que par les dés qui tombent désastreusement pour moi et en des coups plus heureux pour mes adversaires. Et puis, lorsque je joue aux osselets ou aux dés avec mes rivaux en amour, je suis obsédé par ce fol amour et alors je me trompe fréquemment dans les diverses combinaisons des points et je me laisse battre par des gens bien moins forts que moi. Souvent, en effet, la passion me met la tête à l'envers et, lorsque je jette les dés, j'attribue aux autres les points que j'ai faits. Ensuite, quand je vais chez ma maîtresse, j'y subis un nouvel échec, pire que le premier. Mes adversaires en amour, heureux au jeu du fait qu'ils ont gagné tout ce que j'y ai perdu, peuvent faire à ma bien-aimée de plus brillants cadeaux: grâce à ces cadeaux ils se voient préférés à moi et, me combattant de mes propres armes, ils me pipent les dés en amour. Ainsi chacune de ces misères devient par l'autre plus grave.

1. Le nom des deux correspondants se réfère au jeu de dés (κύζοι) que les anciens pratiquaient avec passion. Mais si Φιλόκυζος «amateur de dés» existe bien comme adjectif et se trouve, par exemple, chez Aristophane, *Guêpes*, 75, Μονόχωρος semble être inventé par Aristénète. Χώρα désigne, comme le montre Boissonade (éd.-trad., p. 536), «la place» attribuée à chaque joueur. Celui qui écrit la lettre a une place exclusive et il ne saurait en changer. Simone Follet a une explication différente. Elle considère que χώρα signifie «case» dans un jeu du type dames, échecs. Le joueur μονόχωρος serait bloqué dans une seule case et, ne pouvant plus bouger, serait perdu. Elle ajoute qu'on a retrouvé d'assez nombreuses *tabulae lusoriae*, mais que les règles des jeux n'en sont pas connues précisément.

Ἐρωτικὸς κυβευτὴς περὶ ἀμφότερα δυστυχής.

κγ'

Μονόχωρος Φιλοκύβῳ.

Δύο δεινοῖς ἅμα περιπέπτωκα, φίλε, καὶ πρὸς ἓν τούτων μόλις ὁποτερονοῦν διαρκῶν ἐξ ἐπιμέτρου θάτερον
ἔχω, καὶ διπλάσια δυστυχῶ. Καὶ τὸ μὲν κακόν, τὸ δὲ οὐκ
ἄμεινον. Ἐμὲ γὰρ κατανάλωσαν ἄπληστος ἑταίρα καὶ
πεσσοὶ πίπτοντες ἀτυχῶς μὲν ἐμοί, εὐβολώτερον δὲ τοῖς   5
ἐναντίοις. Ἀλλὰ καὶ τοῖς ἀντερῶσιν ἀστραγαλίζων ἢ
κυβεύων συγχέομαι τὸν νοῦν, τοῦ ἔρωτος μεμηνότος,
κἀντεῦθεν περὶ τὰς ποικίλας μεταστάσεις τῶν ψήφων
πολλὰ παραλογιζόμενος ἐμαυτὸν καὶ τῶν καταδεεστέρων
τὴν παιδιὰν ἡττῶμαι. Πολλάκις γὰρ μετέωρος ἐκ τοῦ   10
πόθου ταῖς ἡμετέραις βολαῖς ἀντὶ τῶν ἐμῶν τὰς ἐκείνων
διατίθημι ψήφους. Εἶτα πρὸς τὴν ἐρωμένην ἀπιὼν ἐκεῖ
δευτέραν ἧτταν ὑπομένω καὶ χείρονα τῆς προτέρας. Οἱ
γὰρ εὐτυχεῖς ἀντερασταί, ἅτε δή με τὰ τοσαῦτα νενικη-
κότες, φιλοτιμότερον δωροῦνται τῇ ποθουμένῃ, καὶ προ-   15
κρίνονταί μοι τοῖς δώροις, κᾆτα τῶν ἐμῶν ἐμὲ πολεμοῦν-
τες μεταπεττεύουσί μοι τῆς φιλίας κύβον. Οὕτω τοίνυν
ἑκάτερον τῶν κακῶν διὰ θάτερον γέγονε δυστυχέστερον.

---

3 ἔχω He, Ma: ἔχων V et edd. ante He ‖ 5 εὐβολώτερον edd.: εὐβουλ-
V ‖ 12 ἀπιὼν Pa et edd. sequentes: ἀπιθὼν V et edd. ante Pa ‖ 14 δή με
τὰ Ab et edd. sequentes: δὴ μετὰ V, δή με Pa ‖ 15 δωροῦνται Bo, He,
Ma auctore Me: δωρεῖτε V et edd. ante Bo ‖ 16 κᾆτα Bo, He, Ma:
κατὰ edd. ante Bo, κάτα V.

24. Celle qui de ses amoureux en préfère un seul.

Mousarion à son très cher Lysias.

Récemment chez moi, à l'occasion d'une soirée qui réunissait les principaux de mes soupirants, ce fut d'abord le silence de leur part: chacun poussait son voisin à m'exposer ce qu'ils avaient mijoté tous ensemble[1]. Alors le plus hardi, en faisant semblant de me donner un conseil, mais en réalité parce qu'il était jaloux de toi, m'adressa ces reproches: «Tu l'emportes sur toutes les actrices pour la beauté, mais tu te laisses distancer par chacune d'elles pour les revenus[2]: tandis que tu pourrais tirer profit de nous et que tu nous méprises, tu as accordé gratuitement tes charmes à Lysias qui n'est pas un joli garçon. S'il l'avait été, on aurait supporté de voir un homme particulièrement séduisant l'emporter sur tant de rivaux et peut-être on t'aurait pardonné de préférer à l'argent l'irrésistible attrait de la beauté. Or tu nous fais sans cesse l'éloge de ce garçon, tu nous rebats les oreilles de Lysias, si bien qu'à peine réveillés nous croyons entendre le nom du jeune homme[3]. Ce n'est plus de la passion, non, mais plutôt, je pense, de la démence furieuse. D'ailleurs nous ne te demandons qu'une seule chose: dis-nous clairement si tu entends n'avoir pour toi que ce garçon au lieu de nous tous; dans ces conditions nous ne faisons pas obstacle à ton chéri». Voilà les rengaines de ces jeunes gens que j'entendais, pour ainsi dire, jusqu'au chant du coq[4], et si je voulais toutes les citer, je crois que je ferais coucher le soleil avec moi[5], tant le récit en serait long;

---

1. Cf. Platon, *Charmide*, 155 c; *Phédon*, 84 d.
2. Cf. Ménandre, *Atrabilaire*, 192-193.
3. Cf. Platon, *Lysis*, 204 c-d.
4. Cf. Héliodore, VII,11,4.
5. Cf. Callimaque, *Épigrammes*, 2,2-3.

Ἡ τῶν ἐραστῶν ἕνα προκρίνουσα μόνον.

κδ'
Μουσάριον Λυσίᾳ τῷ φιλτάτῳ.

Ἄρτι παρ' ἐμοὶ συναθροισθέντες ἑσπέρας οἱ κορυφαῖοι
τῶν ἐμῶν ἐραστῶν τὸ μὲν πρῶτον ἐσίγων, καὶ ἄλλος
ἄλλον τῶν πλησίον προώθει, κελεύων διεξελθεῖν πρὸς ἐμὲ
τὰ μελετηθέντα πᾶσι κοινῇ. Ὁ δ' οὖν θρασύτερος προσχήματι μὲν συμβουλῆς, σὲ δὲ ταῖς ἀληθείαις ζηλοτυπῶν   5
διεμέμφετό με τοιάδε· «Πασῶν τῶν ἐπὶ σκηνῆς ὑπερφέρουσα τῷ κάλλει ἑκάστης αὐτῶν ἀπολείπῃ τῷ κέρδει·
παρὸν γάρ σοι χρηματίζεσθαι παρ' ἡμῶν ὧν ὑπερορᾷς,
προῖκα δὲ μόνῳ τῷ Λυσίᾳ τὴν σὴν ἐκδέδωκας ὥραν, καὶ
οὐδὲ καλῷ μειρακίῳ. Οὕτω γὰρ ἂν ἦν φορητὸν ἑνὸς ἄγαν   10
εὐπρεποῦς ἡττᾶσθαι τοσούτους, σοὶ δ' ἂν τυχὸν συνέγνω
τις ἐρωτικὸν κάλλος ἄμαχον προκρινούσῃ χρημάτων.
Πυκνὰ γοῦν ὅμως τοῦτον παρ' ἡμῖν ἐπαινοῦσα ἐκκεκώφη-
κας ἡμῶν τὰ ὦτα καὶ ἐμπέπληκας τοῦ Λυσίου, ὥστε καὶ
ἀνεγρομένους ἐξ ὕπνου οἴεσθαι τοῦ νέου τὴν προσηγορίαν   15
ἀκούειν. Οὐ πόθος τοίνυν ἐστί, οὔ, παραπληξία δὲ μᾶλλον νομίζεταί μοι δεινή. Πλὴν τουτί σε μόνον αἰτοῦμεν,
λέγε σαφέστερον εἰ τοῦτον ἔχειν ἀντὶ πάντων ἐθέλεις· οὐ
γὰρ ἀντιστατοῦμεν τῷ ποθουμένῳ». Τοιαῦτα μὲν οὖν
ᾖδον ἐκεῖνοι σχεδὸν εἰς ἀλεκτρυόνων ᾠδάς, ἅπερ εἰ βου-   20
ληθείην ἑξῆς ἀπαγγεῖλαι, καταδύσειν μοι δοκῶ τὸν ἥλιον
ἐπὶ τῷ μήκει τοῦ λόγου· τὰ δὲ πολλὰ τῶν λεχθέντων τῷ

Tit. Post Μουσάριον circa 7 litterae quae νητυ finem habent in V ‖
Λυσίᾳ edd. praeter He qui proponit Λύσιδι auctore Me: λυρίᾳ V ‖
1 ἐμοὶ correctum ex ἡμῶν V ‖ κορυφαῖοι edd.: κρυφαῖοι V ‖ 3 τὸν
edd.: των V ‖ 4 ὁ edd.: ἡ V ‖ 4-5 προσχήματι edd.: πρὸς σχήματι V ‖
8 ὧν V: πάντων Zanetto, Koinonia, XII, 1988, p. 153 ‖ 15 ἀνεγρομένους He, Ma: ἀνεγερμένους V et edd. ante Ab, ἀνεγηγερμένους Ab,
ἀνεγρομένοις uel ἀνεγειρόμενοις Bo ‖ 20-21 βουληθείην correctum e
βληθείην V.

mais la plupart de leurs paroles m'entraient par l'oreille droite pour ressortir aussitôt par la gauche. Et je me bornai à leur répondre: «C'est Éros lui-même qui a placé Lysias avant vous; c'est lui qui, de nuit comme de jour, ne cesse d'embraser mon cœur»[1]. Apprends également ceci, mon chéri: alors qu'ils m'adressaient en hurlant leurs reproches, ils me demandèrent: «Mais y a-t-il quelqu'un pour aimer un voyou aussi laid et repoussant?»; je leur dis en agitant vivement à la fois mains, épaules et regards: «Quelqu'un? Moi! Adieu donc! dis-je en me redressant. Pardonnez-moi mon amour, car ce n'est point l'appât du gain qui me brûle, mais mon désir, et mon désir c'est Lysias»[2]! Alors toi, mon gentil seigneur, vite, vite, l'empressement est signe d'amour. Accours sans plus tarder; ne me porte en cadeau qu'un baiser. Et moi, en te prenant par les oreilles, je te donnerai trois baisers, et ce sera beau, oui, par Aphrodite, à qui à l'instant nous avons sacrifié. Et je constaterai le succès de ce sacrifice si la déesse t'incline sur moi. Fais appel à moi bien vite, Lysias, mon cœur, car déjà tu perds le temps que je mets à t'écrire[3]. A côté de toi tous ces autres-là ne sont que des satyres, non des hommes: je n'en fais aucun cas.

1. Cf. Philostrate, *Images*, I,27,3.
2. Cf. Alciphron, IV,17,6.
3. Hippocrate, *Lettres*, 14 in fine.

μὲν δεξιῷ τοῖν ὤτοιν ἠκροασάμην, θατέρῳ δὲ παραχρῆμα
ἐξερρύη. Τοσοῦτον δὲ ἀπεκρίθην· «Αὐτὸς ὑμῶν προ-
τέταχε τὸν Λυσίαν ὁ Ἔρως, ὃς οὐ νύκτωρ, οὐ μεθ' ἡμέραν   25
διαλείπει τὴν ἐμὴν καταφλέγων καρδίαν». Μάνθανε καὶ
τοῦτο, γλυκύτατε· ἐπεὶ σὺν ἐπιτιμήσει βοῶντες ἐπύθοντό
μου· «Καὶ τίς ἀναφρόδιτον βδελυρὸν ἄκομψον τοιόνδε
ποθεῖ»; Εἶπον ἠθικῶς ἄγαν μετὰ τῶν χειρῶν ὑποκινοῦσα
σὺν τοῖς ὤμοις τὸ βλέμμα· «Τίς; Ἐγώ. Ἔρρωσθε τοίνυν,   30
ἔφην ἀναστᾶσα, καὶ σύγγνωτέ μοι ποθούσῃ· ἐμὲ γὰρ
οὐδὲν θάλπει κέρδος, ἀλλ' ὃ θέλω· θέλω δὲ Λυσίαν». Σὺ
δ' οὖν, ὦ ἐμὸν δεσποτίδιον, εὐθύς, εὐθύς· τὸ ταχὺ γὰρ
ἐπαφρόδιτον. Μηδὲν μελλήσας ἧκέ μοι φίλημά τι μόνον
ἀποκομίζων, κἀγὼ τῶν ὤτων λαβομένη τρίς σε φιλήσω,   35
καὶ τοιοῦτον καλόν. †† Ναί, πρὸς τῆς Ἀφροδίτης, ᾗ νῦν
τεθύκαμεν. Γνώσομαι δ' ⟨εὐκαίρως θύσασα⟩ τὴν θυσίαν
ἐάν σε πρὸς ἡμᾶς ἡ θεὸς ἐπικλίνῃ. Προσείρησό μοι, ψυχὴ
Λυσία, θᾶττον ἤδη, ἐπεὶ καὶ τὸν χρόνον τοῦτον ὃν ἐπιστέλλω σοι χρονίζεις. Πρὸς σὲ πάντες ἐκεῖνοι σάτυροι,   40
οὐκ ἄνθρωποι, καὶ παρ' οὐδὲν τίθεμαι τούτους.

23 θατέρῳ edd. ante He: θατέρω V, θατέρου He, Ma ‖ 24 ἐξερρύη V
correctum alia manu in ἐξέφυγε ‖ ἀπεκρίθην correctum ex ἀπεκρίθη
V ‖ 25 ἡμέραν edd.: ἡμέρα V ‖ 29 μετὰ edd.: μετὰ μετὰ V ‖ 32 ἀλλ'
edd.: ἀλ' V ‖ 34 μελλήσας correctum e μελήσας V ‖ φίλημά τι edd.:
φιλήματι V ‖ 36 post καλὸν circa 25 litterae legi non possunt in V ‖
37 Γνώσομαι δὲ τὴν θυσίαν V et edd. praeter Ma qui coniecit
γνώσομαι δ' εὐκαίρως θύσασα τὴν θυσίαν: «fere crediderim et hic
deesse quid» scripsit Bo. S. Follet καλλιερήσασα proponit ‖ 41 post
τούτους circa 7 litterae legi non possunt in V.

25. Une courtisane reproche à sa sœur de lui avoir pris son ami.

Philaenis à Pétalé.

Hier, comme j'étais invitée chez Pamphile, nous y convions ma sœur Thelxinoé. Je ne me doutais pas que je serais l'entremetteuse peu ordinaire de ma propre infortune, ce qui en fait se produisit. D'abord elle se présenta dans une toilette prétentieuse; elle s'était tranquillement maquillé les joues, s'était évidemment coiffée devant un miroir et bien peigné sa chevelure, avait suspendu à son cou de somptueux colliers[1], bijoux, fourrures; elle s'était parée de toute sorte de fanfreluches: soutien-gorge et bracelets; elle ne s'était privée d'aucun ornement pour sa tête. Et ce châle de Tarente qui laissait transparaître l'éclat de sa beauté! Fréquemment elle relevait contre elle son talon, puis se retournait pour regarder; souvent elle se regardait et, en même temps, cherchait à voir si on la remarquait. Ensuite elle va s'asseoir entre Pamphile et moi, de manière à nous séparer[2] et, en plaisantant avec ce garçon, elle attire l'attention sur elle, puis elle se met à échanger les coupes avec lui. Lui était ravi, en amoureux novice, que le vin, coulant à flots, échauffait; c'est ainsi qu'ils s'embras-

1. Cf. Clément d'Alexandrie, *Pédagogue*, III,3; Lucien, *Amours*, 41.
2. Cf. Platon, *Banquet*, 222 e.

Ἑταίρα μέμφεται τῇ ἀδελφῇ ὑπελθούσῃ αὐτῆς
τὸν φίλον.

κε'

Φιλαινὶς Πετάλῃ.

Χθές, ἐπὶ πότον ὑπὸ Παμφίλου κληθεῖσα, Θελξινόην
μεταπέμπομεν τὴν ἀδελφήν. Ἐλάνθανον δὲ οὐ τὸ τυχὸν
ἐμαυτῇ προξενοῦσα, ὡς ἔργῳ γέγονε δῆλον. Πρῶτον μὲν
ἦλθεν περιεργότερον κοσμηθεῖσα καὶ στίλψασα τὰς παρειὰς ἀτρέμα, καὶ πρὸς ἔσοπτρον, ὡς εἰκός, διαπλεξαμένη   5
καὶ εὐθετίσασα τὰς κόμας, ἀφῆκε τοῦ αὐχένος ὅρμους
πολυτελεῖς, ἀγλαΐσματα, δέρρεις, ἄλλην τε πολλὴν περιέκειτο φλυαρίαν ὑπομάζιόν τε καὶ ἀμφωλένια, καὶ οὐδὲ
τῶν περὶ κρανίον ἠμέλησε κόσμων. Τὸ δὲ ταράντινον, ἐξ
οὗ διαφανῶς ἡ ὥρα διέλαμπεν. Θαμὰ δὲ καὶ τὴν πτέρναν   10
αὐτὴ πρὸς ἑαυτὴν ἐπιστρεφομένη διεσκοπεῖτο, πολλάκις
δ' ἅμα τε ἑαυτὴν ἐθεώρει καὶ εἴ τις αὐτὴν ἄλλος θεᾶται.
Ἔπειτα παρακαθέζεται μέση ἐμοῦ τε καὶ Παμφίλου, ἵνα
χωρὶς ἡμᾶς διαλάβῃ, καὶ προσπαίζουσα τῷ μειρακίῳ εἰς
ἑαυτὴν ἐκείνου μετάγει τὸ βλέμμα, καὶ τῶν ἐκπωμάτων   15
πρὸς αὐτὸν ἀντίδοσιν ἐποιεῖτο. Ὁ δὲ ῥᾳδίως ἠνείχετο, ἅτε
νέος ἐρωτικός, καὶ οἴνου πολλοῦ διαθερμαίνοντος αὐτοῦ
τὴν ψυχήν, καὶ τοῦτον δὴ τὸν τρόπον ὥσπερ ἐκ στομάτων

Arg. ὑπελθούσῃ edd.: -σης V ‖ Post φίλον circa 8 litterae legi non
possunt in V ‖ Tit. Post Φιλαινὶς circa 6 litterae legi non possunt in V ‖
1-2 χθὲς … τὸ τυχὸν (textus rescriptus in V) ‖ 2 μεταπέμπομεν V et
edd. ante Ko: μετεπεμπόμην Ko, Bo, He, Ma fortasse recte ‖ 5 ἀτρέμα
V et plerique edd.: ἐντρίμματι He, Ma auctore Valckenaer ἀπρεπῶς
Zanetto, *Koinonia*, XII; 1988, p. 153 ‖ 7 ἀγλαΐσματα edd.: -ματι V ‖
δέρρεις V et edd. ante Ab: δέρης He, Ma, δέρρης cett. edd. ‖ 9 περὶ
κρανίον V et edd. ante He: περικρανίων He, Ma ‖ 9 ταράντινον nos,
auctore Bo: ταράντιον V, ταραντινίδιον plerique edd. auctore Me ‖
10 Θαμὰ Ab et edd. sequentes: ἅμα V et edd. ante Ab ‖ 13 παρακαθέζεται Bo, He, Ma: -ζετο edd. ante Bo, -ζετε V ‖ 15-22 Lineae rescriptae
in V ‖ 16 αὐτὸν edd. auctore Me: αὐτὴν V.

saient comme s'ils étaient bouche à bouche, en buvant
leurs baisers, et ils faisaient passer jusqu'au fond de leur
cœur le vin que leurs lèvres avaient mélangé[1]. Pamphile
mordit un peu dans une pomme et, en visant bien,
l'envoya sur la poitrine de Thelxinoé; celle-ci déposa un
baiser sur le fruit puis l'introduisit entre ses deux seins,
en dessous du soutien-gorge qui entourait sa poitrine[2].
Ce manège me piquait au vif. N'était-ce pas obligé
puisque je voyais ma sœur devenue ma rivale, elle que
j'avais élevée dans mes bras? Voilà bien la récompense
que j'en reçois! C'est ainsi qu'aujourd'hui elle s'acquitte
de la reconnaissance qu'elle me doit[3]! Et dire qu'à
chaque instant je la grondais en ces termes: «Tu fais cela
contre ta sœur, Thelxinoé? Non, Thelxinoé!». Mais
pourquoi en raconter plus? Elle est partie, la sorcière,
sans plus se gêner, faisant sa proie du jeune homme. Je
suis donc victime de Thelxinoé. Je prends à témoin
Aphrodite et toi, Pétalé, notre amie commune, qu'elle est
totalement responsable de ces malheurs. Eh bien, nous
allons nous faire du tort réciproquement! Je trouverai
moi aussi quelque moyen semblable: ou un autre tour de
renard (que ce soit bien décidé)[4], ou que le fer soit
chassé par le fer[a]. Je ne serai pas embarrassée pour lui
enlever, à cette insatiable, trois amants pour un.

26. A une danseuse.

Speusippos à Panarété.

Il y a longtemps que la renommée m'a fait d'avance la
description de tes grâces: elles étaient dans la bouche de

---

1. Cf. Achille Tatios, II,9,3; Philostrate, *Lettres*, 33.
2. Cf. Lucien, *Dialogues des Courtisanes*, 12,1; D.A. Tsirimbas,
Παροιμίαι, p. 49-50.
3. Cf. D.A. Tsirimbas, Παροιμίαι, p. 46-47.
4. Cf. D.A. Tsirimbas, Παροιμίαι, p. 45-46.

ὑπεφίλουν ἀλλήλους καταπίνοντες τὰ φιλήματα, καὶ τὸν
οἶνον τοῖς χείλεσι κεκραμένον καὶ μέχρι καὶ αὐτῆς πα- 20
ρέπεμπον τῆς καρδίας. Πάμφιλος δέ, μήλου μικρὸν ἀπο-
δακών, εὐστόχως ἠκόντισεν εἰς τὸν κόλπον ἐκείνης, ἠ δέ,
φιλήσασα, μεταξὺ τῶν μαστῶν ὑπὸ τῷ περιδέσμῳ ὂν
περιεστερνίσατο παρέβυσε. Τούτοις οὖν ἐδακνόμην. Τί δὲ
οὐκ ἤμελλον, ζήλην ἐμοὶ καθορῶσα τὴν ἐμὴν ἀδελφήν, ἣν 25
ταῖς ἐμαῖς ἀνέτρεφον ἀγκάλαις; Τοιαῦτά μοι παρ' αὐτῆς
τὰ τροφεῖα. Οὕτω με νῦν ἀντιπελαργοῦσα δικαίαν ἀποδίδωσι χάριν. Καίτοι πολλάκις ὧδε παρ' ἕκαστον αὐτὴν
ἐμεμφόμην· «Κατ' ἀδελφῆς ταῦτα, Θελξινόη, μή, Θελξινόη». Ἀλλὰ τί μακρηγορῶ; Ἀπῆλθεν ἡ βάσκανος οὕτως 30
ἀνέδην σφετερισαμένη τὸν νέον. Ἀδικεῖ με τοίνυν Θελξινόη. Μαρτύρομαι τὴν Ἀφροδίτην καὶ σέ, ὦ Πετάλη,
κοινὴν ὑπάρχουσαν φίλην, ὡς αὐτὴ πανταχοῦ τῶν κακῶν προκατάρχει. Ἀδικῶμεν οὖν ἀλλήλας. Εὑρήσω κἀγὼ
τοιοῦτον ἢ ἑτέραν ἀλώπεκα — καὶ τοῦτο δεδόχθω — ἢ 35
σίδηρος ἐλαυνέσθω σιδήρῳ. Οὐ γὰρ ἀπορήσω τρεῖς ἀνθ'
ἑνὸς ⟨τὴν⟩ ἄπληστον ἀφελέσθαι.

Πρὸς ὀρχηστρίδα.

κϛ´

Σπεύσιππος Παναρέτῃ.

Πάλαι μέν μοι προδιέγραψε τὴν ⟨σὴν⟩ χάριν ἡ φήμη,
πάντων ἀνὰ στόμα ταύτην φερόντων· νῦν δὲ παρέστησε

---

20 καὶ μέχρι V, Bo et edd. ante Ko: μέχρι Ko, He, Ma ‖ 34 Ἀδικῶμεν
Bo, He, Ma: ἀδικοῦμεν V et edd. ante Bo ‖ 35 ἢ ἑτέραν ἀλώπεκα, καὶ
τοῦτο δεδόχθω V (locus obscurus de quo uide ed. Ma) ‖ 37 τὴν
ἄπληστον Ab et edd. sequentes: ἄπληστον V et edd. ante Ab ‖
ἀφελέσθαι He, Ma auctore Me: ἀφελοῦσα Bo auctore Ab, ἀφελέσῃ V.

1 σὴν Bast et edd. sequentes addunt ‖ 2 παρέστησε V et edd. praeter
Ma: -τηκε Ma.

tous; mais aujourd'hui, et pour la première fois, elles se présentent d'elles-mêmes. Je suis d'autant plus ravi de ta beauté que je la vois supérieure à ce qu'en dit la renommée. Qui ne s'est émerveillé en te voyant danser? Qui, à ta vue, ne s'est épris de toi? Les dieux ont Polymnie, Aphrodite: tu les représentes pour nous, autant qu'il est possible, parée de leurs charmes. T'appelerai-je orateur, te nommerai-je peintre? Tu mimes les actions, tu évoques les discours de tout genre, tu es l'image vivante de la nature entière, toi qui, au lieu des couleurs et de la langue, utilises les mille gestes de la main et les attitudes les plus variées et, comme Protée de Pharos, sembles te métamorphoser, tantôt sous une forme, tantôt sous une autre, en suivant l'harmonieuse mélopée des pantomimes[1]. La foule s'est dressée, enthousiaste, et t'accompagne en chantant à l'unisson, gesticule des deux mains et agite ses vêtements[2]. Ensuite tout le monde se rassied et chacun explique à l'autre tes gestes qui, dans leur silence, ont un sens tellement varié. Chaque spectateur charmé essaie de se faire pantomime. Bien que tu n'aies eu qu'un modèle, le grand Caramallos[3], tu possèdes à fond la science de tous les modèles. Aussi, même la personne la plus sérieuse ne juge pas indigne d'elle de prendre quelque plaisir à jouir de ton talent, car le divertissement est parfois un temps de repos dans la vie sérieuse. Certes j'ai parcouru bien des villes comme courrier officiel à cheval et, en plus de la nouvelle Rome, j'ai exploré l'ancienne[4], mais dans aucune des deux je n'ai pu admirer ta pareille. Ils ont donc bien de la chance ceux qui par bonheur possèdent Panarété, dont l'art et la beauté sont aussi prestigieux.

---

1. Cf. Achille Tatios, V,5,5; Lucien, *Sur la danse*, 19.
2. Cf. Philostrate, *Images*, II,6,2.
3. Cf. Sidoine Apollinaire, *Carmina*, 23,268.
4. C'est-à-dire Rome et Byzance.

πρῶτον. Ἦι καὶ πλέον ἄγαμαί σε τοῦ κάλλους, ὅσῳ γε
μᾶλλον ἢ κατὰ φήμην ὁρῶ. Τίς οὐ τεθαύμακεν ὀρχου-
μένην; Τίς ἰδὼν οὐκ ἠράσθη; Πολύμνιαν, Ἀφροδίτην ἔχου-   5
σιν οἱ θεοί· ἐκείνας ἡμῖν, ὡς ἐφικτόν, ὑποκρίνει παρ'
αὐτῶν κοσμουμένη. Ὀνομάσω ⟨σε⟩ ῥήτορα, προσείπω
ζωγράφον; Καὶ πράγματα γράφεις καὶ λόγους παντοδα-
ποὺς ὑποφαίνεις καὶ φύσεως ἁπάσης ἐναργὴς ὑπάρχεις
εἰκών, ἀντὶ χρωμάτων καὶ γλώττης χειρὶ πολυσχήμῳ καὶ   10
ποικίλοις ἤθεσι κεχρημένη, καὶ οἷά τις Φάριος Πρωτεὺς
ἄλλοτε πρὸς ἄλλα μεταβεβλῆσθαι δοκεῖς πρὸς τὴν εὔμου-
σον τῶν ὑπορχημάτων ᾠδήν. Ὁ δὲ δῆμος ἀνέστηκέ τε
ὀρθὸς ὑπὸ θαύματος, καὶ φωνὰς ἀμοιβαίας ἀφίησιν ἐμμε-
λῶς, καὶ τὼ χεῖρε κινεῖ καὶ τὴν ἐσθῆτα σοβεῖ. Ἔπειτα   15
συγκαθήμενοι διηγεῖται καθ' ἕκαστον ἄλλος ἄλλῳ κινήματα πολυτρόπου σιγῆς, καὶ πᾶς θεατὴς ὑφ' ἡδονῆς
χειρονόμος εἶναι πειρᾶται. Ἕνα δὲ μόνον προσφυῶς
μιμουμένη τὸν Καράμαλλον τὸν πάνυ, ἁπάντων ἔχεις τὴν
μίμησιν ἀκριβῆ. Ὅθεν οὐκ ἀνάξιον οὐδὲ τὸν εὖ μάλα   20
σπουδαῖον παραπολαύειν τῆς σῆς θυμηδίας· ἀνάπαυλα
γὰρ τῆς σπουδῆς ἐνίοτε γίνεται ἡ παιδιά. Πολλὰς τοίνυν
ἅτε ταχὺς τῆς πολιτείας ἱππεὺς διελήλυθα πόλεις, καὶ
πρός γε τῇ νέᾳ τὴν πρεσβυτέραν ἱστόρηκα Ῥώμην, καὶ
τοιαύτην ἐν οὐδετέρᾳ τεθέαμαι. Εὐδαίμονες οὖν οἱ Πανα-   25
ρέτην εὐτυχοῦντες οὕτως ὑπερφέρουσαν καὶ τέχνῃ καὶ
κάλλει.

---

3 Ἦι edd. plerique auctore Me: ἢ V ‖ 6 ἡμῖν edd. auctore Me: ἡμᾶς V
‖ ὑποκρίνει He, Ma: ὑποκρίνῃ Bo, ὑποκρίνειν V et edd. ante Bo ‖
7 αὐτῶν edd. auctore Me: αὐτῳ V ‖ σε addunt Le, Ma auctore Nissen ‖
9 ὑπάρχεις Pa et edd. sequentes: ὑπάρχει V et edd. ante Pa ‖
11 Πρωτεὺς correctum e πρωτὰς in V ‖ 15 κινεῖ ... σοβεῖ edd. auctore
Me: κινεῖς ... σοβεῖς V ‖ 20 ἀνάξιον edd. auctore Casaubon apud Me:
ἄξιον V ‖ 21 in margine sinistra scriptum est in V «requies fit eruditio
interdum» ‖ 23 διελήλυθα edd. auctore Me: -θε V ‖ 26 ὑπερφέρουσαν
edd. auctore Me: -σα V.

27. Celle qui se moque de son amoureux pour les vains efforts qu'il fait auprès d'elle.

Cléarque à Amynandros.

Le soir, un jeune homme passait, non sans raison, devant la maison d'une femme. Une autre femme s'approcha d'elle et, en la poussant du coude, lui dit: «Par Aphrodite, ma chère, celui qui te suit en chantant est amoureux de toi et il n'a pas mauvais genre. Quelle élégance dans son costume d'été au tissu brodé[1]. Quelle voix harmonieuse! Et il me semble qu'il a pris soin de ses jolis cheveux. Car le propre, et d'ailleurs le beau de l'amour, c'est d'inciter les amoureux à prendre grand soin de leur personne[2], même si auparavant ils s'étaient négligés». — «Par les amours, répondit-elle, j'ai horreur de ce jeune homme malgré sa beauté, parce que, tout bouffi d'orgueil, il s'imagine qu'il est seul digne de l'amour des femmes et capable d'être vraiment aimé pour sa beauté. C'est sans doute pour cela qu'il s'est surnommé Philon, en exagérant son charme d'étonnante façon[3], et qu'il regarde insolemment, en fronçant un sourcil plein de vanité. D'ailleurs je ne supporte pas un amant qui prétend rivaliser d'élégance avec sa maîtresse et qui pense accorder plus de beauté qu'il n'en reçoit, c'est-à-dire énormément contre fort peu[4]. Vois comment je sais me jouer agréablement de ce fat et amuse-toi bien de mes astuces! On me désire follement: je décide de ne pas esquisser le moindre geste; on fait les cent pas dans ma ruelle: c'est inutile; on chante: c'est pour rien, je fais

---

1. Cf. Philostrate, *Images*, II,5,2.
2. Cf. Chariton, VI,4,3.
3. Cf. Platon, *Banquet*, 217 a.
4. Cf. Platon, *Banquet*, 218 e.

Ἡ τὸν ἐραστὴν αἰνιττομένη μάτην περὶ αὐτὴν
πονοῦντα.

κζ'
Κλέαρχος Ἀμυνάνδρῳ.

Νέου τινὸς ἐξεπίτηδες διὰ γυναικὸς παριόντος ἑσπέρας
ἔφη τις ἄλλη πρὸς ἐκείνην παρισταμένη πλησίον, ἅμα
νύττουσα τῷ ἀγκῶνι· «Πρὸς τῆς Ἀφροδίτης, ὦ φίλη, σὲ
ποθῶν οὑτοσὶ προσάδων παρέρχεται καὶ μορφῆς οὐκ
ἀφυῶς ἔχων. Ὡς εὐπάρυφον τὸ θερίστριον καὶ ποικίλον   5
ταῖς ἀπὸ κερκίδος γραφαῖς, ὡς εὔμουσος τὴν φωνήν.
Ἔοικέ μοι καὶ περὶ καλὴν ἀσχολεῖσθαι τὴν κόμην· ἐπεὶ
καὶ τοῦτό γε τοῦ ἔρωτος ἴδιον καὶ μάλα μέντοι καλόν, τὸ
σφόδρα πείθειν τοὺς ἐρῶντας ἐπιμελῶς ἄγαν διακοσμεῖσ-
θαι, καὶ εἰ πρότερον ἀτεχνῶς ἑαυτῶν κατημέλουν». — «Νὴ   10
τοὺς Ἔρωτας, εἶπεν, ἀποστρέφομαι δὲ τὸν νέον καίπερ
ὄντα καλόν, ὅτι φυσῶν αὐτὸς ἑαυτὸν οἴεται μόνος ἀξιέραστος ⟨εἶναι⟩ ταῖς γυναιξὶ καὶ πρεπόντως τῷ κάλλει ποθεῖσθαι. Καί που καὶ Φίλωνα τυχὸν ἐπωνόμακεν ἑαυτόν, φρονῶν ἐπὶ τῇ ὥρᾳ θαυμάσιον ὅσον, καὶ πολλῷ τῷ ὀφθαλμῷ   15
βλέπει καὶ φρονήματος ἐμπέπληκε τὴν ὀφρύν. Μισῶ γοῦν
ἐραστὴν παρευδοκιμεῖν εὐμορφίᾳ τὴν ἐρωμένην ἀξιοῦντα,
οἰόμενόν τε κάλλος ὑπὲρ κάλλους χαρίζεσθαι, μέγιστον
ἀντὶ βραχέος. Ὅρα δὲ πῶς ἠθικῶς τὸν ὑπερήφανον δια-
παίζω, καὶ σφόδρα τοῖς αἰνίγμασι τέρπῃ. Ποθεῖ μέ τις   20
ἐρωτομανής, καὶ οὐδὲ νεύματος ἀξιοῦται, καὶ πολλὰ τὸν

5 εὐπάρυφον Pa et edd. sequentes: -φος V et edd. ante Pa ‖ 6 εὔμουσος
correctum ex -σο in V ‖ 10 ἑαυτῶν edd. auctore Me: ἑαυτόν V ‖ 12-13
post ἀξιέραστος Bast et edd. sequentes addunt εἶναι, nam est in V
lacuna circa 5 litterarum (cf. infra, linea 40) ‖ 14 Φίλωνα τυχὸν edd.
auctore Me: φίλων ἄτυχον V ‖ 15 πολλῷ Ab et edd. sequentes:
πολλῶν V et edd. ante Ab ‖ 16 βλέπει edd. auctore Me: βλέπειν V ‖
20 τέρπῃ edd. praeter Ko, He: τέρπη V, τέρπου Ko, He ‖
21 ἐρωτομανής Pa et edd. sequentes: -μανεῖς V et edd. ante Pa.

la sourde oreille et ce sont pour moi des airs aussi peu
harmonieux qu'à Libèthres[1]; on ne rougit même pas
d'exécuter d'inutiles allées et venues. Moi, par les deux
déesses[a], tout au contraire de lui, je vais désormais
me cacher». Tout en faisant par coquetterie au jeune
homme ces déclarations et bien d'autres, elle dénuda
alors un peu sa jambe pour lui en montrer la ligne
parfaite, ainsi que son pied mince et joli. Elle dénuda
également ce qu'elle pouvait des autres parties de son
corps, afin d'exciter de tout côté le garçon. Celui-ci
saisissait bien ses paroles (car elle marmonnait juste
assez pour se faire entendre du jeune homme) et il lui
répondit: «Dis ce que tu veux et aussi souvent que tu
voudras: ce n'est pas de moi que tu t'amuses, ma belle,
c'est d'Éros que tu te moques. J'ai donc l'espoir que ce
redoutable archer te décochera à toi une flèche aussi
violente, pour t'obliger à te rouler à mes pieds en me
suppliant de guérir ta souffrance». A son tour elle prit
un ton ironique et, en le regardant de travers, se mit à
frapper avec une vivacité toute féminine les doigts de sa
main droite contre la paume de sa main gauche, puis
répliqua dédaigneusement: «Moi, pauvre malheureux!
Jamais, au nom des Grâces! Tu t'es leurré de vains
espoirs. Tu te crois trop joli et c'est pourquoi, sans
doute, il t'est venu l'idée d'attendre qu'un beau jour ton
Éros vengeur arrive pour t'assister. Continue à chanter,
à ne pas dormir, à ne rien obtenir, en te contentant
d'être ballotté au gré de ta passion, tandis que, comme
dit le proverbe, le vent ne permet ni de rester en place, ni
de naviguer[b]. Donc tu n'auras rien de ce que je possède,
ni mes seins, ni mon étreinte, ni mes baisers. Et pourtant
je ne crois pas que tu puisses te débarrasser de ta
passion».

1. D'après les paroemiographes (Diogénianos, I,37 et d'autres), il
s'agirait d'une tribu macédonienne complètement inculte.

ἐμὸν στενωπὸν διέρχεται μάτην· ᾄδει δὲ ἄλλως καὶ τοῖς
ἐμοῖς ὠσὶν ἀπιθάνως καὶ ἀμουσότερα Λειβηθρίων, οὐδὲ
ἐρυθριᾷ περιττῶς ἐκπεριτρέχων διαύλους. Ἐγώ, νὴ τὼ
θεώ, τοὐναντίον ἀντ᾽ ἐκείνου λοιπὸν ἐγκαλύπτομαι». 25
Ἔφασκε δὲ ταῦτα ἄλλα τε πολλὰ θρυπτομένη καὶ δὴ καὶ
τὸ σκέλος ὑπογυμνοῦσα, ἵνα δείξῃ τῷ νέῳ κνήμην ἰθυτενῆ
καὶ πόδα λεπτόν τε καὶ εὔρυθμον. Ἕτερα δὲ τοῦ σώματος
ἐγύμνωσε μέρη τὰ δυνατά, ὅπως ἂν πολλαχόθεν τὸ μειράκιον ἐρεθίσῃ. Ὁ δέ φησιν αἰσθόμενος τῶν λεχθέντων — 30
ἐψιθύρισε γὰρ ἐκείνη τοσοῦτον ὥστε τὸν νέον ἀκοῦσαι —·
«Οἷα βούλει καὶ ὁσάκις ἂν θέλῃς εἰπέ· οὐ γὰρ ἐμὲ γελᾷς,
ἡ καλή, ἀλλὰ τὸν Ἔρωτα παίζεις. Ἐλπὶς ἄρα τὸν
τοξότην ἐκεῖνον τοιοῦτον ἐπαφεῖναί σοι βέλος, ἵνα τούτων
προκαλινδουμένη τῶν ποδῶν ἱκετεύῃς ἐμὲ τὸ σὸν ἀκέσασ- 35
θαι πάθος». Ἡ δέ, διαμωκωμένη καὶ ὑποβλέπουσα λοξόν,
τοῖς δακτύλοις τῆς δεξιᾶς ἠθικῶς οἷα γυνὴ τὸ μετα-
κάρπιον ἐπικροτοῦσα τῆς εὐωνύμου χειρός, ὑπεροπτικῶς
ἀπεκρίθη. «Ἐγώ, τάλαν; Μή, ὦ Χάριτες, γένοιτο. Κεναῖς
ἐλπίσιν ἐπείσθης. Οἴει μᾶλλον ⟨εἶναι⟩ καλός, καὶ τούτου 40
γε χάριν τοιοῦτον ἐπῆλθέ σοι προσδοκᾶν ἕως ἂν παρα-
γένηται τυχὸν ὁ σὸς ἔκδικος Ἔρως. Παράμενε προσάδων,
ἐπαγρυπνῶν, μηδὲν διανύων, μόνον δὲ κλυδωνιζόμενος ἐκ
τοῦ πόθου, ἔνθα, φασίν, ἄνεμος οὔτε μένειν οὔτε πλεῖν ἐᾷ.
Οὔτε οὖν ἑκτέον ἐστίν σοι τῶν ἡμετέρων τινός, οὐ μαστῶν, 45
οὐ περιβολῆς, οὐ φιλημάτων. Οὐδὲ μὴν ἀπαλλακτέον,
οἶμαι, τοῦ πόθου».

24-25 τὼ θεώ edd. auctore Me: τῶ θ᾽ ὦ V ‖ 33 παίζεις edd. auctore
Me: πέζεις V ‖ 34 τούτων edd. auctore Me: τοῦτον V ‖ 35 προκαλινδουμένη V et edd.: infra lineam et alia manu κυλιομένη in V ‖
ἱκετεύῃς Ab et edd. sequentes: ἱκετεύεις V et edd. ante Ab ‖ τὸ σὸν
Bast auctore Ab et edd. sequentes: σοῦ τὸ edd. ante Ab, quod fortasse
accipiendum, σοῦτον V ‖ 36 διαμωκωμένη edd. auctore Me: -μυ- V ‖
40 post μᾶλλον addit εἶναι Ma, nam est in V lacuna circa 5 litterarum
de qua uide supra, linea 12 ‖ 44 φασίν edd. auctore Me: φησίν V ‖
οὔτε πλεῖν edd.: οὔτ᾽ ἐπλειν V, addito in margine sinistra «uentus
neque stare neque nauigare sinit» ‖ 45 ἑκτέον edd. auctore Me: ἑκτέον V.

28. Un jeune homme s'inquiète du caractère fantasque de sa bien-aimée.

Nicostratos à Timocratès.

Que signifie donc le comportement de Cochlis à mon égard? Que manigance-t-elle en changeant sans cesse d'intention[1]? Par les dieux, cette incertitude m'épuise. Je renonce à me torturer l'esprit; je renonce aux nombreuses questions que je me pose dans mes raisonnements. Je ne suis pas arrivé à y voir bien clair: c'est comme si je traçais une ligne blanche sur une pierre blanche[2]. Comment pourrait-on, en effet, se comporter en face d'une intention indéterminée, si bien que, par les dieux, je ne sais pas comment agir à son égard. Certes elle évoque bien par son nom les pensées tortueuses, cette Cochlis[3]! Toi qui l'aimes, explique-moi ce caractère instable. Mais si tu éprouves le même embarras que moi à propos de cette fille capricieuse, n'hésite pas, mon très cher, à te renseigner sur ton Aphrodite. Tantôt elle fait tout en amoureuse, avive en moi mon ardente passion et exalte tous mes espoirs, tantôt, au contraire, comme si elle était encore plus interchangeable qu'un cothurne[4], elle repousse violemment ce qu'elle venait de désirer, elle ruine de nouveau toute mon espérance et, par ses brusques comportements capricieux, elle transforme mon âme en une toile de Pénélope[5]. Que ferai-je? Que devien-

---

1. Lucien, *Dialogues des courtisanes*, 9,3.

2. Proverbe très ancien et répandu. Cf. D.A. Tsirimbas, Παροιμίαι, p. 37-38, et Boissonade, éd.-trad., p. 603.

3. Ce nom propre, qui se trouve déjà chez Lucien, est tiré du substantif κόχλος, «coquillage en spirale», «colimaçon».

4. Cf. D.A. Tsirimbas, Παροιμίαι, p. 49-50, qui cite Xénophon, *Helléniques*, 2,3,31 et note que le proverbe est toujours en usage en Grèce.

5. L'épouse d'Ulysse, Pénélope, défaisait pendant la nuit le tissage qu'elle avait exécuté pendant le jour (*Odyssée*, II,104-105). Cf. D.A. Tsirimbas, Παροιμίαι, p. 6-7.

Νέος ἀδημονεῖ πρὸς τὴν τῆς ἐρωμένης παλίμβολον γνώμην.

κη΄
Νικόστρατος Τιμοκράτει.

Τίς ἄρα περὶ ἐμὲ τῆς Κοχλίδος ὁ τρόπος; Τί δὲ μηχανωμένη ἄλλοτε πρὸς ἄλλον ἀθρόως μεταβαίνει σκοπόν; Ἐκλύομαι, νὴ τοὺς θεούς, ἀπὸ τῆς ἀπορίας. Ἀπεῖπον τὸν νοῦν ἀνελίττων, ἀπεῖπον τοῖς λογισμοῖς πολλὰ κατ' ἐμαυτὸν ἀπορῶν. Οὐδὲν εὗρον παντελῶς διαγνῶναι, 5 καθάπερ ἐν λευκῷ λίθῳ στάθμην λευκὴν διατείνων. Τίς γὰρ ἀστάτῳ δύναιτο ἂν ἐπιστῆσαι σκοπῷ; Ὥστε, μὰ τοὺς θεούς, οὐκ ἔχω ὅ τι χρήσομαι ταύτῃ. Ἐπώνυμος ἄρα τῆς σκολιότητος ἡ Κοχλίς. Αὐτὸς ἐρῶν ἐκείνης ἐξήγησαί μοι τὴν ἀστάθμητον γνώμην. Εἰ δὲ καὶ σὺ πρὸς αὐτὴν ἀπο- 10 ρεῖς δυσξύμβολον οὖσαν, μὴ κατόκνει, φίλτατε, πυθέσθαι τῆς σῆς Ἀφροδίτης. Τοτὲ μὲν ἐρώσης ἅπαντα πράττει, καί μοι τὸν πόθον ὑφάπτει πολύν, καὶ ὅλον με ταῖς ἐλπίσιν ἐπαίρει· τοτὲ δὲ πάλιν, ὡς εὐμεταβολωτέρα κο- θόρνου, ἀναίνεται σοβαρῶς ὃν ἀρτίως ἐπόθει, καὶ πᾶσαν 15 αὖθις ἀναλύει μου τὴν ἐλπίδα, καὶ τὴν ἐμὴν οὕτω ψυχὴν ἤθεσιν ἐξ ὑπογυίου παλιμβόλοις ἱστὸν ἀπέδειξε Πηνε-

Arg. παλίμζολον edd. auctore Me: -ζουλον V ‖ 1 Κοχλίδος Ab et edd. sequentes: Κολχίδος V et edd. ante Ab ‖ 3 ἐκλύομαι, νὴ edd. auctore Me: ἐκλυομένη V ‖ ἀπὸ V et edd. ante He: ὑπὸ He, Ma ‖ ἀπορίας edd.: ἀπορείας V ‖ 4 τὸν edd.: τὸ V ‖ 6 διατείνων edd. auctore Me: διατένων V ‖ 7 ἐπιστῆσαι Ab et edd. sequentes: -τῆναι V et edd. ante Ab ‖ 8 χρήσομαι V et edd. ante He: χρήσωμαι He, Ma ‖ 9 ἐρῶν edd. auctore Me: ἔρως post correctionem V ‖ ἐξήγησαί edd. auctore Me: -σέ V ‖ 10 ἀστάθμητον γνώμην edd. auctore Me: στάθμη τὴν γν- correctum e στάθμητον γν- V ‖ 11 δυσξύμζολον Pa, Bo, Ma: δυσ- σύμζολον He, δυσξύμζουλον V et edd. ante Pa ‖ 12 Ἀφροδίτης nos: σφοδρότητος edd. plerique auctore Me, σφοδρότης V, φίλης τῆς σφοδροτάτης correxit Ma ‖ 17 ὑπογυίου correctum ex ὑπογίου V (glossa in margine inferiore codicis «προσφάτου, νεωστὶ γενόμενος».

drai-je? Oh souffrances insupportables, ah caprices in-
sensés! A force de se complaire dans cette coquetterie
elle a (et combien!) compromis ses charmes. On a beau
l'avertir, la supplier, c'est comme si on chantait devant
un sourd[1]. Aussi, bien malgré moi et pour toujours, elle
me détourne d'elle, moi qui étais un amoureux si attaché
et si difficile à détourner. Ainsi donc, cher Timocratès,
vis-à-vis d'elle je ne suis plus ton rival en amour, car
c'est agir en homme que de mesurer exactement les
possibilités et de ne plus nourrir une peine inutile. Qu'aucune rancœur ne vienne s'imposer par la suite sur notre
amitié! Au contraire je souhaite que l'attitude de Cochlis, s'étant ainsi modifiée, te donne satisfaction, et que
tu sois pour elle un ami bien plus heureux que moi.

---

1. Cette locution d'usage courant est relevée par D.A. Tsirimbas,
Παροιμίαι, p. 25. Cf. Eschyle, *Les Sept contre Thèbes*, 202.

λόπης. Τί πράξω; Τίς γένωμαι; Φεῦ τῶν ἀφορήτων κακῶν, παπαὶ τῶν ἀμέτρως κατεϛλακευμένων ἠθῶν. Ὡς ἄγαν
ἐπιθρυπτομένη τὴν λαμπρὰν ἑαυτῆς ἠμαύρωσε χάριν.   20
Ταύτην κἂν νουτεθῆς, κἂν ἱκετεύῃς, παρὰ κωφὸν ᾄδειν
δοκεῖς. Ὅθεν καὶ ἄκοντά με λοιπὸν τοσοῦτον ἐραστὴν
ἀποτρέπει καὶ δυσαπότρεπτον γεγονότα. Τοιγαροῦν οὐκέτι πρὸς ταύτην, ὦ Τιμόκρατες, κοινωνῶ σοι τοῦ πόθου,
ἐπεὶ τοῦτό γέ ἐστιν ἀνήρ, τὰ δυνατὰ ἀκριϐῶς διαγνῶναι   25
καὶ μηκέτι ματαίαν ἐπάγεσθαι λύπην. Φθόνος δὲ μηδεὶς
τῆς ἄλλης ἡμῶν ἐπικρατήσῃ φιλίας. Ἀλλὰ συνενέγκαι
σοι τῆς Κοχλίδος ἐκ μεταβολῆς ἐκείνης ὁ τρόπος, καὶ
γένοιο φίλος μακρῷ γε μᾶλλον εὐτυχέστερος ἐμοῦ.

19 ad κατεϛλακευμένων glossa «ἀνοήτων» in V ‖ 20 ἐπιθρυπτομένη
edd. auctore Me: -πο- V ‖ 21 ἱκετεύῃς edd. auctore Me: ἱκετεύεις V ‖
24 Τιμόκρατες edd. auctore Me: -τε V ‖ 25 ἀνήρ V: Ma, auctore Pa,
proponit ἀνδρός, fortasse recte (locus difficilis) ‖ 28 Κοχλίδος (cf.
supra, linea 1) ‖ In fine huius epistolae (3 ultimis lineis folii 40r) ἀρχὴ
τοῦ Ḇ βιϛλίου πρὸς ἑταίραν ὑπὲρ φίλου πρεσϛευτικὴ αἰλιανὸς
καλύκῃ. (Folium 40v impletum est duobus carminibus Nicolai de
Hydrunto quorum textus, manu paulo recentiore scriptus, uix legi
potest).

LIVRE SECOND

1. Lettre d'intercession auprès d'une courtisane en faveur d'un ami.

Élien à Calycé.

Cette lettre consiste en une prière que je te présente en faveur de Charidémos. Mais, ô chère Peithô[1], assiste-moi également; fais que réussissent les demandes que je dois adresser. Et, comme on dit, «que ma prière soit exaucée»[2]! Ainsi donc, chère Calycé, Charidémos brûle pour toi de la plus tendre flamme[3]. Il va bientôt mourir et sa vie ne tient plus qu'à un fil[4], et il n'est plus que l'image d'une ombre[5], à moins que tu n'accordes à ce garçon le remède que tu possèdes. Au nom d'Apollon secourable, je te demande, ô femme, que ta beauté ne soit pas accusée de meurtre et que les Amours[6] n'interviennent pas contre tes charmes! Tu as des griefs, je le sais, contre le jeune homme. Il a commis une faute: c'est reconnu. Étant jeune, il a commis une faute; il en a été suffisamment puni; la mort ne doit pas être le châtiment du coupable. Réfléchis, au nom des dieux, imite ta chère Aphrodite, autant que peut le faire une femme. Cette

1. Peithô, déesse de la Persuasion correspondant à *Suada* chez les Latins.

2. Cf. Denys l'Aréopagite, *Théologie mystique*, 1; Hippocrate, *Lettres*, 16,5.

3. Cf. Musée, *Héro*, 167.

4. Allusion à l'épée de Damoclès qui ne tient qu'à un fil. Cf. D.A. Tsirimbas, Παροιμίαι, p. 23.

5. C'est-à-dire à peine une ombre. Cf. D.A. Tsirimbas, Παροιμίαι, p. 24.

6. Il n'y a pas de raison valable pour lire les Érinyes au lieu des Amours que porte le manuscrit.

ΒΙΒΛΙΟΝ Β΄

Πρὸς ἑταίραν ὑπὲρ φίλου πρεσϐευτική.

α΄
Αἰλιανὸς Καλύκῃ.

Τὴν παροῦσαν ἐπιστολὴν ἱκετηρίαν ὑπὲρ Χαριδήμου
ποιοῦμαι. Ἀλλ᾽, ὦ φίλη Πειθοῖ, παροῦσα συνεργὸς ποίει
κατορθοῦν ἀνυσίμως οὓς ἂν ἐπιστείλαιμι λόγους. «Ταῦτα
μὲν δή, φασίν, εὐξάσθω». Οὗτος δ᾽ οὖν ἐρᾷ σου, Καλύκη,
καὶ τῷ σῷ φλέγεται γλυκυτάτῳ πυρί, καὶ τεθήξεται   5
θᾶττον ἐκ τριχὸς κρεμάμενος καὶ σκιᾶς εἴδωλον γεγονώς,
εἰ μὴ τὴν παροῦσαν θεραπείαν ἐπινεύσεις τῷ μειρακίῳ.
Ἄπολλον ἀποτρόπαιε, μὴ φόνου τις, ὦ γύναι, τὸ σὸν
αἰτιάσηται κάλλος, μηδὲ ταῖς σαῖς χάρισιν ἐπικωμάσωσιν
Ἔρωτες. Ἐγκαλεῖς, εὖ οἶδα, τῷ νέῳ· ἔπταισεν ὁμολογου-   10
μένως. Νέος ὢν ἔπταισεν, ἱκανὴν δέδωκε δίκην· μὴ θάνα-
τος ἔστω τοῦ πλημμελήσαντος ἡ ζημία. Λογίζου, πρὸς
θεῶν, καὶ μιμοῦ τὴν σὴν Ἀφροδίτην, ὡς ἐφικτὸν γυναικί.

In summa parte folii 41r colore rubro et alia manu ἀρχὴ τοῦ Β̄
β(ιϐλίου). Sequuntur atramento et manu quae scripsit I,28 argumentum et titulus quae legimus in fine eiusdem epistolae I,28 ‖ 4 εὐξάσθω V
et edd. ante He: εὔχθω He, Ma ‖ 5 φλέγεται Bo auctore Bast, He, Ma:
φθείρεται edd. ante Bo, φθέγγεται V ‖ τεθνήξεται edd.: τεθήξεται
θνήξεται V ‖ 7 ἐπινεύσεις edd. auctore Me: -σει V ‖ 10 Ἔρωτες V, Bo:
Ἐρινύες Ab et edd. sequentes praeter Bo ‖ 11 ἔπταισεν Ma auctore
Me: ἑπταέτης V quod seruant Bo, He ‖ 12 ἔστω Pa et edd. sequentes:
ἔσται V et edd. ante Pa.

déesse dispose du feu, lance des flèches, mais, d'autre part, se fait accompagner des Grâces. Toi, au contraire, tu brûles par ton regard et tu blesses par ta présence[1]. Hé bien donc, hâte-toi d'appliquer sur la plaie le baume de tes charmes. Tu portes le feu mais tu détiens l'eau[a]. Éteins donc rapidement toi-même la flamme que tu as allumée: telle est la prière que je t'adresse. Maintenant voici ce qu'il me reste à te conseiller. Je sais qu'il est tout à fait charmant d'attiser un peu le désir des jeunes gens[b]; c'est le moyen de prévenir la satiété dans les plaisirs amoureux et d'inciter les amants à toujours désirer les courtisanes. Mais, si ce procédé se prolonge au delà du nécessaire, les amoureux se découragent. C'est ainsi qu'on se fâche ou qu'on tourne ailleurs ses regards. Éros a aussi vite fait de s'envoler que d'accourir: lorsqu'il espère il a des ailes, lorsqu'il désespère il a coutume de se déplumer bien vite dans la désespérance. Aussi la grande astuce des courtisanes pour maintenir leur pouvoir sur les amants consiste-t-elle à différer par les espoirs le moment de la jouissance[c]. En tout cas plus d'une courtisane s'est-elle glissée auprès de notre jeune homme en l'entraînant par des arguments convaincants, et même l'une aurait pris les devants en s'emparant de lui plus fourbement si le garçon ne s'était absolument refusé à faire l'amour avec une autre après toi. Agis donc en courtisane avec ceux qui font semblant de t'aimer, mais avec ceux qui t'aiment vraiment montre-toi plus aimante. Crois-moi et ne dépasse pas la mesure. Prends garde à ce que, à force de tendre la corde, nous ne la rompions, comme dit le proverbe[d], et ne laisse plus ton souci de dignité se muer en arrogance. Tu sais combien Éros se plaît à contrecarrer les orgueilleux. D'ailleurs tu es une marchande de fruits, ma belle; or tes fruits sont plus savoureux que ceux des arbres. Et tu devrais savoir par la simple réalité qu'il ne faut pas trop conserver les

1. Cf. Lucien, *Dialogues marins*, 14,4.

Πυρὸς ἄρχει, τόξα διήκει, ἀλλὰ καὶ Χάριτες ἕπονται τῇ
θεῷ. Σὺ δὲ ὀφθεῖσα φλέγεις καὶ ὁμιλοῦσα τιτρώσκεις. 15
Ἐπίθες ⟨οὖν⟩ ταχὺ καὶ τὰς Χάριτας τῷ πληγέντι. Φέρεις
μὲν πῦρ, ἔχεις δὲ ὕδωρ. Τὴν σὴν αὐτὴ φλόγα κατάσβεσον
πρὸς βραχύ. Ταῦτα μὲν οὖν ἱκετεύων φημί. Ἃ δὲ παραι-
νεῖν ἔχω σοι λεκτέα λοιπόν. Χαριέστατον οἶδα τὸ σμικρὸν
ὑποκνίζειν τοὺς νέους· τοῦτο γὰρ τῶν ἀφροδισίων προα- 20
ναστέλλει τὸν κόρον, καὶ τὰς ἑταίρας ὑποδείκνυσιν ἀεὶ
ποθεῖν τοῖς ἐρασταῖς. Ἀλλ' εἰ τοῦτο γένοιτο πέρα τῆς
χρείας, ἀποκάμνουσιν οἱ ποθοῦντες. Οὕτως οὖν ὁ μὲν
ὠργίσθη, ὁ δὲ ἐπέβαλεν ἄλλη τὰ ὄμματα. Ὀξύς ἐστιν ὁ
Ἔρως καὶ ἐλθεῖν καὶ ἀναπτῆναι· ἐλπίσας πτεροῦται καὶ 25
ἀπελπίσας ταχὺ πτερορρυεῖν εἴωθεν ἀπογνωσθείς. Διὸ
καὶ μέγα τῶν ἑταιρουσῶν ἐστι σόφισμα ἀεὶ τὸ παρὸν τῆς
ἀπολαύσεως ὑπερτιθεμένας ταῖς ἐλπίσι διακρατεῖν τοὺς
ἐραστάς. Ἤδη μὲν οὖν πολλαὶ τὸν νέον ὑπῆλθον ἑταῖραι
προτρέπουσαι πιθανῶς, καὶ δὴ τοῦτον ἔφθη τις ἂν πα- 30
νουργότερον λαβοῦσα εἰ μὴ τὸ μειράκιον ἀπηύχετο παντελῶς ἐναφροδισιάσαι τινὶ μετὰ σέ. Χρῆσαι τοίνυν τοῖς μὲν
ὑποκρινομένοις φιλεῖν ἑταιρικῶς, τοῖς δὲ γνησίοις ἐρασταῖς φιλικώτερον. Πείθου μοι καὶ τῆς ἀμετρίας ἀπόσχου.
Ὅρα μὴ κατὰ τὴν παροιμίαν ἀπορρήξωμεν πάνυ τείναν- 35
τες τὸ καλῴδιον, μηδὲ λάθῃς λοιπὸν εἰς ἀγερωχίαν με-
ταβαλοῦσα τὸ φρόνημα. Οἶσθα δὲ ὅσον Ἔρως ἀντι-
στρατεύειν τοῖς ὑπερηφανοῦσι φιλεῖ. Ἄλλως τε ὀπώραν
πωλεῖς, ἡ καλή· ἔστιν δὲ ἡ σὴ ὀπώρα ἡδίων τῆς ἀπὸ τῶν
δένδρων. Δικαία δ' ἂν εἴης ἀπ' αὐτοῦ γε τοῦ ἔργου 40

---

14 δίκει V (frustra correctum in διέπει a N. Eugeniano in *Epistula ad*
grammaticam, p. 11, de quo uide ed. Ma) ‖ τῇ edd. auctore Me et N.
Eugeniano ibidem: τῷ V ‖ **15** ὁμιλοῦσα Bo, He, Ma auctore N.
Eugeniano ibidem: καὶ ὁρῶσα Me, οὐκ οὖσα, quod fortasse seruandum, V ‖ **16** οὖν addunt He, Ma auctore N. Eugeniano ibidem ‖
17 αὐτὴ edd. auctore Me: αὐτῇ V ‖ **26** ἀπελπίσας edd. auctore Me:
ἀφελ- V ‖ **32** χρῆσαι edd. auctore Me: Χρῆσε V ‖ **35** παροιμίαν
suppleuit Me: ροι et 3 uel 4 litterae erasae V.

fruits. Donne aux consommateurs de tes fruits l'occasion de les récolter. Sous peu tu seras un vieil arbre. Et les amateurs des beaux corps mesurent leur amour à l'éclat de la beauté qui les frappe.

C'est d'une autre manière que tu vas t'instruire, car je n'hésiterai pas à varier mes leçons pour te convaincre. La femme ressemble à un pré et ce qui est pour lui des fleurs est la beauté pour elle. Donc, tant que le printemps est dans sa plénitude le pré se pare d'une luxuriante chevelure et les fleurs ont aussi leurs couleurs. Mais au déclin du printemps ses fleurs disparaissent et le pré est devenu vieux. Réciproquement, pour la femme, quand son élégance a disparu et que sa beauté s'est enfuie, quel agrément lui reste-t-il? Éros, en effet, n'est pas de nature à fréquenter un corps flétri et défleuri. Au contraire, là où il trouve un lieu garni de suaves fleurs, il s'installe et demeure[1]. Mais à quoi bon en dire davantage: ce serait apprendre à nager à un dauphin[2]? Alors, la plus belle des femmes, transforme-toi et montre que ton âme est plus belle que ton corps, pour qu'on puisse dire: «O la bienveillante beauté!». Donc la rose, même si on ne l'utilise pas, se flétrit[3]. Est-ce que tu as donné ton acceptation, ma très chère? Tout à fait, évidemment; je connais ton caractère flexible et transigeant. Aussi je viens te présenter ce jeune homme qui m'envoie en parlementaire pour négocier à tout prix. Car vis-à-vis des courtisanes le caducée est toujours marqué par l'or de Babylone[a]. Hé bien, accorde pour le passé ton pardon, pour le présent ta reconnaissance et pour l'avenir sois gentille à l'égard de Charidémos.

---

1. Cf. Lucien, *Dialogues des Courtisanes*, 3,3, cité par D.A. Tsirimbas, Παροιμίαι, p. 33.

2. Toute cette tirade est inspirée de Philostrate, *Lettres* 13 à 17.

3. Sur ce proverbe très usité cf. D.A. Tsirimbas, Παροιμίαι, p. 48-49.

συνεῖναι ὅτι οὐ δεῖ τηρεῖν ὀπώραν. Δίδου τοῖς σοῖς ὀπωρώναις τὴν ὥραν τρυγᾶν. Μετ᾽ ὀλίγον ἔσῃ γεράνδρυον· οἱ
δὲ τῶν καλῶν σωμάτων ἐρασταὶ τῇ τοῦ φαινομένου κάλλους ἀκμῇ παραμετροῦσι τὸν ἔρωτα. Καὶ ἑτέρως δὲ μάν-
θανε· οὐ γάρ σε καὶ διαφόρως ἐπεκδιδάσκειν ὀκνήσω.   45
Γυνὴ ἔοικε λειμῶνι, καὶ ὅπερ ἐκείνῳ τὰ ἄνθη, τοῦτό γε
ταύτῃ τὸ κάλλος. Ἕως μὲν οὖν ⟨ἔαρ ἀκμάζει⟩, ἡ κόμη τῷ
λειμῶνι ἐπακμάζει καὶ ἡ χροιὰ τῶν ἀνθέων, ἦρος δὲ
παρακμάσαντος πέπαυται μὲν τὰ ἄνθη [τοῦ] ⟨λειμῶνος⟩,
ὁ δὲ λειμὼν γεγήρακε. Γυναικός τε αὖ πάλιν εἰ τὸ εἶδος   50
παρέλθῃ καὶ τὸ κάλλος παραδράμῃ, τίς ἔτι καταλείπεται
εὐφροσύνη; Ἀνανθεῖ γὰρ καὶ ἀπηνθηκότι σώματι οὐ πέφυκε προσιζάνειν ὁ Ἔρως· οὗ δ᾽ ἂν εὐανθές τε καὶ εὐῶδες
ᾖ, ἐνταῦθα καὶ ἐνιζάνει καὶ μένει. Ἀλλὰ τί μακρὸν ἀποτέτακα λόγον, δελφῖνα διδάσκων νήχεσθαι; Μεθαρμοσα-   55
μένη τοίνυν, ὦ καλλίστη γυναικῶν, τὴν ψυχὴν καλλίονα
τοῦ σώματος ἀπόφηναι, ἵν᾽ ἐξῇ λέγειν· «Ὦ κάλλους
φιλανθρώπου». Τὸ δ᾽ οὖν ῥόδον, κἂν μή τις αὐτῷ χρή-
σηται, μαραίνεται. Ἆρ᾽ ἐπένευσας, ὦ φιλτάτη; Πάντως
δήπου, τὸν σὸν εὐμετάβολόν τε καὶ εὐπαράκλητον ἐπίστα-   60
μαι τρόπον. Ἥκω τοίνυν καὶ προσάξω τὸν νέον πλουσίως
ἐπικηρυκευόμενον δι᾽ ἐμοῦ. Τὸ γὰρ πρὸς ἑταίρας κηρύ-
κιον ἐκ τοῦ Βαβυλωνίου χρυσοῦ χαρακτηρίζεσθαι πέφυκεν. Ἀλλὰ τῶν προτέρων τε συγγνώμην καὶ τῶνδε χάριν   65
ἔχουσα εὐμενὴς τό γε λοιπὸν εἴης τῷ σῷ Χαριδήμῳ.

41-42 ὀπωρώναις Ab et edd. sequentes: ὀπωρῶνες edd. ante Ab,
ὀπωρῶνες V ‖ 42 ἔσῃ Me et plerique edd.: ἔσται V, quod fortasse
seruandum ‖ γεράνδρυον edd. auctore Me: -δριον V ‖ οἱ edd. auctore
Me: οὐ V ‖ 47 ἔαρ ἀκμάζει addit Ma in loco suspecto ‖ 49 τοῦ
delemus: λειμῶνος addit Ma, alii aliter corrigunt, ἄνθη του et lacuna
circa 5 litterarum in V ‖ 54-55 ἀποτέτακα edd. auctore Me: ἀπο-
τέταλκα V ‖ 62 δι᾽ ἐμοῦ correctum e δι᾽ μοῦ V.

**2. Un homme pendant sa prière s'est épris d'une jeune
fille qu'il avait vue : il lui écrit sa passion.**

Euxithéos à Pythias.

Pendant les cérémonies au cours desquelles on prie les
dieux de nous délivrer des souffrances, je suis tombé
dans la plus terrible détresse. Alors que j'en étais à
tendre les deux mains vers le ciel et que je récitais ma
prière en mon cœur, tout à coup, et je ne sais comment,
je fus frappé par Éros. Je me tournai vers toi et je fus
atteint par la flèche de ta beauté. A ta vue, il me fut
impossible de porter ailleurs mes yeux, tandis que toi,
lorsque tu t'aperçus que je te regardais, tu t'es un peu
cachée (c'est là une attitude habituelle à vous, les femmes de condition libre) ; tu as incliné le cou et placé ta
main devant ton visage, tantôt d'un côté, tantôt de
l'autre, en ne laissant paraître qu'un peu de tes joues. Tu
veux me prendre pour esclave ? Prends-moi comme
esclave volontaire ! Car qui pourrait prétendre à l'amour
de Pythias, sinon Zeus après s'être métamorphosé pour
toi en taureau, ou en or, ou en cygne[1] ? Ah, je voudrais
bien, outre tes formes, louer ton affection à mon égard !
Je voudrais qu'un caractère farouche ne vienne pas
épouvanter celui dont ta beauté a fait complètement sa
proie. Voilà donc le vœu que j'exaucerai, ô dieux, si bon
vous semble. Mais, ma très chère, quel dieu dois-je
invoquer en ce qui te concerne[2] ? Si tu veux bien, les
dieux que je suppliais à l'instant ? Ainsi, tant que tu
voudras me gouverner (et puisses-tu le désirer toujours !),
je resterai passionnément ton serviteur.

1. Cf. Lucien, *Dialogues des dieux*, 2,1.
2. Cf. Platon, *Phèdre*, 236 d.

Ἡράσθη τις κόρης ἦν ἐπιπροσευχόμενος εἶδε
καὶ ταύτῃ προσπεπονθὼς ἐπιστέλλει.

β′
Εὐξίθεος Πυθιάδι.

Ἐν τοῖς ἱεροῖς ἔνθα τῶν παθῶν ἀπαλλαγὴν αἰτούμεθα
τοὺς θεούς, δεινοτάτοις περιπέπτωκα πόνοις. Ἔτι γὰρ
ὑψοῦ προσανατείνων τὼ χεῖρε καὶ τὴν ἱκετείαν κατ' ἐμαυτὸν λαλῶν οὐκ οἶδ' ὅπως ἐξαίφνης ὑπὸ τοῦ Ἔρωτος
ἐρραπίσθην. Καὶ μετεστράφην πρὸς σέ, καὶ ἅμα τῇ θέᾳ τῷ   5
σῷ τετόξευμαι κάλλει· ὡς γὰρ εἶδον, οὐχ οἷός τε ἦν τοὺς
ὀφθαλμοὺς ἄλλοσε μεταφέρειν, σὺ δέ με θεωροῦντά σε
κατιδοῦσα — τοῦτο δὴ τὸ σύνηθες ὑμῖν ταῖς ἐλευθέραις
— ἠρέμα παρεκαλύψω, μετακλίνασά γ' οὖν τὴν δέρην ἐπὶ
θάτερα προβέβληκας τοῦ προσώπου τὴν χεῖρα, παρα-   10
φαίνουσα τῆς παρειᾶς ὀλίγον. Δοῦλόν με θέλεις ἔχειν· Ὡς
ἐθελόδουλον ἔχε. Φίλος γὰρ Πυθιάδος τίς, εἰ μή γε Ζεὺς
ταῦρος ἢ χρυσὸς ἢ κύκνος γενόμενος διὰ σέ; Ἀλλ' εἴθε
μετὰ τῆς εὐπρεπείας ἐπαινέσομαί σε τῆς περὶ ἐμὲ προθυ-
μίας, καὶ μὴ τρόπος ἀπειθὴς ἀνασοβήσῃ ὃν εὖ μάλα   15
τεθήρακεν ἡ μορφή. Ταύτην οὖν τὴν προσευχήν, ὦ θεοί, εἰ
δοκεῖ, διανύσω. Ὄμνυμι δέ σοι, φιλτάτη, τίνα μέντοι
θεῶν; Εἰ βούλει μᾶλλον, ⟨οὓς⟩ ἐπηυξάμην ἀρτίως θεούς·
Ὡς ἄχρις ἂν ἐμοῦ δεσπόζειν ἐθέλοις — βουληθείης δὲ   20
μέχρι παντός —, ἐρωτικός σοι διατελέσω θεράπων.

Arg. ἐπιπροσευχόμενος V et Ma: fortasse ἔτι προσ- legendum nam, ut
annotat Bo, inuenimus, linea 2, ἔτι γάρ... ‖ προσπεπονθὼς ἐπιστέλλει
edd.: -ποηθώς -λλεις V ‖ 4 λαλῶν edd. plerique auctore Me: καλῶν,
fortasse recte, V, λαζῶν Bo typographi errore ‖ 7 με edd. auctore Me:
μοι V ‖ 9 γ' V et plerique edd.: δ' He, Ma ‖ δέρην edd. auctore Me:
δέριν V ‖ 10 προεέβληκας edd. auctore Me: -κα V ‖ 11 θέλεις edd.
auctore Me: θέλοις V ‖ 12 Πυθιάδος edd. auctore Me: -διος V ‖
13 γενόμενος He, Ma: γιν- V et edd. ante He ‖ 17 διανύσω V et
plerique edd.: διανύσατε He, Ma, fortasse recte ‖ 18 εἰ V et plerique
edd.: ἢ He, Ma ‖ οὓς addunt Bo, He, Ma.

3. Une femme d'avocat accuse son mari d'ignorer le devoir conjugal.

Glycère à Philinna.

Je n'ai pas eu de chance, chère Philinna, en épousant Strepsiade, le savant avocat. Chaque fois qu'arrive le moment du lit conjugal, tandis qu'il est tard dans la nuit, il fait semblant d'examiner des affaires et il prétexte d'avoir alors à s'occuper des choses qu'il a instruites. Jouant la comédie, il remue légèrement ses lèvres et marmonne par devers lui je ne sais quoi. Pourquoi donc a-t-il épousé une fille en pleine jeunesse s'il n'a pas besoin de femme? Serait-ce pour me faire participer à ses affaires et pour que je passe la nuit à éplucher les textes de lois? Mais s'il transforme notre chambre à coucher en officine à procès, moi qui suis nouvelle mariée je ferai désormais chambre à part et je coucherai toute seule. Et, s'il continue à s'extasier sur les affaires de tout le monde en ne négligeant que les nôtres, ce sera un autre avocat qui s'occupera de ma cause. Comprends-tu bien ce que je veux dire? Parfaitement sans doute, car ce que j'écris en quelques mots te permettra de comprendre ce que je ne dis pas. Réfléchis-moi bien à cela, ma petite bonne femme[1], toi qui ne peux que sympathiser avec une femme, même si j'ai honte de t'écrire fort clairement ce dont j'ai besoin, et tâche autant que possible de trouver un remède à mon chagrin. Il le faut, puisque tu as été bel et bien l'entremetteuse de mon mariage et que, d'ailleurs, tu es ma cousine; ne te contente pas de t'être affairée pour mon mariage à son début: il te faut, aujourd'hui également, le renflouer, quand il menace de sombrer. Je tiens le loup par les oreilles[2], mais je suis incapable de le retenir plus longtemps et je crains de le laisser partir[3]:

---

1. Cf. Héliodore, X,29,4.
2. Cf. D.A. Tsirimbas, Παροιμίαι, p. 43-44.
3. Cf. *Iliade*, XIII,775; Lucien, *Prométhée*, 4.

Γαμετὴ ῥήτορος ἀμιξίας αἰτιᾶται τὸν ἄνδρα.

γ'

Γλυκέρα Φιλίννῃ.

Οὐκ εὐτυχῶς, Φίλιννα, Στρεψιάδῃ τῷ σοφῷ ῥήτορι
συνεζύγην. Οὗτος γὰρ ἑκάστοτε παρὰ τὸν καιρὸν τῆς
εὐνῆς πόρρω τῶν νυκτῶν πλάττεται περὶ πραγμάτων σκο-
πεῖσθαι, καὶ ἃς ἐδιδάχθη δίκας τηνικαῦτα προφασίζεται
μελετᾶν, σχηματιζόμενος δὲ ὑπόκρισιν ἠρέμα τὼ χείλε   5
κινεῖ καὶ ἄττα δήπου πρὸς ἑαυτὸν ψιθυρίζει. Τί οὖν οὗτος
ἔγημε κόρην καὶ λίαν ἀκμάζουσαν, μηδὲν δεόμενος γυναικός; Ἢ ἵνα μοι τῶν πραγμάτων [μὴ] μεταδοίη καὶ νύκτωρ
αὐτῷ συνεπιζητήσω τοὺς νόμους; Ἀλλ' εἴγε δικῶν γυμ-
ναστήριον τὴν ἡμῶν ποιεῖται παστάδα, ἐγὼ καὶ νεόνυμ-   10
φος οὖσα ἀποκοιτήσω λοιπὸν καὶ καθευδήσω χωρίς. Κἂν
ἐπιμείνῃ πρὸς μὲν ἀλλότρια πράγματα κεχηνώς, μόνης δὲ
τῆς κοινῆς ὑποθέσεως ἀμελῶν, ἕτερος ῥήτωρ τῆς ἐμῆς
ἐπιμελήσεται δίκης. Ἆρα κατάδηλον ὃ βούλομαι λέγειν;
Πάντως δήπου, ἐπεὶ ταῦτα γράφω συντόμως ἐκ τούτων   15
συνιέναι καὶ τὰ λείποντα δυναμένῃ. Ταῦτά μοι νόει καλῶς, ὦ γύναιον δηλαδὴ συμπαθὲς γυναικί, κἂν αἰδουμένη
τὴν χρείαν οὐ μάλα σαφῶς ἐπιστέλλω, καὶ πειρῶ τὸ
λυποῦν εἰς δύναμιν θεραπεύειν. Σὲ γὰρ τὴν καλὴν προ-
μνήστριαν χρή, καὶ ἄλλως αὐτὴν ἐμὴν ἀνεψιὰν οὖσαν, μὴ   20
μόνον τὴν ἀρχὴν ἐσπουδακέναι τῷ γάμῳ, ἀλλὰ καὶ νῦν
αὐτὸν σαλεύοντα διορθοῦσθαι. Ἐγὼ γὰρ τὸν λύκον τῶν
ὤτων ἔχω, ὃν οὔτε κατέχειν ἐπὶ πολὺ δυνατόν, οὔτε μὴν

1 Φίλιννα edd.: φίλιννα V ‖ 3 πόρρω edd.: πόρω V ‖ 4 δίκας edd.
auctore Me: νίκας V ‖ 5 χεῖλε V et edd. ante Ab: χείλη Ab, χεῖρε Bo,
He, Ma, fortasse recte ‖ 6 τί edd. auctore Me: τίς V ‖ 8 ἢ ἵνα μοι τῶν
rescriptum in V ‖ 9 δικῶν edd. auctore Me: δοκῶν V ‖ 9-10 γυμνα-
στήριον rescriptum in V ‖ 13 ῥήτωρ edd.: ῥήτορ V ‖ 16 δυναμένῃ edd.
auctore Me: -μένη V ‖ 19 λυποῦν edd. auctore Me: λοιποῦν V ‖
20 αὐτὴν ἐμὴν ἀνεψιὰν V et edd. plerique: ἐμὴν αὐτανεψιὰν He, Ma.

chicaneur comme il est, je redoute qu'il ne me fasse un procès malgré mon innocence.

4. Celui qui patiente auprès d'une servante tant qu'elle n'est pas disponible.

Hermotimos à Aristarque.

Hier, dans la ruelle, je sifflotais, comme d'habitude, pour avertir Doris. Elle se pencha un court instant où elle se montra comme un astre étincelant[1] et doucement elle murmura: «J'ai entendu le signal, mon chéri, mais je n'ai pas le moyen de descendre. Mon maître est ici. Il n'est pas sorti pour me laisser l'occasion de te rencontrer, mon doux ami. Reste, attends-moi, je descendrai tout à l'heure et, pour compenser mon léger retard, je serai, pour toi, encore plus aimable. Patiente, au nom des dieux! Ne va pas, en te décourageant, renoncer à la soirée qui est là, près de nous! N'éteins pas la passion installée dans mon cœur, si tu veux faire brûler ma flamme encore plus vivement». En me rassurant ainsi, en me réconfortant de la sorte, en me criblant de ses paroles qu'elle lançait comme des flèches[2], elle me persuada de l'attendre, s'il le fallait, jusqu'au milieu de la nuit. Cependant elle descendit bientôt sous le prétexte plausible d'aller chercher de l'eau, en portant sa cruche sur son épaule gauche. Même dans cette attitude je la trouvais belle, comme si elle avait porté un collier d'or. Quant à sa chevelure, quelle splendeur! Quels jolis cheveux longs avait l'enfant[3]! Ils sont modérément relevés au-dessus des sourcils et flottent gracieusement sur sa

---

1. Cf. Sophocle, *Électre*, 66.
2. Cf. Platon, *Banquet*, 219 b.
3. Cf. Platon, *Euthyphron*, 2 b.

ἀκίνδυνον ἀφεῖναι, μή με δικορράφος ὢν ἀναίτιον αἰτιάσηται. 25

Ὁ τῇ δούλῃ προσκαρτερῶν τέως ἀσχολουμένῃ.

δ'

Ἑρμότιμος Ἀριστάρχῳ.

Χθὲς ἐν τῷ στενωπῷ τὸ σύνηθες ὑπεσύριττον τῇ Δωρίδι.
Ἡ δέ, ὑπερκύψασα μόλις, ὡς λαμπρὸν ἀνέτειλεν ἄστρον,
καὶ ἠρέμα φθεγγομένη φησίν· «Ἠισθόμην τοῦ συνθήματος, ὦ φιλότης, ἀλλὰ πρὸς τὴν κάθοδον ἀμηχανῶ. Οὑμὸς
πάρεστι δεσπότης. Οὐ καταβέβηκεν οὗτος, ἵνα σοι τυχόν, 5
γλυκύτατε, περιτύχω. Μεῖνον, ἀνάμεινον· καταβήσομαι
θᾶττον, καὶ τῆς βραχείας μελλήσεως ἕνεκα μειζόνως σε
θεραπεύσω. Καρτέρει, πρὸς θεῶν. Μὴ λίαν ἀθυμῶν τὴν
παροῦσαν ἀπείπῃς ἑσπέραν, μηδὲ λύπει τὸν ἐνοικοῦντά
μοι πόθον, ἵνα μὴ καὶ πυρωδεστέραν ὑφάψῃς τὴν φλό- 10
γα». Τούτοις παραθαρρύνουσα, τοιαῦτα ψυχαγωγοῦσα
καὶ ὥσπερ βέλη τοὺς λόγους ἀφεῖσα πέπεικεν, εἰ δέοι, καὶ
μέχρι μέσων ἀναμεῖναι νυκτῶν. Ὅμως ὑδροφορῆσαι πιθανῶς προφασισαμένη κατέβη ταχύ [ἐπ' αὐτόν], ἐπὶ λαιοῦ
τῶν ὤμων κομίζουσα τὴν κάλπην. Καί μοι καὶ οὕτως 15
ἀνεφάνη καλή, ὥσπερ εἰ χρυσοῦν τινα περιέκειτο κόσμον.
Ἡ δὲ κόμη, βαβαὶ τῆς ἀγλαΐας· ὡς τετανόθριξ ἡ παῖς.
Τῶν μὲν οὖν ὀφρύων ἐμμέτρως ἀνέσταλται, τοῦ δὲ αὐ-

---

5 πάρεστι Bo, He, Ma: παρέστη V et ceteri edd. ǁ σοι Bo, He, Ma: σε
V et ceteri edd. ǁ 6 ἀνάμεινον He, Ma: ἄ, μεῖνον Bo, μεῖνον, μεῖνον
Ab, ἄμεινον V et edd. ante Ab ǁ 7 μελλήσεως edd. auctore Me:
μελήσεως V ǁ 14 προφασισαμένη edd. auctore Me: -μένου V ǁ ἐπ'
αὐτόν delent He, Ma: alii alia coniecerunt in textu corrupto ǁ ἐπὶ λαιοῦ
Pa et edd. sequentes praeter He qui habet ἐπὶ τοῦ λ-: ἐπιλαζοῦ V et
edd. ante Pa ǁ 15 τῶν ὤμων Pa et edd. sequentes: τῶν ὤτων V et edd.
ante Pa ǁ κάλπην V et edd. ante He: κάλπιν He, Ma, fortasse recte.

nuque et ses épaules. Ses joues reflètent l'attrait de ses yeux: y poser un baiser est chose bien douce[1] mais difficile à exprimer. Et voici qu'elle me dit: «Tant que nous sommes ensemble, ne gaspillons pas la possibilité fugace que nous offre l'occasion». Aussi nous nous sommes enlacés dans la joie et nous avons fait la suite avec encore plus de passion[2]. Car pour les amoureux l'union des corps s'accomplit avec d'autant plus de plaisir et de jouissance qu'elle a été retardée par quelque obstacle.

5. Jeune fille éprise d'un joueur de cithare.

Parthénis à Harpédoné.

Bravo pour la voix, bravo pour la lyre! Quelle magnifique musique elles produisent ensemble et comme le chant s'harmonise bien avec le jeu des cordes! Concert des Muses et des Grâces, c'est la pure vérité! Avec le regard plein d'intelligence musicale et d'attention pour les mélodies[3], le jeune visage du chanteur, gracieusement tourné vers moi, charmait mon âme encore plus que les mélodies. Achille, que je connais grâce aux tableaux de ma maison[4], devait lui ressembler pour être vraiment beau: il devait chanter aussi bien pour être un musicien rival de Chirôn[a]. Puisse-t-il me désirer et puisse-je le voir répondre à mon amour! Ce que je dis là est bien audacieux. Qui, en effet, pourrait lui sembler jolie à moins de profiter d'un regard bienveillant de sa part[b]? Que son voisinage m'était doux, j'en atteste les Muses! Mais, en même temps, je ressentais de cruelles souffrances. Je pose la main sur mon cœur qui bat la chamade; il

1. Cf. Philostrate, *Images*, II,5,5.
2. Cf. Aristophane, *Plutus*, 57 (rapprochement douteux).
3. Cf. Philostrate, *Images*, I,21,2.
4. Cf. Achille Tatios, VI,1,3.

χένος ἐπιχαρίτως καθήπλωται καὶ τοῖν ὤμοιν. Αἱ δὲ
παρειαὶ τὸν ἀπὸ τῶν ὀμμάτων ἵμερον ὑποδέχονται, ὃν 20
φιλῆσαι μὲν ἥδιστον, ἀπαγγεῖλαι δὲ οὐ ῥάδιον. Ἔφη δ'
οὖν· «Ἕως ἀλλήλους ἔχομεν, μὴ παραναλώσωμεν ἣν
δίδωσιν ἡμῖν ὁ καιρὸς ὀξύρροπον ἐξουσίαν». Ἄσμενοι
τοίνυν περιπλακέντες ἀλλήλοις ἐρασμιώτερον τὰ ἐπὶ τούτοις ἐδρῶμεν. Ἡδίων γὰρ καὶ σφόδρα ποθεινὸς μετὰ δή 25
τινα συμβᾶσαν δυσκολίαν τοῖς ἐρῶσιν ὁ γάμος.

Παρθένος ἐρῶσα κιθαρῳδοῦ.

ε'
Παρθενὶς Ἀρπεδόνῃ.

Εὖγε τῆς φωνῆς, εὖγε τῆς λύρας. Ὡς ἄμφω μου-
σικώτατα συνηχεῖ, καὶ πρόσχορδος ἡ γλῶττα τοῖς κρού-
μασι. Μουσῶν τε καὶ Χαρίτων ἡ κρᾶσις, μάλα τοῦτο
ἀληθές. Πλῆρες δὲ μουσικῆς ἐννοίας τὸ βλέμμα καὶ δια-
σκέψεως τῶν μελῶν, τὸ δὲ πρόσωπον τοῦ νέου χαριέντως 5
ἀτενίζοντος εἰς ἐμὲ ὑπὲρ τὰ μέλη καταθέλγει μου τὴν
ψυχήν. Εἰ μὴ τοιοῦτος ἦν Ἀχιλλεύς, ὃν ἔμαθον ἐκ τῶν
οἰκοπινάκων, οὐκ ἦν ἄρα ὄντως καλός· εἰ μὴ τοιαῦτα
κεκιθάρικεν, οὐκ ἦν μουσικὸς τοῦ Χείρωνος ζηλωτής. Εἴθε ποθήσειεν ἐμὲ καὶ ἀντιφιλοῦντα θεάσομαι. Τολμηρὸν 10
ἔφην. Τίς γὰρ ἂν τούτῳ δόξειε καλή, εἰ μὴ φιλανθρώποις
αὐτὴν ὄμμασιν ἴδοι; Ὡς ἡδὺ τὸ γειτόνημα, νὴ τὰς
Μούσας. Ἀλλὰ πικρὰς ὀδύνας μεταξύ πως ἠσθόμην.
Πυκνὰ παλλομένης ἐφάπτομαι τῆς καρδίας, καὶ δεινῶς

---

19 ὤμοιν Ab et edd. sequentes: ὤτοιν V et edd. ante Ab.

Arg. κιθαρῳδοῦ edd.: κιθαρω· δοῦ V || Tit. Ἀρπεδόνῃ He, Ma: Ἀρ-
edd. ante He, ἀρ- V || 8 οἰκοπινάκων V et edd. ante He: οἴκοι πιν- He,
Ma fortasse recte || 9 Χείρωνος edd.: χείρονος V || 10 θεάσομαι V Ma
et edd. ante He: θεασαίμην He || 11 τούτῳ edd.: τοῦτο V.

me semble qu'il bondit terriblement[1] et qu'il s'enflamme. Tantôt ma tête s'appesantit sur mes genoux, tantôt s'incline sur mon épaule[2]. En contemplant le beau jeune homme j'ai honte, j'ai peur, je halète de plaisir[a]. Ô flamme pleine de douceur, pourquoi donc m'as-tu pénétrée? Que de chagrins j'endure sans savoir pourquoi je souffre! C'est en effet une douleur inexplicable qui me consume, ce sont des torrents de larmes incoercibles qui coulent sur mes joues. Ma pensée s'agite en mouvements divers: on dirait un rayon de soleil qui sautille autour des murs, reflété par l'eau versée dans une cuvette ou une bassine, et qui, en se portant deci-delà, reproduit la masse mouvante de l'eau[b]. Ou plutôt n'est-ce pas là ce qu'on appelle Amour? LA torche de l'Amour qui s'est glissée en moi m'a ruinée jusqu'aux entrailles. Pourquoi donc ce dieu porte-flambeau laisse-t-il celles qui lui sont familières pour s'attaquer à une fille qui ne le connaît pas et fait-il la guerre à une gamine toujours ignorante d'Aphrodite, qui reste encore consignée à la chambre, qu'on surveille encore de près et qui, sous bonne garde, peut à peine jeter un coup d'œil hors de la maison[c]? Heureuse la jeune fille qui vit sans soucis d'amour, ne s'occupant que de la quenouille! J'ai honte de ma passion, je cache mon mal, je crains de prendre une conseillère, car je n'ai guère confiance dans mes servantes. Oh terrible embarras qui m'oblige à marcher de long en large en agitant les mains lorsque j'y suis poussée par ma passion! Alors il ne m'est possible ni de l'apaiser, ni de l'oublier, même un instant. En effet, je l'ai toujours en face de moi, ce jeune et doux adversaire qui chante si agréablement, tandis que je ne suis même pas capable d'aboutir à une décision sur ce que je dois faire. Et comment le pourrais-je, malheureuse que je suis, puisqu'il s'agit d'examiner une question dont j'ignore la

1. Cf. Achille Tatios, V,27,1 (rapprochement douteux).
2. Cf. Philostrate, *Images*, I,18,3.

ἐκπηδᾷ καὶ φλέγεσθαί μοι δοκεῖ. Τοτὲ μὲν οὖν εἰς τὰ 15
γόνατα ἡ κεφαλὴ βρίθει, τοτὲ δὲ εἰς ὦμον ἐγκλίνει. Θεω-
ροῦσα δὲ τὸν καλὸν αἰδοῦμαι, φοβοῦμαι, ὑφ' ἡδονῆς
πνευστιῶ. Ὦ γλυκύτατον πῦρ, τί ποτε ἄρα μοι πεφοίτηκεν ἔνδον; Ὡς ἐγὼ θαμὰ ἀνιῶμαι, καὶ οὐκ οἶδα ἐφ' ᾧ
τοῦτό γε πάσχω. Ἐκβόσκεται γάρ μέ τις ἀνερμήνευτος 20
ὀδύνη, καὶ δακρύων ἀνεπίσχετοι πηγαὶ καταρρέουσι τῶν
παρειῶν. Ποικίλα τῆς διανοίας ὑπεκπηδᾷ μοι κινήματα,
καθάπερ αἴγλη τις ἡλίου πάλλεται συχνὰ περὶ τοῖχον ἐξ
ὕδατος ἀνταυγοῦσα κατὰ σκαφίδος ἢ λέβητος κεχυμένου
καὶ ἀστάτῳ φορᾷ τὴν εὐκίνητον συστροφὴν ἀπεικονίζεται 25
τῶν ὑδάτων. Ἤ τοῦτο μᾶλλον, ὅπερ φασίν, Ἔρως; Ἔρωτος
ὁ πυρσὸς καὶ μέχρι τοῦ ἥπατος διελήλυθεν εἰσρυείς. Καὶ
τί δὴ καταλιπὼν ἐκεῖνος ὁ δᾳδοῦχος θεὸς τὰς ἐπιτηδείας
αὐτῷ καὶ συνήθεις ἀμύητον βιάζεται κόρην, καὶ πολεμεῖ
παιδισκάριον ἄωρον Ἀφροδίτῃ, ἔτι θαλαμευόμενον, ἔτι 30
φρουρουμένην, καὶ μόλις ὑπὸ φύλαξιν ἔσθ' ὅπη προ-
κύπτουσαν τῆς οἰκίας; Εὐδαίμων παρθένος ἥτις ἄνευ
φροντίδων ἐρωτικῶν ζῇ, μόνης ἐπιμελὴς τῆς ταλασίας.
Αἰσχύνομαι τὸ πάθος, ἐγκαλύπτομαι τὴν νόσον, δέδοικα
σύμβουλον προσλαβέσθαι· ταῖς γὰρ ἐμαῖς θεραπαινίσιν οὐ 35
μάλα θαρρῶ. Ὦ τῆς ἀπορίας δι' ἣν περιπατῶ τρίβουσα
τὰς χεῖρας, ὅτε καὶ τὸ πάθος ἐπείγει. Καὶ οὔτε θεραπείαν
οὔτε λήθην αὐτοῦ βραχεῖαν ἔνεστί μοι λαμβάνειν. Κα-
τάντικρυς μὲν γὰρ ὁ νέος, ὁ γλυκὺς πολέμιος, ἥδιστα
μελῳδεῖ, ἐγὼ δὲ οὐδὲ βουλὴν πρὸς τὸ πρακτέον οἷά τέ εἰμι 40
παντελῶς ἐξευρεῖν. Πῶς γὰρ ἡ δειλαία, περὶ πράγματος
σκοπουμένη οὗ καὶ τὴν φύσιν ἠγνόηκα καὶ τοὺς τρόπους,

---

15 φλέγεσθαι Bo, He, Ma: φθέγγ- V et edd. ante Bo ‖ δοκεῖ Bo, He,
Ma: δοκᾶν εἶε edd. ante Ko, δοκᾶν εἶ V ‖ 18-19 πεφοίτηκεν Ko, Bo,
Ma: πεφίτυκεν He, πεφύτηκεν V et edd. ante Ko ‖ 29-30 πολεμεῖ
παιδισκάριον edd.: πολιμεῖ ταιδ- V ‖ 30 Ἀφροδίτῃ V et edd. ante He:
-δίτης He, Ma ‖ 33 φροντίδων edd.: φροτ- V ‖ ἐπιμελὴς edd. auctore
Me: ἐπιμενὴς V ‖ 36 θαρρῶ edd. auctore Me: θαρρῶν V.

nature et les manifestations, car je n'ai aucune science de l'amour, aucune des relations intimes[1]? Adieu la pudeur, adieu la sagesse[2], adieu aussi la retenue d'une virginité qui me pèse. Je pressens la volonté de la nature là où les lois n'ont rien à voir, semble-t-il. Pour un instant je vais ne plus rougir et peut-être guérirai-je mon âme de sa cruelle douleur. Quelle chance! Je viens d'éternuer pendant que je t'écrivais[3]. Est-ce que le jeune homme, mon cher souci[4], s'est souvenu de moi? Ah puissions-nous enfin jouir ensemble par nos corps tout entiers et non pas seulement par nos yeux! Toi donc, Harpédoné (car c'est exprès que, dans ma passion, je t'ai annoncé l'amer plaisir procuré par ces flèches), viens donc pour me conseiller là-dessus, en prétextant une quelconque affaire de chaîne ou de trame, ou toute autre question concernant particulièrement les femmes[5]. Porte-toi bien! Et, au nom d'Éros qui m'a enseigné à jurer d'abord par lui, considère comme un secret ce que je t'écris là.

6. Jeune homme supplanté auprès de sa maîtresse par un rival.

*** < à Phormion[1] >.

Parce qu'on t'aime tu exagères l'outrecuidance: tu es présomptueux, tu montres un sourcil arrogant[2], tu mar-

1. Cf. Platon, *Lettres*, VII,332 d (rapprochement douteux).
2. Cf. Apollonios de Rhodes, III,785-786.
3. Sur la valeur de l'éternuement dans la crédulité populaire chez les anciens et les modernes, cf. la note de Boissonade (éd.-trad., p. 656-658).
4. Cf. Héliodore, III,3,4.
5. Cf. Aristophane, *Nuées*, 143.

1. Dans le manuscrit manquent les noms du mandataire et du récipiendaire. Mais ce dernier est mentionné ligne 52.
2. Cf. Philostrate, *Lettres*, 38.

ἅτε ἀνομίλητος μὲν παιδείας ἐρωτικῆς, ἀνομίλητος δὲ
συνουσίας; Ἐρρέτω αἰδώς, ἐρρέτω σωφροσύνη, ἐρρέτω
καὶ τὸ σεμνὸν τῆς ὀδυνηρᾶς ἐμοὶ παρθενίας. Ὑπαισθάνο-   45
μαι τῆς φύσεως βουλομένης ᾗ νόμων ὡς ἔοικεν οὐδὲν
μέλει. Μικρὸν ἀπερυθριάσω καὶ τὴν ἐμὴν ἴσως ἐκ τῆς
περιωδυνίας ἀνακτῶμαι ψυχήν. Ἡδέως μάλα ἔπταρον
μεταξὺ γράφουσα. Ἆρα ὁ νέος, τοὐμὸν μέλημα, διεμνημό-
νευσέ μου; Εἴθε καὶ δι' ἑαυτῶν ἤδη, καὶ μὴ μόνων τῶν   50
ὀφθαλμῶν, ἀλλὰ καὶ δι' ὅλων ἀπολαύσομεν τῶν σωμάτων.
Σὺ τοίνυν, Ἁρπεδόνη — πρὸς σὲ γὰρ ἐξεπίτηδες, ὡς ἔχω
πάθους, ἀπήγγειλα τὴν ὑπόπικρον τῶν βελῶν ἡδονήν —,
ἧκέ μοι σύμβουλος περὶ τούτων, προφασισαμένη στήμονα
τυχὸν ἢ κρόκην ἢ γοῦν ἄλλο τι τῶν μάλιστα γυναιξὶν   55
ἀνηκόντων. Ἔρρωσο. Καὶ πρὸς τοῦ Ἔρωτος, ὃν ἐπόμνυσθαι πρῶτον μεμάθηκα παρ' αὐτοῦ, μυστήριά σοι ταῦτα
γεγράφθω.

Νέος ὑπ' ἀντεραστοῦ τῆς φίλης παρεκ⟨βεβλη-
μένος⟩.

ς'
*** ⟨Φορμίωνι⟩.

Ὡς ἐρώμενος αὐθαδέστερον ὑπεραίρῃ καὶ πεφρόνηκας
μέγα καὶ σοβαρώτερος γέγονας τὴν ὀφρύν, ἀεροβατεῖς δὲ

45-46 ὑπαισθάνομαι edd.: -νομε V ‖ 46 βουλομένης edd. auctore Me:
βολ- V ‖ 48 ἔπταρον edd. auctore Me: ἔπαρον V ‖ 51 σωμάτων V Ab
et edd. sequentes: ἀσ- legebant ante Ab in textu rescripto ‖
54 σύμβουλος edd. auctore Me: σύμβολος (rescriptum) V ‖ 56 τοῦ
Ἔρωτος (rescriptum) V ‖ ἐπόμνυσθαι edd.: ἐπώμνησθαι V ‖ 57 μυστήριά σοι (rescriptum) V ‖ 58 post γεγράφθω scripta sunt alia manu
in V 5 uel 6 uerba quae legi non possunt.

Arg. παρεκξεβλημένος edd. auctore Me: παρεκ (sic) V (post παρεκ
lacuna non notata in V, inde desunt nomina eorum qui epistolam et
scripsit et accepit sed Phormionis nomen addi potest e linea 7) ‖
1 ὑπεραίρῃ edd.: -ρης V.

ches dans les airs où t'emportent tes chimères et tu nous méprises, nous qui cheminons par terre[1]; comme fils d'une joueuse de flûte tu enfles les joues, et ce gonflement devient chez toi plus volumineux que le gonflement de ta mère. Pour quelle raison crois-tu que tu es aimé si facilement et rapidement? Ne serait-ce pas, merveilleux Phormion, parce que, selon toi, tu dois être aimé dès qu'on te voit? Qu'il en soit de même pour ta maîtresse: elle le mérite bien! Jouissez l'un de l'autre, comme c'est votre droit, le plus longtemps possible et qu'un bébé vous arrive ressemblant à son père[2]! Le sabre a donc trouvé une gaine digne de lui. Tu m'as vaincu en me volant ma maîtresse; quand tu passes tout exprès devant chez moi tu ne manques pas de marmonner en ricanant; tu prends même plaisir à te moquer de moi en t'esclaffant cruellement; tu agites les mains en faisant le vantard et tu es tout heureux de me railler. Tu éclates de rire bruyamment parce que tu m'as expulsé de force de chez ma maîtresse. Eh bien, je suis absolument ravi pour toi de t'avoir maintenant introduit chez elle et d'avoir subi une défaite plus réconfortante que ta victoire «à la Cadméenne», comme on dit[a]. Il est évident en effet que, dans les mauvaises querelles, le plus à plaindre est le vainqueur.

7. Au sujet d'une servante amoureuse de l'amant de sa patronne.

Terpsiôn à Polyclès.

Une servante encore vierge tomba amoureuse de l'amant de sa patronne, et c'est pendant qu'elle se trouvait au service du couple qu'elle sentit naître cet amour. Souvent donc elle les entendait échanger des propos

---

1. Cf. Philostrate, *Lettres*, 38.
2. Cf. Lucien, *Dialogues des courtisanes*, 14,4.

μετάρσιος ταῖς φαντασίαις καὶ ὑπερορᾷς ἡμῶν τῶν βα-
διζόντων χαμαί, καὶ ὡς αὐλητρίδος υἱὸς ἐξαίρεις τὰς
γνάθους, καὶ γίνεταί σοι μεῖζον τὸ φύσημα τοῦ φυσήμα-   5
τος τῆς μητρός. Πόθεν δὲ ποθεῖσθαι καὶ ῥᾳδίως ἐπείσθης
οὕτω ταχύ; Ἦ μᾶλλον, ὦ θαυμάσιε Φορμίων, ὡς ἀξιέρασ-
τον ἔχων τὴν ὄψιν; Τοιαύτην ἔχοι κἀκείνη ἀξία γε οὖσα.
Καὶ ὄναισθέ γε δικαίως ἀλλήλων ἐπὶ μήκιστον χρόνον καὶ
γένοιτο παιδίον ὑμῖν ὅμοιον τῷ πατρί. Εὗρεν οὖν ἡ   10
μάχαιρα κολεὸν ἄξιον ἑαυτῆς. Νενίκηκάς με τὴν ἐμὴν
ἐρωμένην λαβών, δι' ἐμοῦ τε παριὼν ἐξεπίτηδες οὐκ ἀγε-
λαστὶ τονθορύζεις, ἀλλ' ἡδέως ἐπεγγελᾷς ὑβριστήν τινα
γέλωτα, καὶ ἀλαζονευόμενος τὼ χεῖρε σοβεῖς καὶ χαίρων
ἐπιτωθάζεις ἐμοί. Μέγα δὲ καγχάζεις ὅτι με τῆς φίλης   15
ἐκβέβληκας κατὰ κράτος. Ἀλλ' ἔγωγέ σοι ἥδιστον ἐπι-
χαίρω ὅτι σε νῦν ἔνδον εἰσβέβληκα παρ' ἐκείνην καὶ ἧτταν
ὑπέστην ἐγὼ τῆς σῆς, φασίν, Καδμείας νίκης ἀμείνω.
Φανερὸν γὰρ ὡς ἐν πονηραῖς ἁμίλλαις ἀθλιώτερος ὁ
νικήσας.   20

Περὶ δούλης φιλούσης τὸν προσφθειρόμενον τῇ κεκτημένῃ.

ζ'
Τερψίων Πολυκλεῖ.

Θεράπαινά τις παρθένος τοῦ μοιχοῦ τῆς δεσποίνης
ἠράσθη· διακονουμένη γὰρ ἀμφοῖν τὰ δοκοῦντα, ταύτην
ἔλαχε τοῦ ἔρωτος ἀφορμήν. Πολλάκις οὖν αὐτῶν ἐρωτι-

6-7 καὶ ῥᾳδίως ἐπείσθης οὕτω ταχύ V et plerique edd.: οὕτω ταχὺ καὶ
ῥᾳδίως ἐπείσθης Ma, καρδιακῶς ἐπείσθης οὕτω ταχύ He ‖ 8 ἔχων
edd. auctore Me: ἔχον V ‖ 9 ὄναισθε edd. auctore Me: ὄνοισθε V ‖
16 ἐκβέβληκας κατὰ κράτος edd. auctore Pa: ἐκβέβληκατα κράτος V.

amoureux, car elle se tenait auprès d'eux pour monter la garde et pour voir si personne ne viendrait brusquement les surprendre. Sans doute même cette fille les aperçut-elle enlacés; par l'ouïe et par la vue Éros se glissait dans son âme avec son flambeau et ses flèches. La fillette déplorait son sort, car Éros lui-même est esclave de l'esclavage: elle n'avait pas la liberté de participer aux mêmes jouissances que sa patronne et n'avait que l'amour de commun avec sa maîtresse. Que fit donc la fille, car Éros ne la laissa pas dans l'embarras? Comme on l'avait envoyée chercher l'amant, elle dit à celui-ci simplement et sans aucune façon[1]: «Si tu veux, mon cher, que je t'aide et qu'à mon tour je te serve avec zèle… mais qu'est-ce que je dis là…? Amoureux comme tu l'es, tu as déjà compris mon désir de toi. Alors est-ce que tu me trouves jolie et, bien que je sois loin derrière toi pour la beauté, est-ce que je te plais[2]? Que dis-tu? Tu le feras tout de suite? Tu le feras, j'en suis sûre[3]!» Alors, aussitôt dit, aussitôt fait; le jeune homme fut tout heureux (car la fille était jolie et vierge) de satisfaire sans tarder sa demande: il s'empara des pommes encore vertes de sa poitrine, tout en jouissant de baisers bien sincères. Car les baisers des femmes sont fanés, ceux des courtisanes frelatés, ceux des vierges véridiques comme leurs sentiments. Il s'y mêle une douce moiteur et un cours ardent et rapide de la respiration. Le cœur est près de la bouche et l'âme près de ses portes: si l'on pose la main sur leur poitrine on observera qu'elle bondit.

Ainsi se comportaient les deux amoureux. Or la patronne survint traîtreusement pendant leurs ébats en s'approchant doucement, sans bruit et, dans une crise de jalousie, elle traîna par les cheveux la petite servante. Celle-ci en gémissant lui dit: «Je ne crois pas que le

---

1. Cf. Platon, *Banquet*, 218 c; *Lois*, IX,863 e.
2. Cf. Xénophon d'Éphèse, I,9,4.
3. Cf. Lucien, *Dialogues des courtisanes*, 6,4.

κῶς ὁμιλούντων ἀλλήλοις ἠκροᾶτο, πλησίον ὡς φύλαξ
παρισταμένη καὶ προορῶσα μή τις ἐξαίφνης ἀναφανείη
κατάσκοπος. Καί που καὶ συμπλεχθέντας αὐτοὺς εἶδεν ἡ
κόρη, καὶ δι' ἀκοῆς τε καὶ θέας ὤλισθεν Ἔρως ἐπὶ τὴν
ἐκείνης ψυχὴν αὐτῇ λαμπάδι καὶ τόξοις. Καὶ πρὸς τὴν
τύχην ἐσχετλίαζεν ἡ παιδίσκη, ὅτι δὴ καὶ αὐτὸς δεδούλω-
ται τῆς δουλείας ὁ Ἔρως· οὐ γὰρ εἶχε παρρησίαν τῶν
αὐτῶν μετασχεῖν τῇ δεσποίνῃ, ἀλλὰ μόνου τοῦ Ἔρωτος
ἐκοινώνει τῇ κεκτημένῃ. Τί οὖν ἡ κόρη; Οὐ γὰρ ἀμήχανον
αὐτὴν ἀφῆκεν ὁ Ἔρως. Ἀποσταλεῖσα προσκαλέσασθαι
τὸν μοιχὸν ἔφη πρὸς ἐκεῖνον ἁπλῶς, μηδὲν ποικίλλουσα·
«Εἰ βούλει, φίλτατε, ἐμὲ συμπράττειν καὶ διακονεῖσθαί
σοι πάλιν προθύμως — Ἀλλὰ τί σοι λέξω; Τὸν ἐμὸν ὡς
ἐρωτικὸς ἤδη νενόηκας πόθον. Ἆρα δοκῶ σοι καλὴ καὶ
μετὰ τὴν σὴν εὐμορφίαν ἀρέσκω σοι; Τί φής; Ποιήσεις
ἤδη; Ποιήσεις, οἶδα ἐγώ». Ὁ δ' οὖν νέος — καλὴ γὰρ ἦν
καὶ παρθένος — ἅμα ἔπος ἅμα ἔργον ἄσμενος αὐτίκα
μάλα τὴν αἴτησιν τῆς κόρης ἐπλήρου, περικρατῶν ὀμ-
φάκια τοῦ στέρνου τὰ μῆλα καὶ φιλημάτων ἀπολαύων
ἅμα γνησίων. Φιλήματα γὰρ ἕωλα μὲν τὰ τῶν γυναικῶν,
ἄπιστα δὲ τὰ τῶν ἑταιρῶν, ἀψευδῆ δὲ τὰ τῶν παρθένων,
ἐοικότα τοῖς σφετέροις ἤθεσι. Μέμικται δὲ ἀπαλῷ μὲν
ἱδρῶτι, θερμῷ δὲ καὶ πολλῷ τῷ τοῦ πνεύματος ῥεύματι, τὸ
δὲ ἄσθμα πυκνόν. Ἐγγὺς μὲν τοῦ στόματος ἡ καρδία, ἡ
δὲ ψυχὴ τῶν θυρῶν· εἰ δὲ τὴν χεῖρα τῷ στέρνῳ προσα-
γάγῃς, ὄψει τὸ πήδημα.

Ταῦτα μὲν οὖν ἐκεῖνοι· ἡ δὲ κεκτημένη πανούργως
ἐπέστη τοῖς τελουμένοις, ἠρέμα βαδίζουσα καὶ κτύπου
χωρίς, καὶ ζηλοτυποῦσα τὴν παιδίσκην τῆς κόμης ἐξεῖλ-
κεν. Ἡ δὲ στένουσά φησιν· «Μὴ γὰρ ἡ τύχη σὺν

---

8 αὐτῇ edd. auctore Me: αὕτη V ‖ 15 φίλτατε, ἐμὲ He, Ma: φίλτατ' ἐμὲ
Bo φίλτατέ με V et ceteri edd. ‖ 22 ἀπολαύων He, Ma auctore Pa:
ἀπέλαυον V et ceteri edd. ‖ 29 ὄψει Bo, He, Ma: ὄψῃ edd. ante Bo,
ὄψη V.

destin ait entraîné mon âme dans le même esclavage que mon corps. J'aime: c'est mon droit. Arrête-toi, au nom des dieux! Puisque tu aimes, tu ferais mieux de compatir à mon amour. Prends garde, patronne, de ne pas manquer à tes devoirs envers Éros, ton maître comme le mien[1], pour ne pas, inconsciemment, avoir à te reprocher tes propres désirs. Toi aussi tu es esclave de ce dieu; toi et moi nous tirons sous le même joug»[2]. Voilà les paroles de la gamine; quant à la patronne elle saisit la main droite du jeune homme et lui dit à l'oreille: «En bon Sicilien tu cueilles les raisins verts[a], Pédoclès, en vendangeant une fillette qui ne sait même pas donner un baiser. En effet une vierge non encore initiée au culte d'Aphrodite ne procure aucune jouissance quand on se donne l'un à l'autre et que l'on couche avec elle; elle ignore les caresses qu'on se fait au lit. Au contraire une femme telle que moi, possédant une expérience suffisante de tout ce qui concerne Aphrodite, satisfait pleinement son amant comme elle-même; en amour une femme est active, une vierge est passive. Tu le sais parfaitement, mais si aujourd'hui tu l'as oublié, eh bien, mon chéri, je vais avoir le très grand plaisir de te rappeler deux et même trois fois mes possibilités».

8. Un homme amoureux de sa belle-mère combat vigoureusement sa passion.

Théoclès à Hypéride.

J'étais épris d'Arignôté, une belle jeune fille. Ses parents me l'accordèrent comme femme légitime et le mariage était vraiment béni d'Aphrodite. Je jouissais d'une épouse que j'aimais; je considérais notre union

---

1. Cf. Platon, *Phèdre*, 265c; Achille Tatios, V,26,8.
2. Ce proverbe est attesté par Eustathe et Zénobios. Cf. D.A. Tsirimbas, Παροιμίαι, p. 31-32.

τῷ σώματι κατεδούλωσε τὴν ψυχήν. Ἐπιτεθύμηκα· ἔξεστι
γάρ. Παῦσαι, πρὸς θεῶν. Ὡς ἐρῶσαν δίκαιόν σε μᾶλ- 35
λον ὑπεραλγῆσαι ποθούσης. Μὴ τοίνυν ἀτιμάσῃς, ὦ δέσποινα, τὸν ἐμόν τε καὶ σὸν δεσπότην Ἔρωτα, ἵνα μὴ ταῖς
σαῖς ἐπιθυμίαις ὀνειδίζουσα λάθοις. Καὶ σὺ γὰρ ἐκείνῳ
δουλεύεις, κἀγώ τε καὶ σὺ τὸν αὐτὸν ἕλκομεν ζυγόν».
Ταῦτα μὲν ἡ παῖς, ἡ δὲ κεκτημένη πρὸς τὸν νέον λάθρα 40
φησίν, τῆς δεξιᾶς αὐτοῦ λαβομένη· «Σικελὸς ὀμφακίζει,
Πεδοκλῆς, παρατρυγῶν παιδισκάριον καὶ τοῦ φιλήματος
ἀμαθές. Παρθένος γάρ, ἅτε τῆς Ἀφροδίτης ἀμύητος ἔτι,
τὴν συνουσίαν ἀτερπής ἐστιν καὶ δύσκοιτος, ἀγνοοῦσα
τὴν ἐπὶ τῆς εὐνῆς κολακείαν. Γυνὴ δέ, οἷαπερ ἐγώ, τῶν 45
ἀφροδισίων ἱκανὴν ἔχουσα πεῖραν, ὁμοίως ἑαυτήν τε καὶ
τὸν ποθοῦντα λίαν εὐφραίνει, καὶ γυνὴ μὲν καταφιλεῖ,
παρθένος δὲ καταφιλεῖται. Καὶ τοῦτο μὲν ἔγνως· εἰ δὲ τὰ
νῦν ἐπιλέλησαι, δεῦρο, φίλτατε, κἀγώ σε ἥδιστα δίς τε
καὶ τρὶς τῶν ἐμῶν ἀναμνήσω». 50

Πενθερᾶς ἐραστὴς ἐγκρατῶς ἀπομάχεται πρὸς τὸν πόθον.

η′
Θεοκλῆς Ὑπερείδῃ.

Ἥρων τῆς Ἀριγνώτης, παρθένου καλῆς. Ταύτην μοι
νομίμως κατενεγγύησαν οἱ τεκόντες, καὶ ἦν ὄντως ἐπα-
φρόδιτος ὁ γάμος. Ἐρωμένης γὰρ ἀπέλαυον γαμετῆς, καὶ
τὴν συνάφειαν ἡγούμην βεβαίαν, γινώσκων ὡς ἀσφαλέστε-

34 τῷ σώματι edd. auctore Me: τὸ σῶμα V ‖ 38 σὺ γὰρ ἐκείνῳ edd.:
σοὶ γὰρ ἐκείνων V ‖ 39 ἕλκομεν edd.: ἔλ- V ‖ 42 Πεδοκλῆς (do
rescriptum) V et plerique edd.: Ἐμπεδόκλεις He, Ma ‖ 43 ἀμαθές edd.:
ἐμ- V ‖ 45 κολακείαν Κο, Βο, Ηe, Μa: -κίαν V et edd. ante Κο ‖
48 καταφιλεῖται edd.: -τε V.

Tit. Ὑπερείδῃ He, Ma: ὑπερίδῃ V et edd. ceteri ‖ 4-5 ἀσφαλέστερον
V et edd. ante He: -ρος He, Ma.

comme assurée, ayant la chance de savoir que la raison
d'un solide mariage réside dans l'amour. Mais le jaloux
Éros a changé l'objet de mon amour et c'est ma belle-
mère au lieu de mon épouse que j'aime. Que faire?
Comment m'expliquer sans honte à une femme que
j'aime, et de façon convenable à une femme qui est ma
belle-mère? Moi qui suis son gendre elle m'appelle affec-
tueusement «son enfant». Comment donc traiterai-je en
femme celle à qui j'ai dit souvent «mère»? Aussi, que je
réussisse ou non, dans les deux cas je suis malheureux[1].
Donc, vous les dieux, protégez-moi et détournez de moi
cette impiété. Puissé-je n'avoir plus aucun rapport avec
la fille et la mère!

9. Jeune homme redoutant que le parjure de sa maî-
tresse n'entraîne pour elle un malheur.

Dionysiodoros à Ampélis.

Sans doute tu penses que j'éprouve un terrible chagrin
de ce que tu m'as abandonné, moi qui t'aimais tant.
Mais, je le jure sur ton visage, c'est là pour moi un souci
mineur par rapport à un autre malheur beaucoup plus
important, c'est-à-dire de t'être parjurée si gravement,
avec toute la naïveté et l'inconscience de ta jeunesse.
Mais, en ce qui me concerne, je souhaite que tu n'aies
pas de comptes à rendre aux dieux, même si tu n'as
aucune affection pour celui qui t'aime, même si tu n'as
pas su tenir des engagements solennels. Cependant, je
crains (et, je dois le dire, tout en souhaitant le contraire)[1], que les dieux ne t'infligent une punition, et cela
me chagrine davantage que la perte de ton amitié. Je n'ai
pas eu de chance: voilà! Je ne t'incrimine absolument

---

1. Cf. Libanios, *Éthopées*, 26,2.

1. Cf. Lucien, *Timon*, 26, etc. (formule fréquente).

ρον καθίσταται γάμος ἐκ πόθου τινὸς τὴν πρόφασιν   5
εὐτυχήσας. Ἀλλὰ βάσκανος Ἔρως ἐνήλλαξέ μου τὸν
πόθον, καὶ τῆς πενθερᾶς ἀντ' ἐκείνης ἐρῶ. Τί οὖν πράξω;
Πῶς ἀναιδῶς πρὸς ἐρωμένην, πῶς ἐπιεικῶς πρὸς πενθερὰν
ἐκλαλήσω; Αὕτη με τὸν κηδεστὴν ἐξ εὐνοίας παῖδα καλεῖ.
Πῶς οὖν διαλέξομαι γυναικὶ ἣν πολλάκις μητέρα προσεῖ-   10
πον; Τοιγαροῦν, κἂν τύχω κἂν ἀποτύχω, διχόθεν ἐγὼ
δυστυχής· ὑμεῖς τοίνυν, ὦ θεοί, ἀποτρόπαιοί γε ὄντες τὸ
δυσσεβὲς τρέψετε. Θυγατρὶ καὶ τεκούσῃ μήποτε συμμι-
γείην.

Νέος πρὸς ἐπίορκον ἐρωμένην, δεδιὼς μή τι
πρὸς τῆς ἐπιορκίας ἐκείνη πείσεται χαλεπόν.

θ'

Διονυσιόδωρος Ἀμπελίδι.

Σὺ μὲν ἴσως οἴει βαρύνεσθαί με δεινῶς, ὅτι δή με
τοσοῦτον ἐρῶντα κατέλιπες. Ἐμοὶ δὲ τοῦτο, νὴ τὸ σὸν
πρόσωπον, βραχεῖα φροντὶς πρὸς ἕτερόν γε μεῖζον κακόν,
ἐπείπερ ὡς ἁπλουστάτη καὶ νέα περιφρονοῦσα τηλικοῦτον ὅρκον παρέβης. Ἀλλὰ τοὐμὸν μέρος ἀνυπεύθυνος εἴης   5
τοῖς ὁρκίοις θεοῖς, εἰ καὶ σὺ ποθοῦντα μὴ στέργεις, μηδὲ
συνθήκας ἔγνως ἐνωμότους φυλάττειν. Ἀλλ' ἔγωγε δέδοικα — εἰρήσεται γάρ, κἂν ἀπεύχωμαι — μή τινά σοι
ποινὴν ἀντεπαγάγωσιν οἱ θεοί. Καὶ ἀνιαρώτερον ἔσται μοι

6 ἀλλὰ V et edd. ante He: ἀλλ' ὁ He, Ma ‖ 8 ἀναιδῶς (correctum ex
ἀνεδῶς) V ‖ 11 κἂν ἀποτύχω bis in V sed primum expunctum ‖
13 τρέψετε V et edd. ante Ko: τρέψατε Ko, ἀποτρέψετε He, Ma.

Arg. πρὸς edd. auctore Me: πρὸ V ‖ Tit. Διονυσιόδωρος V et edd. ante
Bo: -σόδωρος Bo, He, Ma ‖ 2 τοῦτο V et edd. ante Ab: τούτου edd.
sequentes praeter Bo qui τοῦτο seruat ‖ 4-5 τηλικοῦτον He, Ma
auctore Me: τηλικῶς τὸν V, ἠλιθίως Ab, τηλίκος Bo ‖ 5 τοὐμὸν edd.
auctore Me: τοῦ μὲν V ‖ 9 ποινὴν edd.: πονὴν V.

pas. Aussi, ma chérie, je ne cesserai pas d'implorer Diké pour que jamais je ne la voie châtier ta faute et, même si tu récidivais, si tu y prenais plaisir, pour qu'elle la tolère à nouveau et pour qu'elle t'accorde le pardon qui convient à ta jeunesse. Quant à moi, je vais faire en sorte de supporter mon amour et de veiller à ce qu'il ne t'arrive rien de fâcheux. Adieu. Malgré tes offenses, je prie les divinités de se montrer clémentes. Qui donc, par Zeus, après avoir été offensé, pourrait t'écrire avec plus de bienveillance[1]?

10. Un peintre s'éprend du portrait qu'il avait fait d'une jeune fille[1].

Philopinax à Chromation.

J'ai fait le portrait d'une belle jeune fille et je suis tombé amoureux de ce portrait. C'est mon talent qui est la cause de ma passion, et non la flèche d'Aphrodite: c'est de ma propre main droite que je me transperce le cœur. Quel malheur que je n'aie pas été inhabile en peinture! Je ne me serais pas amouraché d'une image laide. Et aujourd'hui, d'autant plus on admire mon talent, d'autant plus on prend en pitié ma passion, car je ne saurais apparaître moins infortuné en amour que savant en art. Mais pourquoi me plaindre si fort et récriminer contre ma main? C'est par des tableaux que je connais Phèdre, Narcisse, Pasiphaé. La première n'avait pas toujours auprès d'elle le fils de l'Amazone, l'autre brûlait d'une passion absolument contre nature, quant au chasseur, s'il tendait la main vers la source, son bien-

2. Cf. Alciphron, IV,8,3-4.

1. Pour le sujet de cette lettre, cf. Philostrate, *Vies des sophistes*, II,18; Libanios, *Éthopées*, 27.

τοῦτο ἢ τῆς σῆς διαπεπτωκέναι φιλίας. Ἐμὸν ἀτύχημα 10
τοῦτο, σὲ δὲ τὸ παράπαν οὐ ψέγω. Τοιγαροῦν ἱκετεύων
ὑπὲρ σοῦ τὴν Δίκην οὔποτ' ἄν, ὦ φιλτάτη, παυσαίμην,
μηδαμῶς αὐτὴν εἰς τιμωρίαν τῶν ἡμαρτημένων ἰδεῖν, ἀλλὰ καὶ αὖθις ἀδικούσης, εἴ γέ σοι τοῦτο φίλον, ἀνέχεσθαι
πάλιν καὶ συγγνώμην ἀπονέμειν τῇ σῇ πρέπουσαν ἡλικίᾳ. 15
Ἀνεκτὸν γὰρ ἐμοὶ τὸν ἐμὸν ἔρωτα φέρειν καὶ μή σε
μοχθηρόν τι πεπονθυῖαν ὁρᾶν. Ἔρρωσο. Κἂν ἀδικῇς, οἱ
θεοὶ συγγνώμονες εἶεν. Τίς ἂν οὖν, πρὸς Διός, εὐφημότε-
ρον ἐπέστειλεν ἀδικούμενος;

Ζωγράφος εἰκόνος κόρης παρ' αὐτοῦ
γεγραμμένης ἐρῶν.

ι'
Φιλοπίναξ Χρωματίωνι.

Καλὴν γέγραφα κόρην καὶ τῆς ἐμῆς ἠράσθην γραφῆς.
Ἡ τέχνη τὸν πόθον, οὐκ Ἀφροδίτης τὸ βέλος· ἐκ τῆς ἐμῆς
ἐγὼ κατατοξεύομαι δεξιᾶς. Ὡς ἀτυχὴς οὐ γέγονα τὴν
γραφικὴν ἀφυής. Οὐ γὰρ αἰσχρᾶς εἰκόνος ἠράσθην. Νῦν
δὲ ὅσον μέ τις ἀποθαυμάζει τῆς τέχνης, τοσοῦτον κατοικ- 5
τείρει τοῦ πόθου· οὐ γὰρ ἂν ἧττον δόξαιμι κακοδαίμων
ἐραστὴς ἢ σοφὸς εἶναι τεχνίτης. Ἀλλὰ τί λίαν ὀδύρομαι
καὶ τὴν ἐμὴν καταμέμφομαι δεξιάν; Ἐκ τῶν πινάκων
ἐπίσταμαι Φαίδραν, Νάρκισσον, Πασιφάην. Τῇ μὲν οὐκ
ἀεὶ παρῆν ὁ τῆς Ἀμαζόνος, ἡ δὲ καθόλου παρὰ φύσιν 10
ἐπόθει, ὁ δὲ κυνηγέτης, εἰ τῇ πηγῇ προσῆξε τὴν χεῖρα,

10 ἀτύχημα V et ceteri edd.: τὸ ἀτ- He, Ma ‖ 13 ἰδεῖν V et plerique edd.: ἐλθεῖν He, Ma, οἰδεῖν Zanetto, *Koinonia*, XII, 1988, p. 154.

Tit. Χρωματίωνι edd.: χρωματίων V ‖ 3 οὐ V et ceteri edd.: ὃς οὐ He, Ma ‖ 11 προσῆξε Bo auctore Ab: προσῆγε He, Ma, προσῆψε V et edd. ante Ab.

aimé s'évanouissait en s'écoulant de ses doigts. La source représente Narcisse; le tableau représente et la source et Narcisse, comme assoiffé de sa beauté[2].

Quant à moi, tant que je veux j'ai auprès de moi ma bien-aimée, jeune fille de belle apparence, et, si je tends la main, elle se maintient avec une netteté parfaite et elle ne quitte pas sa forme naturelle. Elle sourit doucement, la bouche un peu entrouverte; on dirait qu'au bord de ses lèvres la parole est suspendue[2] et qu'elle va sortir de sa bouche[3]. Souvent même j'ai prêté l'oreille pour essayer d'entendre ce qu'elle voulait me chuchoter; mais, comme je n'obtenais pas de parole, je l'ai embrassée sur la bouche, sur les roses de ses joues, sur la grâce de ses paupières, et j'invite la fille à faire l'amour avec moi. Mais elle, comme une courtisane voulant exciter le désir de son partenaire, elle se tait. Je la pose sur le lit, je la prends dans mes bras, je me couche sur sa poitrine pour voir si par hasard je calmerais le feu qui brûle en moi, mais je ne fais que délirer pour cette peinture. Je comprends enfin ma folie et je manque de perdre la vie pour une maîtresse sans vie. Elle montre des lèvres paraissant mûres, mais n'offrant pas le fruit du baiser. À quoi bon une chevelure qui apparaît belle mais n'est pas une chevelure? Je pleure et je me lamente tandis que le portrait me regarde d'un air radieux. Puissiez-vous, enfants d'Aphrodite aux ailes d'or[4], me donner une semblable bonne amie, mais pleine de vie, afin qu'elle dépasse les créations artistiques et que je la voie plus forte que l'art, éclatante de beauté vivante et que, par un agréable rapport entre la nature et mon art, j'admire l'un et l'autre dans une parfaite harmonie!

1. Cf. Philostrate, *Images*, I,23,1 et I,23,5.
2. Cf. Achille Tatios, I,1,7.
3. Cette expression est fréquente chez Aristénète (cf. I,17 et II,20) et chez Lucien (cf. *Dialogues des courtisanes*, 7,3), comme le montre D.A. Tsirimbas, Παροιμίαι, p. 24-25.
4. C'est-à-dire les Amours.

διεκέχυτο ἂν ὁ ποθούμενος καὶ παρέρρει τῶν δακτύλων.
Ἡ μὲν γὰρ πηγὴ γράφει τὸν Νάρκισσον, ἡ δὲ γραφὴ καὶ
τὴν πηγὴν καὶ τὸν Νάρκισσον οἷον διψῶντα τοῦ κάλλους.

Ἐμοὶ δὲ ὅσον ἐθέλω πάρεστιν ἡ φιλτάτη, καὶ κόρη τὸ   15
φαινόμενον εὐπρεπής, κἂν τὴν χεῖρα προσάξω, ἀσύγχυ-
τος ἐπιμένει βεβαίως καὶ τῆς οἰκείας μορφῆς οὐκ ἐξίστα-
ται. Ἡδὺ προσγελᾷ καὶ μικρὸν ὑποκέχηνε, καὶ εἴποις ἂν
ὡς ἐπ' ἄκρων τῶν χειλῶν προκύπτει τις λόγος καὶ ὅσον
οὔπω τοῦ στόματος ἐκπηδᾷ. Ἐγὼ δὲ καὶ τὴν ἀκοὴν   20
προσεπέλασα πολλάκις ὠτακουστῶν τί ποτε ἄρα βούλεται ψιθυρίζειν· ἀποτυχὼν δὲ τοῦ λόγου πεφίληκα τὸ
στόμα, τῶν παρειῶν τὰς κάλυκας, τῶν βλεφάρων τὴν
χάριν, καὶ ὁμιλεῖν ἐρωτικῶς προτρέπω τὴν κόρην. Ἢ
δὲ καθάπερ ἑταίρα τὸν ἐραστὴν ὑποκνίζουσα σιωπᾷ.   25
Ἐπέθηκα τῇ κλίνῃ, ἠγκαλισάμην, ἐπιβέβληκα τῷ στήθει,
ἵνα τυχὸν τὸν ἔνδον ἔρωτα θεραπεύσῃ, καὶ πλέον ἐπι-
μέμηνα τῇ γραφῇ. Αἰσθάνομαι πάλιν τῆς παραπληξίας,
καὶ κινδυνεύω τὴν ἐμὴν προσαπολέσαι ψυχὴν δι' ἄψυχον
ἐρωμένην. Χείλη μὲν φαίνει ὡραῖα, ἀλλ' οὐκ ἀποδίδωσι   30
τὸν καρπὸν τοῦ φιλῆσαι. Τί δὲ ὄφελος κόμης καλῆς μὲν
φαινομένης, κόμης δὲ οὐκ οὔσης; Κἀγὼ μὲν δακρύω καὶ
ποτνιῶμαι, ἡ δὲ εἰκὼν φαιδρὸν ἀποβλέπει. Ἀλλ' εἴθε μοι
τοιαύτην ἔμψυχον, ὦ χρυσόπτεροι παῖδες Ἀφροδίτης,
δοίητε φίλην, ὅπως ἂν ἐκ τῶν τῆς τέχνης ἔργων ἴδω   35
κρείσσονα τέχνης, ὡραϊζομένην ἐν ζῶντι κάλλει, καὶ προσαρμόζων ἡδέως τῇ φύσει τὴν ἐμαυτοῦ τέχνην ἄμφω
θεάσωμαι συμφωνούσας ἀλλήλαις.

---

13 γραφὴ edd.: γαφὴ V ‖ Hic membranae scissuram inuenies in folio
52 numerato sed facta est priusquam scriptus fuisset codex noster;
itaque textus non laesus est ‖ 29 δι' ἄψυχον Bo, He, Ma auctore Ab:
διὰ τυχόν V et edd. ante Ab ‖ 35 δοίητε edd.: δότητε V ‖ 36 κρείσσονα
τέχνης edd.: κρεῖσσον ἀτέχνης V.

11. Jeune homme aimant également femme et maîtresse.

Apollogénès à Sôsias.

Je voudrais, si c'était possible, interroger tous les amoureux, un par un, pour savoir si l'un d'eux, en hésitant entre deux partis, ne s'est pas laissé entraîner par deux tentations à la fois. J'étais épris d'une courtisane et, pour me défaire de cette passion (du moins je le pensais), je me mariai avec une personne sérieuse. Or voici que je n'en suis pas moins attaché à cette prostituée et que l'amour pour mon épouse vient se superposer au premier; quand je suis avec l'une je n'oublie pas l'autre, dont je redessine l'image dans mon esprit. En somme je ressemble à un pilote en proie à deux vents qui se sont levés, l'un d'un côté, l'autre de l'autre, et qui se disputent le navire: ils poussent les flots en sens contraire et conduisent ce navire, qui est tout seul, dans deux directions à la fois[1]. Je fais donc des vœux pour qu'à l'instar des Amours qui vivent ensemble dans mon cœur, les deux femmes puissent cohabiter sans jalousie.

12. Un homme riche a épousé délibérément une fille sans fortune pour ne pas avoir à souffrir l'insolence d'une épouse riche.

Euboulidès à Hégésistratos.

Chez une femme acariâtre, même la pauvreté ne saurait adoucir le caractère et la rendre tant soit peu

---

1. Cf. Alcée, fragment 326 (Lobel-Page).

Νέος γαμετῆς τε καὶ φίλης ὁμοίως ἐρῶν.

ια'
Ἀπολλογένης Σωσίᾳ.

Ἐβουλόμην, εἴπερ οἷόν τε ἦν, τοὺς ἐρωτικοὺς ἅπαντας διερωτῆσαι καθ' ἕκαστον, εἴ τις αὐτῶν ἐπαμφοτερίζων ὑφ' ἕνα καιρὸν δυοῖν περιπέπτωκε φίλτροις. Ἐγὼ γὰρ ἑταίρας ἐρῶν πρὸς ἀπαλλαγὴν τοῦ πόθου — οὕτω γὰρ ᾤμην — συνεζύγην σώφρονι γαμετῇ. Καὶ νῦν τῆς τε   5
πόρνης οὐδὲν ἧττον ἐρῶ καὶ ὁ τῆς ὁμοζύγου προσετέθη μοι πόθος, καὶ θατέρᾳ συνὼν οὐκ ἀμνημονῶ τῆς ἑτέρας, τὴν εἰκόνα ταύτης ἐπὶ τῆς ψυχῆς ἀναπλάττων. Ἔοικα γοῦν κυβερνήτῃ ὑπὸ δυοῖν πνευμάτων ἀπειλημμένῳ, τοῦ μὲν ἔνθεν, τοῦ δὲ ἔνθεν ἑστηκότος καὶ περὶ τῆς νεὼς   10
μαχομένων, ἐπὶ τἀναντία μὲν τὴν θάλασσαν ὠθούντων, ἐπ' ἀμφότερα δὲ τὴν μίαν ναῦν ἐλαυνόντων. Ἀλλ' εἴθε, καθάπερ οἱ Ἔρωτες τῇ ἐμῇ συνομιλοῦντες ἐνδιαιτῶνται ψυχῇ, οὕτω ζηλοτυπίας χωρὶς αἱ γυναῖκες συνῴκουν ἀλλήλαις.   15

Εὔπορος πενιχρὰν αὐθαιρέτως γήμας, ἵνα μηδὲν ἀλαζονικὸν ἐκ πλουσίας ὑπομείνῃ.

ιβ'
Εὐβουλίδης Ἡγησιστράτῳ.

Δυστρόπου γυναικὸς οὐδὲ πενία δεδύνηται μᾶλλον ἐξημερῶσαι τὴν γνώμην οὐδὲ βραχὺ γοῦν αὐτὴν παρα-

3 περιπέπτωκε edd.: -κα V ‖ 9 ἀπειλημμένῳ Pa, Bo, He, Ma: ἀπειλημένῳ edd. ante Pa, ἀπειλημένω V ‖ 12 ναῦν edd.: ναῦ V.

Tit. Εὐβουλίδης Ἡγησιστράτῳ edd. auctore Me: εὐβολίδης ἐγισιστράτῳ V ‖ 2-3 παρασκευάσαι Ab et edd. sequentes: παρασκευᾶσθαι V et edd. ante Ab.

soumise à son mari. Ainsi j'avais fait exprès d'épouser une femme sans fortune afin de ne pas subir l'arrogance d'une épouse fortunée. Je l'aimai tout de suite, et d'abord par compassion pour son indigence. Je pensais agir par pitié pour sa situation, mais j'ignorais que semblable pitié est un commencement d'amour[1]. Souvent la passion naît de la pitié. Mais celle dont, à l'origine, la situation était totalement indigente dépassa, et de beaucoup, en orgueil et insolence, toutes les épouses riches. Par son caractère et son nom c'est bien une «Deinomaché»[2]; c'est tout juste si elle ne porte pas la main sur moi[a] et, en terrible maîtresse de maison, elle m'impose un pouvoir tyrannique, sans égard pour ma fortune, sans respect pour son mari. Voilà la dot de ma femme! Mais, par Zeus, j'y songe, elle m'a également apporté ceci qui est merveilleux: elle se complaît dans un luxe dispendieux, comme si elle avait hâte de me réduire à la pauvreté; aucun argent ne saurait lui suffire, pas même s'il coulait sur nous à pleins flots. Je lui ai montré le manteau que je porte; je lui déclare, comme on fait dans la comédie: «Femme, tu fais un tissu trop serré»[b], mais elle ne tient jamais compte de mes paroles et, ce qui me chagrine le plus, moi qui l'aimais, c'est le dédain d'une femme stupide. Voilà l'embarras où m'a conduit mon malheur, et je ne vois qu'un moyen d'en sortir: chasser de la maison cette sauvage en l'envoyant au diable[c] avant qu'il ne m'arrive quelque chose de plus fâcheux. Car, tout naturellement, les femmes se montrent d'autant plus agressives que leur mari les laisse faire. Que cette sale bête déguerpisse! Que ce soit décidé et exécuté: aucune hésitation! Le cas de cette femme est très clair: «Quand l'ours est là», comme on dit, je n'ai pas à chercher ses traces[d].

---

1. Cf. Achille Tatios, III,14,3.
2. Nom choisi à dessein par Aristénète parce qu'il convient au personnage: il est formé de δεινός «terrible» et de μάχη «bataille».

σκευάσαι τοῦ ἀνδρὸς κατήκοον εἶναι. Ἐγὼ γὰρ πενιχρὰν
ἐξεπίτηδες ἠγαγόμην ὅπως εὐπόρου γαμετῆς μηδὲν ὑποστήσομαι σοβαρόν. Καὶ ἤρων αὐτῆς αὐτίκα, τὸ πρῶτον τῆς
ἀπορίας αὐτὴν ἐποικτείρων. Καὶ τῆς τύχης ἐνόμιζον
αὐτὴν ἐλεεῖν, οὐκ ᾔδειν δὲ ὅτι τοιοῦτος ἔλεος ἔρωτός ἐστιν
ἀρχή. Ἐκ γὰρ ἐλέου τὰ πολλὰ φύεται πόθος. Ἀλλ' ἡ
τοσοῦτον ἐξ ἀρχῆς τὴν τύχην ἐνδεὴς πάσης ὁμοζύγου
πλουσίας φρύαγμα καὶ τῦφον πολλῷ τῷ μέσῳ παρῆλθεν.
Ἔστι δὲ καὶ τὸν τρόπον καὶ τοὔνομα Δεινομάχη, καὶ τὼ
χεῖρε μόγις ἀπέχεται, καὶ ὥσπερ δέσποινα δεινὴ κεκρά-
τηκέ μου πικρῶς, οὔτε γοῦν ὡς εὔπορον τιμῶσα, οὔτε μὴν
ὡς σύνοικον αἰδουμένη. Ταῦτά μοι τῆς γαμετῆς ἐστιν ἡ
προίξ. Ναὶ μὰ Δία — ὑπεμνήσθην γάρ — θαυμαστὸν
ἐπηνέγκατό μοι κἀκεῖνο· ἐπεντρυφᾷ πολυτελῶς, καθάπερ
ἐπειγομένη πένητά με καταστῆσαι ταχύ· οὐδεὶς γὰρ ἐξαρ-
κεῖ πλοῦτος αὐτῇ, οὐδ' ἂν ἐκ ποταμῶν ἐπιρρέῃ. Ἐγὼ δὲ
θοιμάτιον αὐτῇ δεικνὺς ὅπερ ἂν τύχω φορῶν, κωμικῶς τὴν
ἄσωτον ὑπαινίττομαι φάσκων· «Ὦ γύναι, λίαν σπαθᾷς».
Ἀλλ' οὐδεπώποτε τῶν ἐμῶν πεφρόντικε λόγων, ὀδυνᾷ δέ
με τὸν ἀγαπῶντα μάλιστα ἀναισθήτου γυναικὸς ἀτιμία.
Τοσοῦτόν ἐστιν δύσχρηστον τὸ κακόν, καὶ πέρας ἓν μόνον
ἐμοὶ τούτου δοκεῖ, τὴν βάρβαρον ἐς κόρακας ἐκπέμψασθαι
τῆς οἰκίας πρίν τι σκαιότερον ὑπομείνω. Φύσει γὰρ αἱ
γυναῖκες, ἐπὰν τούτων οἱ συνοικοῦντες ἀνέχωνται, βαρύτε-
ρον ἐπεμβαίνουσιν. Ἀπίτω τοίνυν ἡ θηριώδης. Ἔστω,
δεδόχθω, οὐδὲν ἀμφιβάλλω. Κατάδηλος ἡ γυνή· ἄρκτου
παρούσης, φασίν, οὐκ ἐπιζητήσω τὰ ἴχνη.

4-5 ὑποστήσομαι V et edd. ante He: -σωμαι He, Ma ‖ 5 ἤρων edd.:
ἤρων V ‖ 8 πόθος edd.: πόθω V ‖ 9 τοσοῦτον He, Ma: τούτων V et
plerique edd., πάντων Pa ‖ 21-22 δέ με edd. plerique auctore Pa: με δὲ
V ‖ 22 τὸν edd. auctore Me: τῶν V ‖ 24 ἐκπέμψασθαι edd. auctore Me:
-θε V ‖ 25 σκαιότερον edd. auctore Me: σκεότερον V ‖ 26 ἐπὰν edd.
auctore Me: ἅπαν V ‖ 27 ἔστω edd. auctore Me: ἔστιν V ‖ 28 ἄρκτου
correctum ex ἄρκου V ‖ 29 φασίν edd. auctore Me: φησίν V.

13. Défense d'une courtisane auprès de son amant fâché contre elle.

Chélidonion à Philonidès.

Tu as tort de t'irriter, mon chéri, tort de penser que j'en aime un autre après toi. Aussi puisse Aphrodite m'être favorable! Depuis que tu nous as quittés pour l'étranger, j'ai tout le temps préservé notre amour d'une manière absolument irréprochable. Et pourtant tu m'as quittée pendant que je dormais pour t'envoler vers Mégare; à mon réveil, je m'écriai à part moi: «Ce n'est pas Philonidès, mais Thésée!»[1]. Tu es parti en m'abandonnant pendant mon sommeil. Toutes les femmes vont m'appeler Ariane[a]: tu es pour moi Thésée et Dionysos[b]. Est-ce que les oreilles ne te sonnaient pas lorsque je pleurais en songeant à toi[c]? Si tu savais que je suis restée sans dormir et que j'ai placé entre mes seins ta lettre, surtout parce qu'elle était écrite de ta main, tout en essayant d'apaiser mon cœur qui battait la chamade pour toi, alors tu te préparerais à me donner mille baisers. Je sais, je sais comment tu as pu, tout naturellement, commettre ton erreur. En tant que courtisane, qui fréquente les jeunes gens pour en tirer profit, je fais semblant d'aimer mes partenaires pour attiser leurs désirs. Afin de ne pas t'importuner trop souvent je suis forcée de recevoir quelque chose d'un autre. Et toi tu m'en fais reproche, en refusant d'admettre la comédie que je joue! Non, je t'en prie, je t'en supplie: j'inonde ma lettre de larmes[d]! Il est vrai que je suis fautive; je le reconnais, si tu veux bien écouter une fille qui reconnaît tout simplement sa faute. Fixe la punition qui te plaira, pourvu que ce ne soit pas la rupture de notre amitié. C'est le seul genre de châtiment que je ne peux supporter, non, je le jure par ton carquois dont la flèche me

1. Cf. Théocrite, *Idylles*, II (Les magiciennes), 45-60; Alciphron, IV,19,10.

Ἑταίρας ἀπολογία πρὸς ὑποκνιζόμενον φίλον.

ιγ΄

Χελιδόνιον Φιλωνίδῃ.

Μάτην ὑποκνίζῃ, γλυκύτατε, μάτην ᾠήθης με ποθεῖν
ἕτερον μετὰ σέ. Οὕτως ἵλεως εἴη μοι Ἀφροδίτη. Ὅσον
ἡμῶν ἐκδεδήμηκας χρόνον, τὸν ἔρωτα βεβαίως ἀνεπίλησ-
τον διετήρουν ἀεί. Καίτοι με καθεύδουσαν ἀφεὶς Μέγαράδε προσέπτης· ἐγὼ δ' ἀφυπνισθεῖσα πρὸς ἐμαυτὴν   5
ἐβόων τοῦτο· «Οὐκ ἔστι Φιλωνίδης, ἀλλὰ Θησεύς».
Κοιμωμένην καταλιπὼν ᾤχου. Ἀριάδνην με πᾶσαι κα-
λοῦσι· σὺ δὲ Θησεὺς ἐμοὶ καὶ Διόνυσος. Οὐκ ἐβόμβει σοι
τὰ ὦτα, ὅτε σοῦ μετὰ δακρύων ἐμεμνήμην; Εἰ μέντοι
εἰδείης ὅτι καὶ νυκτηγετοῦσα διεμνημόνευον, καὶ σὴν   10
ἐπιστολὴν ὡς αὐτοχειρίᾳ μάλιστα γεγραμμένην μέσην
ὑπέθηκα τοῖς μαστοῖς, τὴν ἐπὶ σοὶ διεκπηδῶσαν παραμυθουμένη καρδίαν, ἐντεῦθεν ἂν ἤδη χίλια παρεσκευάζου
φιλήματα. Οἶδα, οἶδα πόθεν εἰκότως τὴν ἀπάτην ὑπέστης.
Ὡς ἑταίρα διὰ κέρδος ὁμιλοῦσα τοῖς νέοις, ὑποκρίνομαι   15
τῶν συνόντων ἐρᾶν, ὅπως ἂν μείζονα τούτοις ἐρεθίσω τὸν
πόθον. Ἵνα γὰρ μὴ πολλάκις σοι διενοχλῶ, παρ' ἑτέρου
τι λαβεῖν ἀνάγκη. Σὺ δέ μοι καταμέμφῃ, τὴν ὑπόκρισιν
ἀγνοήσας. Μὴ σύγε, δέομαι καὶ ἱκετεύω, καὶ κατασπένδω
δάκρυα τῶν γραμμάτων. Ὅμως ἥμαρτον, ὁμολογῶ, εἴ σοι   20
φίλον ἁπλῶς ὁμολογούσης ἀκοῦσαι. Καὶ ἢν βούλει δίκην
ἐπίθες, πλὴν τοῦ διαλῦσαι τὴν ἡμετέραν φιλίαν. Τοῦτον
γὰρ μόνον οὐ φέρω τῆς τιμωρίας τρόπον, οὐ μὰ τὴν σὴν
φαρέτραν, ἐξ ἧς ἥδιστά με τοξεύεις. Φυλάξομαι δὲ τοῦ
λοιποῦ ἵνα σε μηδὲν ἀνιάσω· οὐκέτι γάρ σε ὡς ἐμόν, ἀλλὰ   25

Tit. Χελιδόνιον edd. auctore Me: Χελιδόνιον V ‖ Φιλωνίδῃ edd.
auctore Me: Φιλονίδι V ‖ 4-5 ἀφεὶς Μέγαράδε edd. auctore Me: ἀφεὶς
με γὰρ ἄδε V ‖ 8 σὺ δὲ V: εἴης δὲ Zanetto, Koinonia, XII, 1988,
p. 156 ‖ σοι edd. auctore Me: μοι V.

transperce délicieusement. Je veillerai désormais à ne pas te faire de peine. Car je t'aime, cher Philonidès, non comme mon bien mais comme moi-même. Je t'écris cela, je le jure par les Amours, au milieu des sanglots et des larmes, et gémissant à chaque mot de ma lettre.

14. Appel à l'amitié.

Mélitta à Nicocharitès.

Si Éros n'avait promptement écarté de nous la jalousie et si Aphrodite, jolie mère d'un enfant joli, ne s'était pas rapidement montrée notre commune protectrice, un combat sans trêve et une querelle sans merci nous auraient à jamais séparés l'un de l'autre. C'est à tort que se réjouissaient les jaloux de notre amitié, et leur complot a manqué son but. Aussi, mon bien-aimé, je le jure par notre cher Éros[1] qui veille sur notre amitié, hier, en entrant dans ta petite chambre au pas de course, je me mis à pleurer de joie, à couvrir de baisers sans fin notre alcôve amoureuse; j'en touchais les parois, puis je baisais mes doigts, folle de joie et souriant doucement. En même temps, prise d'un doute, je me disais à moi-même: «Suis-je éveillée, ou bien les fantasmes des rêves égarent-ils mon esprit?» Sous la force du désir un certain doute m'envahissait. Mais toi, dès que tu aperçus ta petite Mélitta, comme pour signifier que c'était là un spectacle dont tu avais été longtemps privé, tu as dressé le doigt joyeusement et tu as été heureux de le faire tourner comme il fallait. Donc toute ma reconnaissance aux dieux pour avoir ressuscité notre amour. Bien mieux, j'y

----

1. Cf. Platon, *Alcibiade*, I,109 d.

καὶ ὡς ἐμαυτήν, ὦ Φιλωνίδη, φιλῶ. Ταῦτα γέγραφα, νὴ
τοὺς Ἔρωτας, ἀσθμαίνουσα καὶ δεδακρυμένη ⟨καὶ⟩ καθ'
ἕκαστον ὧν ἐπέστελλον ἀναστενάζουσα.

Φιλίας ἀνάκλησις.

ιδ'
Μέλιττα Νικοχαρίτῃ.

Εἰ μὴ τὴν καθ' ἡμῶν βασκανίαν ταχὺς ἀπεσόβησεν
Ἔρως καὶ Ἀφροδίτη θᾶττον ἀμφοτέροις ἀλεξίκακος ἀνεφάνη, καλοῦ παιδὸς καλὴ μήτηρ, μέχρι παντὸς ἂν ἡμᾶς
ἐχώριζον ἀπ' ἀλλήλων ἄσπονδος μάχη καὶ ἀδιάλλακτος
ἔρις. Μάτην ἐπέχαιρον οἱ βασκαίνοντες ἡμῖν τῆς φιλίας   5
καὶ εἰς κενὸν αὐτοῖς ἀπέβη τῆς ἐπιβουλῆς ὁ σκοπός.
Ὅθεν, ὦ φίλτατε, μὰ τὸν φίλιον Ἔρωτα τὸν ἐμόν τε καὶ
σόν, χθὲς ἐπὶ τὸ σὸν δωμάτιον εἰσιοῦσα θᾶττον ἢ βάδην
ἔκλαον ὑφ' ἡδονῆς, κατησπαζόμην τε ἀπλήστως τὸν
ἀφροδίσιον οἶκον, καὶ τῶν τοίχων ἐφαπτομένη τοὺς δακ-   10
τύλους ἐφίλουν ὑπερχαίρουσα καὶ μειδιῶσα γλυκύ. Μεταξὺ δέ πως προσαπιστοῦσα, πρὸς ἐμαυτὴν ἔφασκον·
«Ἆρα ἐγρήγορα, ἢ πλανῶσί με τῶν ὀνειράτων εἰκόνες;».
Ὑπὸ τοῦ σφόδρα γὰρ ἐπιθυμεῖν ἐλάμβανέ με τις ἀπιστία.
Σὺ δέ, ὡς τὸ σὸν ἑώρακας Μελισσάριον, ὥσπερ εἰς σύμβο-   15
λον χρονίου θεάματος μεθ' ἡδονῆς τὸν δάκτυλον ἀνα-
τείνας, ἀσμένως αὐτὸν περιέστρεφες ἠθικῶς. Πολλὴ οὖν
χάρις τοῖς φιλίοις θεοῖς, ὅτι δὴ πάλιν ἡμῖν ἀνανεοῦνται
τὸν πόθον. Μᾶλλον δὲ νῦν χαριεστέρου καὶ μείζονος

27 καὶ addunt Bo, He, Ma.

Tit. Νικοχαρίτῃ V, Bo et edd. plerique: -χάρητι Pa, He, Ma ‖ 3 ἡμᾶς
edd. auctore Me: ὑμᾶς V ‖ 4 ἀδιάλλακτος edd. auctore Me: δι- V ‖
14 ὑπὸ Ab et edd. sequentes: ὑπὲρ V et edd. ante Ab ‖ 15 τὸ edd.
auctore Me: τὸν V.

trouve aujourd'hui plus de charme et de force. Car
toujours, entre amoureux, les caresses semblent plus
douces lorsqu'elles suivent une fâcherie.

**15. Une femme mariée et une veuve sont amies et
s'éprennent, l'une de l'esclave de la veuve, l'autre du
mari de la première.**

Chrysis à Myrriné.

Nous connaissons, ma très chère, la passion de l'une
et de l'autre. Tu es éprise de mon mari, et moi j'aime
ardemment ton domestique. Que faut-il faire? Comment
chacune de nous trouvera-t-elle le moyen d'avoir remède à son amour? J'ai prié Aphrodite, sache-le bien, de
me suggérer l'idée de ce remède et la déesse en cachette
m'a inspiré le plan que je te propose, Myrriné, de réaliser
ainsi. Ton domestique, qui est mon maître pour l'amour,
fais semblant, fais donc semblant de le chasser de chez
toi en te mettant en colère contre lui et en le frappant;
mais, au nom des dieux, vas-y doucement et règle tes
coups de fouet à la mesure de la passion que j'éprouve.
Donc ton domestique, le bel Euctètos, s'enfuira tout
droit chez moi, l'amie de sa patronne, et moi je fais
partir immédiatement mon mari chez toi, comme pour
supplier la maîtresse de maison en faveur de son esclave,
et je le mets ainsi à la porte, en ayant l'air de le prier. De
cette façon, chacune ayant reçu son bien-aimé, ne se
privera pas, sous la conduite d'Éros, de profiter à loisir
et en toute sécurité de l'occasion qui lui est offerte. Eh

αἰσθάνομαι τούτου. Ἀεὶ γάρ πως ἡδίους αἱ τῶν ἐρώντων   20
μεθ' ὕβριν κολακεῖαι δοκοῦσιν.

Γαμετὴ καὶ χήρα γεγόνασι φίλαι καὶ ποθοῦσιν,
ἡ μὲν τῆς χήρας τὸν δοῦλον, ἡ δὲ τῆς ἑτέρας τὸν
ἄνδρα.

ιε'
Χρυσὶς Μυρρίνῃ.

Τοὺς ἀλλήλων, ὦ φιλτάτη, συνεπιστάμεθα πόθους. Σὺ
μὲν τὸν ἐμὸν ἄνδρα ποθεῖς, ἐγὼ δὲ τοῦ σοῦ θεράποντος ἐκθύμως ἐρῶ. Τί οὖν πρακτέον; Πῶς ἂν εὐμηχάνως
ἑκάστη τὸν ἑαυτῆς ἔρωτα θεραπεύσῃ; Ἐδεήθην ⟨τῆς Ἀφρο-
δίτης⟩, εὖ ἴσθι, τῆς θεραπείας τὴν ἔννοιαν ἐμβαλεῖν,   5
καὶ ταύτην ἐξ ἀφανοῦς ἡ δαίμων προσέπνευσέ μοι τὴν
γνώμην ἣν οὕτω πράττειν παρεγγυῶ σοι, Μυρρίνη. Τὸν
σὸν μὲν οἰκέτην, ἐμὸν δὲ δεσπότην ἐρωτικόν, δόκει, δόκει
οὖν θυμουμένη ἅμα καὶ τύπτουσα τῆς οἰκίας ἐκπέμπειν,
ἀλλὰ πρὸς θεῶν πεφεισμένως καὶ τῷ παρόντι μοι πόθῳ τὴν   10
μάστιγα συμμετροῦσα. Ὁ δ' οὖν οἰκέτης, Εὔκτητος ὁ
καλός, πάντως ἅτε πρὸς φίλην τῆς κεκτημένης φεύξεται
παρ' ἐμέ, κἀγὼ τὸν ἄνδρα ὡς ὑπὲρ τοῦ θεράποντος τὴν
δέσποιναν ἱκετεύσοντα τὴν ταχίστην ἐξαποστέλλω πρὸς
σέ, οἷον μετὰ δεήσεως αὐτὸν ἐξωθοῦσα. Τοῦτον δὴ τὸν   15
τρόπον ἑκατέρα τὸν ἑαυτῆς δεξαμένη ἐρώμενον οὐκ ἀμε-
λήσει, τοῦ Ἔρωτος ὑφηγουμένου, ἐπὶ σχολῆς ἅμα καὶ
ῥᾳστώνης χρήσασθαι τῷ παραπεπτωκότι καιρῷ. Ἀλλ' ἐπὶ

20 ἐρώντων edd. auctore Me: ἐρώτων V.

Tit. Χρυσὶς edd. auctore Me: χρυσφς V ‖ Μυρρίνη He, Ma: Μυρίνη
V et edd. ante He ‖ 4-5 τῆς Ἀφροδίτης addunt He, Ma: iam addiderat
θεῶν uel θεοῦ Pa ‖ 7 Μυρρίνη He, Ma: Μυρίνη V et edd. ante He ‖
9 οἰκίας edd. auctore Me: οἰκείας V ‖ 11 Εὔκτητος (τη e correctione)
V et plerique edd.: Εὔκτιτος He, Ma.

bien, jouis le plus longtemps possible de ton désir dans
la communauté du lit et prolonge ainsi pour moi les joies
de l'amour. Porte-toi bien et cesse-moi de te lamenter sur
la mort prématurée de ton époux, puisque tu as la
chance d'avoir à sa place mon mari pour amant.

16. Une prostituée à un jeune homme qui en aime une autre.

Myrtalé à Pamphilos.

Moi qui t'adore, tu me méprises; alors que je t'aime tu
ne trouves en moi qu'un plaisir secondaire, inférieur, et
souvent tu passes devant notre maison comme si tu ne
l'avais jamais vue[1]. Tu fais le flambard vis-à-vis de moi,
Pamphilos, et tu as raison puisque je n'ai pas fermé la
porte lorsque tu es venu, en répondant: «Il y a quelqu'un»; au contraire je t'ai reçu sans hésiter. Sinon je
t'aurais vu brûlant d'amour et furieusement passionné.
Je t'ai gâté en te témoignant trop de tendresse et en le
laissant voir[2]. Vous devenez méprisants dès que vous
sentez qu'on vous aime.

Thaïs est bien la seule à qui tu t'intéresses, et c'est bien
naturel. Elle est belle, en effet, du moment qu'on la
désire. Tu la poursuis du moment qu'elle te fuit du plus
loin. Vous ne recherchez que les choses difficiles et,
lorsqu'après avoir beaucoup donné et prié en vain ta
belle, tu renonces, alors tu viens me chercher pour te
tirer d'affaire. Et cependant Thaïs ne vaut pas plus de
quatre sous, elle qu'on estime à bien davantage. Aussi
est-ce moi, la prostituée, qui m'accuse de mes malheurs.
Souvent, en effet, après avoir juré de rompre cette
absurde liaison, dès que je te revoyais, aussitôt je me
précipitais vers toi comme une folle, ayant totalement
oublié mes serments, je te faisais fête de tout mon cœur,

1. Cf. Alciphron, IV,7,1.
2. Cf. Lucien, *Dialogues des courtisanes*, 12,1; 12,2.

μήκιστον ἐμφοροῦ τῆς ἐπιθυμίας τῇ συγκοιμήσει, καί μοι
συνεπεκτείνουσα τῶν ἀφροδισίων τὴν τέρψιν. Ἔρρωσο, 20
καὶ πέπαυσό μοι θρηνοῦσα τοῦ συζύγου τὴν ἄωρον τελευ-
τήν, φίλον ἀντ' ἐκείνου τὸν ἐμὸν σύνοικον εὐτυχοῦσα.

Πόρνη πρὸς νέον ἄλλην αὐτῆς προκρίνοντα φίλην.

ις'

Μυρτάλη Παμφίλῳ.

Ἐμὲ ποθοῦσαν περιφρονεῖς καὶ περὶ ἐλαχίστου ποιῇ,
ἐμὲ τὴν ἐρῶσαν ὑστέραν ἔχεις καὶ πάρεδρον ἡδονήν, καὶ
πολλάκις τὴν ἡμετέραν οἰκίαν ὡς οὐδὲ ἰδών ποτε πα-
ρέρχῃ. Θρύπτῃ, Πάμφιλε, πρὸς ἐμέ, καὶ καλῶς, ὅτι μὴ
ἀπέκλεισα ἐλθόντα, «Ἔνδον ἕτερος» εἰποῦσα, ἀλλ' εἰσε- 5
δεχόμην ἀπροφασίστως. Τότε δ' ἂν σε καιόμενον εἶδον
καὶ ἀντιμεμηνότα. Ἐγὼ διέφθειρά σε ὑπεραγαπῶσα καὶ
τοῦτο διεμφανίζουσα. Ὑπερόπται γὰρ αἰσθόμενοι γί-
γεσθε.

Μία μόνη δικαίως ἐσπούδασταί σοι Θαΐς· καλὴ γὰρ ὅτι 10
ποθεῖται. Ἐκείνην διώκεις ὅτι σε πόρρωθεν ἀποφεύγει.
Τῶν γὰρ μὴ ῥᾳδίων ἐφίεσθε, καὶ ὅτε πολλὰ διδοὺς μάτην
ἱκετεύων τὴν σὴν ἀποκάμῃς, ἐμὲ λοιπὸν τὴν ἐξ ἀπορίας
ἐπιζητεῖς. Καίτοι γε τεττάρων ὀβολῶν ἀξία Θαΐς, ἡ πάνυ
πολλοῦ. Ἐγὼ τοίνυν ἡ λαικὰς τῶν κακῶν ἐμαυτὴν αἰτιῶ- 15
μαι. Πολλάκις γὰρ ἐπομωσαμένη τὴν ἄτοπον ταύτην
διαλῦσαι φιλίαν, ἡνίκα σε πάλιν ἑώρων, αὐτίκα μανικῶς
προσεπήδων, καθάπαξ ἐπιλελησμένη τῶν ὅρκων, καὶ λίαν

19 συγκοιμήσει edd.: -μίσει V.

1 τὴν post ἐμὲ addunt He, Ma ‖ 5 ἐλθόντα edd. plerique auctore Me:
ἐθέλοντα V.

je t'embrassais tendrement, je te prenais bien fort dans mes bras et j'abandonnais mes seins à tes caresses. Tu crois donc que tu me trouveras toujours obéissante et soumise à tous tes caprices? Mais pour moi, j'en atteste les Amours... — tu l'apprendras par expérience! Pourquoi faut-il exprimer un serment inutile, puisque je suis capable de rester fidèle à mes actes et de me montrer déterminée dans mes résolutions? Porte-toi bien! Et, au nom des seins et des baisers de Thaïs, cesse de m'ennuyer encore!

17. Un amoureux persévérant même à l'égard d'une honnête femme.

Épiménide à Arignôté.

Tes remontrances, chère dame, sont celles d'une brave femme et tes paroles d'une très honnête personne. En effet tu m'as dit: «Jusqu'à quand, mon petit jeune homme, vas-tu insister, sans perdre une occasion? Je suis mariée; ne gâche pas ma vie pour rien. Va-t'en; poursuis ton chemin avant que mon mari ne te surprenne et qu'à cause de moi un jeune homme comme toi ne perde la vie». Mais si tu peux me donner des conseils de la sorte, c'est que, d'après tes paroles, tu n'as jamais aimé et tu n'as jamais vu un amoureux. En tout cas tes propos témoignent de beaucoup d'inexpérience[1]. Un amoureux ne connaît pas la discrétion, même s'il doit subir des rebuffades; il ne connaît pas la crainte, même s'il risque la mort. Naviguer contre vents et marées, peu lui importe. Voilà comment on honore Aphrodite, plutôt qu'avec de l'encens et des sacrifices. Évite donc les discours que tu tenais: ce ne sont que des balivernes et de pures niaiseries. Aussi, en amoureux intrépide que je suis, n'ayant peur de rien, j'imiterai le courage des Spartiates. Chez

1. Cf. Ménandre, *Atrabilaire*, 341-346.

ἐκκεχυμένως ἠγάπων, ἐφίλουν τε ἡδέως, καὶ σφοδρῶς
ἄγαν ἐπελάμβανον ταῖς ἀγκάλαις καὶ τιτθολαβεῖν ἐπέτρε-   20
πον. Σὺ μὲν οὖν οἴει με τὸν αὐτὸν ἀεὶ τρόπον ἕξειν ὡς
εὐπειθῆ καὶ ἑτοιμότατα προκειμένην; Ἀλλ' ἔγωγε, μὰ
τοὺς Ἔρωτας — μαθήσῃ δὲ τῇ πείρᾳ. Καὶ τί χρή με περιττὸν ὑποτελέσαι τὸν ὅρκον, παρὸν τοῖς ἔργοις ἐμαυτὴν
ἐμπεδῶσαι καὶ περὶ τῶν δοκούντων ἀποδεῖξαι βεβαίαν;   25
Ἔρρωσο. Καὶ πρὸς τῶν Θαΐδος μαστῶν καὶ φιλημάτων,
μηδὲ αὕτως παρενόχλει.

Μοιχὸς ἐπίμονος καὶ πρὸς σώφρονα.

ιζ'
Ἐπιμενίδης Ἀριγνώτῃ.

Φιλανθρώπως, ὦ γύναι, παραγγέλλεις, καὶ φειδομένης
ἄγαν ὁ λόγος. Ἔφης γάρ· «Μέχρι τίνος, ὦ μειράκιον,
παραμένεις, μηδένα διαλεῖπον καιρόν; Σύνοικον ἔχω· μὴ
μάτην τὸν ἐμὸν ῥύπαινε βίον. Ἄπιθι, τὴν σὴν ὁδὸν δια-
νύον, πρὶν ὑπ' ἐκείνου φωραθῇς καὶ δι' ἐμὲ τοιοῦτος   5
τεθνήξεται νεανίας». Ἀλλ' εἰ τοιαῦτά μοι παραινεῖς,
οὐπώποτε ἠράσθης ἀφ' ὧν λέγεις, οὐδὲ κατεῖδες ἐρῶντα.
Σφόδρα γοῦν ἀπειρότερον διαλέγῃ. Οὐκ ἔστιν αἰδήμων
ἐραστής, κἂν προπηλακιζόμενος τύχῃ, οὐδὲ δειλός, κἂν
δέοι τεθνάναι. Πρὸς κῦμα, πρὸς πνεῦμα πλεῖν οὐδὲν αὐτῷ   10
διαφέρει. Τούτοις μᾶλλον τιμᾶται Ἀφροδίτη ἢ λιβανωτῷ
καὶ θυσίαις. Ἐκείνων οὖν ἀπόσχου τῶν λόγων· λῆροι γάρ
εἰσι καὶ φλήναφοι παντελῶς. Ἐγὼ τοίνυν ἐρωτικὸς ἀνέκ-
πληκτος, μηδὲν ὀρρωδῶν, τὴν ἀνδρείαν μιμήσομαι τῶν

21 ἀεὶ He, Ma: δὴ V et edd. ante He ‖ 24 ὑποτελέσαι V et plerique
edd.: ἀπ- He, Ma ‖ 27 αὕτως Ab: αὐτὸς V, ἔτι He, αὖθίς με Ma.

5 φωραθῇς edd.: φορ- V ‖ 14 ἀνδρείαν He, Ma: ἀνδρίαν V et edd. ante
He.

eux les mères déclaraient à leurs enfants (et chez moi mon cœur me rend encore plus pressante l'exhortation): «Avec ou sur ceci»[1]. En raison de ta beauté je choisis allègrement ou l'union ou la tombe. Que les dés en tombant marquent aujourd'hui ou trois fois six ou trois[2]. Cependant, toi la plus belle des femmes, ne t'imagine pas que ma lettre soit l'œuvre de ma seule main ou simplement de ma bouche: tu serais très loin de la vérité. Ce que je t'écris est le témoignage d'un cœur aimant et qui par ces mots a pu exprimer la passion qu'il éprouve.

18. A propos d'un entremetteur qui simule la magie pour berner un amoureux.

Mantithéos à Aglaophôn.

Une femme du nom de Thelxinoé, pour se donner l'air d'une personne sérieuse, abaissait sa mantille sur ses yeux et de cette manière réussissait à jeter par dessous un regard furtif, mystifiant ainsi les jeunes gens qui ne se doutaient de rien[a]. Le loup ressemble au chien, l'animal le plus féroce à l'animal le plus doux[b]. Pamphilos avait, je ne sais comment, saisi son regard et, dès qu'il la vit, en tomba subitement amoureux. Il reçut par ses yeux l'émanation de cette beauté, en fut amoureux enflammé[c] et il s'agitait comme un bœuf piqué des taons. Mais il hésitait à déclarer sa passion, craignant de choquer cette apparente pruderie. La femme comprit l'intention du garçon, car elle avait de la question une longue expérience[d].

---

1. Allusion à la légende de la mère spartiate confiant un bouclier à son fils qui se rend au combat et lui disant laconiquement: «Ou tu le rapporteras ou tu resteras mort couché sur lui». Cf. D.A. Tsirimbas, Παροιμίαι, p. 56.
2. C'est-à-dire «ou bien complètement vainqueur» (trois fois six), «ou bien complètement vaincu» (trois fois un). Allusion au jeu de dés (κύζοι). Cf. D.A. Tsirimbas, Παροιμίαι, p. 30-31.

Λακώνων. Παρ᾽ ἐκείνοις γὰρ αἱ μητέρες πρὸς τοὺς παῖδας   15
ἔφασκον, ἐμοὶ δὲ παρακελεύεται κάλλιον ἡ ψυχή· «Ἢ
ταύτην ἢ ἐπὶ ταύτη». Καὶ διὰ σὸν κάλλος ἢ γάμον
ἀσμένως ἢ τάφον αἱροῦμαι. Ἔστωσαν ἢ τρὶς ἓξ ἢ τρεῖς
κύϐοι νῦν οἱ πεπτωκότες. Μὴ τοίνυν, ὦ καλλίστη γυναικῶν, ὑπολάϐῃς τὰ γεγραμμένα μόνης χειρὸς εἶναι καὶ   20
γλώττης ἁπλῶς· ἁμαρτήσῃ γὰρ τῆς ἀληθείας πολύ.
Ἔλεγχός ἐστιν ταῦτα ψυχῆς ἐρώσης κἀκείνη διὰ τούτων
τὸ συμϐὰν κατεμήνυσε πάθος.

Περὶ προαγωγοῦ πρὸς ἐραστὴν μαγγανείαν πλασαμένου.

ιη´
Μαντίθεος Ἀγλαοφῶντι.

Γυνὴ τοὔνομα Θελξινόη, προσχήματι σώφρονος ἐπὶ
τοὺς ὀφθαλμοὺς καθέλκουσα τὴν ἀμπεχόνην, κἀκεῖθεν
κομιδῇ στενὸν ὑποϐλέπουσα, ἐλάνθανε κακοτεχνοῦσα τοὺς
νέους. Καὶ γὰρ κυνὶ προσέοικε λύκος, ἀγριώτατος ἡμερω-
τάτῳ. Ταύτης ὁ Πάμφιλος, οὐκ οἶδα ὅπως, πολυπραγμο-   5
νήσας τὸ βλέμμα, ἐκ πρώτης θέας ἠράσθη ταχύ. Δεξάμε-
νος γὰρ τοῦ κάλλους τὴν ἀπορροὴν διὰ τῶν ὀμμάτων
ἐρωτικῶς διεθερμάνθη, καὶ ὥσπερ βοῦς μυωπισθεὶς ἐτα-
ράττετο. Ὤκνει δὲ τὸν πόθον δηλῶσαι, τὴν ἐμφαινομένην
σεμνότητα δεδιώς. Συνῆκε τοῦ μειρακίου τὴν ὑπόνοιαν ἡ   10
γυνὴ ὡς πολλὴν ἔχουσα τοῦ πράγματος ἐμπειρίαν. Ὁ

16 ἔφασκον edd. plerique auctore Me: φάσκων V ‖ 17 ταύτῃ edd. ante
He: ταύτη V, ταύτης He, Ma ‖ σὸν V et edd. ante He: τὸ σὸν He, Ma ‖
18 τρεῖς edd. auctore Me: τρίς V.

Arg. πλασαμένου edd. auctore Me: -νην V ‖ 4 κυνὶ edd. auctore Sa:
κυνιῶν V ‖ 7 ἀπορροὴν edd. auctore Pa: ἀπορρυὴν V ‖ 11 post
ἐμπειρίαν monuit Me aliquid deesse in V sed nulla sunt lacunae signa.

L'homme alla trouver l'amoureux, non comme entremetteur, mais comme spécialiste en magie. Après maintes charlataneries il lui annonça qu'il était le seul à pouvoir asservir par des moyens surnaturels cette femme au jeune homme. Il commença par exiger de lui bon nombre de pièces d'or, puis, avec des paroles mystérieuses, il amena la femme aux pieds du soupirant, comme il s'était vanté de le faire en lui désignant celle qui s'avançait vers lui. Celle-ci, pour soutenir cette comédie, commença par dîner avec lui tout en restant voilée, ce qui était à demi convenable; elle ne goûta qu'un peu aux mets servis dans la vaisselle d'argent, mais pour ceux de la vaisselle d'or elle les dévora presque[1]. Ensuite elle reconnaissait finalement qu'elle était aussi éprise que lui, que c'était alors le premier amour qu'elle ressentait, et ses agissements imitaient parfaitement ceux d'une femme amoureuse. Souvent elle pleurait auprès du garçon, tantôt déplorant sa passion, tantôt se lamentant amèrement sur l'honneur qu'elle avait perdu; et le Crétois paraissait ignorer la mer[a]! Quant à l'individu, il traça quelques signes cabalistiques et à chaque fois s'extasiait de sa réussite, en levant la main pour marquer sa victoire inattendue. Ces manœuvres se renouvelèrent deux, trois fois, et même plus souvent. Finalement, lorsqu'ils eurent dépouillé de ses biens le malheureux amoureux et l'eurent laissé plus nu qu'un clou[b], ils l'abandonnèrent dans la plus extrême indigence[c], sans plus s'occuper de lui. Notre amoureux, que sa passion rendait fou de douleur, supplia le magicien de soumettre à nouveau la femme à ses sortilèges[d], car, toujours victime de la supercherie, il pensait que les choses devaient encore se passer ainsi. Mais l'autre lui dit: «Mon cher, dans ce genre d'affaire

---

1. Tout ce passage depuis «Celle-ci, pour soutenir» est obscur: Boissonade et Hercher suspectent quelque lacune.

γὰρ ἄνθρωπος, οὐχ ὡς προαγωγὸς τῷ ποθοῦντι προσῆλ-
θεν, ἀλλά τις εἶναι τῶν περιέργων ἐδόκει. Καὶ πολλὰ
τερατευσάμενος ἐπηγγείλατο μόνος αὐτὴν δαιμονίως κα-
ταδουλῶσαι τῷ νέῳ. Καὶ χρυσοῦς αὐτὸν πρότερον εἰσπρα-   15
ξάμενος οὐκ ὀλίγους ὑπὸ τὼ πόδε τοῦ ποθοῦντος ἤγαγεν
ἀρρήτῳ λόγῳ τὴν ἄνθρωπον, ὥσπερ αὐτὸς ὑποδεικνὺς τὴν
γυναῖκα προσιοῦσαν ἐνεανιεύετο λέγων. Ἡ δέ, τὴν ὑπόκρισιν αὐτοῦ πιστουμένη, τὸ μὲν πρῶτον οἷον ὑπόσεμνος
συνεδείπνησεν ἐγκεκαλυμμένη, καὶ σμικρὸν τῶν ἀργυ-   20
ρίδων ἀπεγεύετο, μέχρι καὶ αὐτὰς καταπέπωκε τὰς χρυ-
σίδας. Ἔπειτα τέως ἀντερᾶν ὡμολόγει νῦν πρῶτον ἔρωτος
πειρασθεῖσα, καὶ ἦν πάντα μιμηλῶς ἐρώσης τὰ δρώμενα
παρ' ἐκείνης. Καὶ πολλάκις παρεδάκρυε τῷ μειρακίῳ, νῦν
μὲν ἀποστένουσα τὸν πόθον, νῦν δὲ πικρῶς ὀλοφυρομένη   25
ἣν ἐζημίωται σωφροσύνην, καὶ ὁ Κρὴς ἐδόκει τὴν θάλατ-
ταν ἀγνοεῖν. Ὁ δὲ σχηματισάμενος μαγγανείαν παρ'
ἕκαστον ἑαυτὸν ἀπεθαύμαζεν, εἰς σύμβολον παραδόξου
νίκης ἀνατείνων τὴν χεῖρα. Ταῦτα μὲν οὖν γέγονε δίς τε
καὶ τρὶς καὶ σφόδρα πολλάκις. Ὡς δὲ λοιπὸν τὸν ἀθλίως   30
ἐρώμενον ἐψίλωσαν τῶν χρημάτων καὶ κατέστησαν πατ-
τάλου γυμνότερον, ἀπέλιπον αὐτὸν ἐν πενίᾳ δήπου μυρίᾳ,
καὶ περιπεφρονήκασι παντελῶς. Ὁ μὲν οὖν ἐραστής,
περιώδυνος ἐκ τοῦ πόθου, τὸν φιλτροποιὸν ἱκέτευε πάλιν
κατ' ἐκείνης ἀνακινῆσαι τὰς ἴυγγας· ἔτι γὰρ οὕτως ἡγεῖτο   35
κεκρατημένος τῇ χλεύῃ. Ὁ δέ φησιν· «Ὦ τάν, εἴς γε τὰ

---

13 περιέργων edd. auctore Sa: περὶ ἔργων V ‖ 14 ἐπηγγείλατο edd.
auctore Sa: ἐπιγγ- V ‖ μόνος plerique edd.: μόνως V ‖ 15 πρότερον edd.: προπρότερον V ‖ 17 τὴν edd. auctore Me: τῶν V ‖
18 ἐνεανιεύετο edd. auctore Me: ἐνενεανι- V ‖ 19 αὐτοῦ Le, Ma:
τούτου Ab, τοῦ V, Bo, He ‖ πιστουμένη Me qui delet τοῦ et plerique
edd.: -μένου V («locus corruptus et, ut uidetur, lacunosus», dixit Bo) ‖
21 καταπέπωκε edd. auctore Me: -πέπτ- V ‖ 23 δρώμενα edd. auctore
Me: δρώμαια V ‖ 33 περιπεφρονήκασι edd. auctore Me: πεφρ- V ‖
34 φιλτροποιὸν edd.: φλτρ- V ‖ 35 ἴυγγας edd. auctore Me: ἴγγας V.

notre art ne dure qu'un temps; d'ailleurs tu en as
suffisamment profité». Sur cette escroquerie, les deux
complices se séparèrent du jeune homme, l'une ayant
joué l'air d'une honnête femme, l'autre, comme un
acteur sur scène, ayant pris le rôle d'un magicien, réci-
tant des invocations à certaines divinités, marmonnant
des appels imaginaires et balbutiant d'horribles tirades
de charlataneries mensongères. Alors, tout tremblant lui-
même, il engageait le garçon, qui se trouvait près de lui,
à n'éprouver aucune crainte.

19. Femme qui prépare sa petite servante à lui servir d'entremetteuse.

Archiloque à Terpandre.

Vois, par Zeus, comment une femme pousse doucement sa domestique à devenir son entremetteuse. Elle lui
dit: «Ou bien j'ai eu quelque apparition durant mon
sommeil, ma chère petite, comme cela m'arrive, ou bien
j'ai entendu devant ma porte de jeunes fêtards qui me
donnaient une sérénade, tard dans la nuit. Non, ce
n'était pas un rêve, mais une réalité[1]. Les rues sont de
libre accès. Il est permis à chacun de s'amuser, de rire et
de chanter. Par les Muses, ils chantaient agréablement,
faisant entendre une douce musique, à l'égal des Sirènes[2]». — «C'est la vérité, dit la fillette, tu as bien
entendu, chère patronne, il y a un jeune homme, aux
cheveux bouclés et à la barbe naissante, qui te désire
depuis longtemps; il se nomme Hippothalès, sa beauté
suffisant à le faire reconnaître[3]. Souvent il m'a parlé de

---

1. L'expression se trouve fréquemment dans les textes littéraires. Cf.
Odyssée, XIX,547; XX,90 et les autres références de l'éd. Mazal.
2. La fable des Sirènes était célèbre dans l'antiquité depuis Homère
(*Odyssée*, XII,154-200). Ces divinités attiraient par leur chant mélodieux les navigateurs imprudents et les mettaient à mort. Cf. les
références de l'éd. Mazal et D.A. Tsirimbas, Παροιμίαι, p. 11-12.
3. Cf. Philostrate, *Images*, II,9,2.

τοιαῦτα πρόσκαιρος ἡμῶν ἐστιν ἡ τέχνη, ἄλλως τε καὶ
ἀπολέλαυκας ἱκανῶς». Τούτοις ἀμφότεροι φενακίσαντες
τὸν νέον ἀπῆλθον, ἡ μὲν πλασαμένη σώφρονος ἤθη, ὁ δέ,
καθάπερ ἐπὶ σκηνῆς, ὑποκρινάμενος τῶν περιέργων τὸ   40
σχῆμα καὶ δαιμόνων προσηγορίας συνείρων πλασματώ-
δεις τέ τινας ὑποφθεγγόμενος ἐπικλήσεις καὶ ψιθυρίζων
ἀπατηλῶν γοητευμάτων λόγους φρικώδεις. Ἔνθα δῆθεν
αὐτὸς ὑποτρέμων παρεστῶτι πλησίον μὴ δεδιέναι παρεκε-
λεύετο τῷ μειρακίῳ.   45

Γυνὴ προπαρασκευάζουσα προαγωγὸν αὐτῇ τὴν
θεραπαινίδα γενέσθαι.

ιθ΄
Ἀρχίλοχος Τερπάνδρῳ.

Ὅρα, πρὸς Διός, ὅπως γυνή τις ἠρέμα προτρέπει
μαστροπὸν αὐτῆς γενέσθαι τὴν δούλην. Ἔφη γάρ· «Ἡ
φαντασίαν εἶδον, ὦ παιδίσκη, καθ᾽ ὕπνον, οἷα φιλεῖ, ἢ
πρὸ θυρῶν ἀκήκοα νέων κωμαστῶν ὑπὲρ ἐμοῦ ⟨ἀγωνι-
ζο⟩μένων ἀωρὶ νύκτωρ. Οὐκ ὄναρ, ἀλλ᾽ ὕπαρ. Ἐλεύθεροι   5
γὰρ οἱ στενωποί. Παίζειν καὶ γελᾶν καὶ ᾄδειν τῷ θέλοντι
ἔξεστιν. Νὴ τὰς Μούσας, εὐστόμως ᾖδον, ἴσα καὶ Σειρῆνες
γλυκεῖαν ἀφιέντες φωνήν». — «Ἀληθῆ; φησὶν ἡ παῖς, ἀκήκοας, ὦ κεκτημένη· σὲ γάρ τις νέος καταβόστρυχος ἔτι ἐν
ἁπαλῇ τῇ ὑπήνῃ πάλαι ποθεῖ, Ἱπποθάλης μὲν ὄνομα,   10
ἱκανὸς δὲ καὶ ἀπὸ μόνου τοῦ κάλλους γινώσκεσθαι. Καὶ

38 φενακίσαντες edd. auctore Me: φαιν- V ‖ 39 πλασαμένη edd.
auctore Me: -μένης V ‖ ὁ edd. auctore Me: ἡ V.

4 κωμαστῶν edd. auctore Me: καὶ μαστῶν V ‖ 5 ante μένων lacuna
circiter 7 litterarum diuerse completa (ἀγωνιζομένων Le, Ma quod
accipimus, μαχομένων, Bo, He, alii alia coniecerunt) ‖ 7 Σειρῆνες edd.
plerique auctore Pa: σειρῆνος V.

toi: «Je veux, m'a-t-il dit, m'entretenir avec ta maîtresse, mais je n'ai pas osé engager la conversation». Aussitôt la patronne pressa de questions la petite servante: «Tu as bien entendu, ma très chère, ce qu'il voulait?» — «Bien sûr», dit la gamine. À son tour la femme: «Faisons comme si je ne savais rien: qu'il passe de nouveau en chantant pour moi et, s'il me paraît digne d'être aimé, j'aurai des bontés pour ce garçon». Il vint, se montra avec la tête fleurie de roses[1], chanta mieux que jamais, sa beauté fut reconnue et ils jouirent l'un de l'autre, non seulement en s'unissant poitrine contre poitrine, mais en joignant leurs âmes par des baisers. Le baiser a ce pouvoir et c'est ce qu'il veut. C'est par la bouche que les âmes cherchent à se rencontrer, autour des lèvres qu'elles se retrouvent, et ainsi s'opère la douce union des âmes[a].

20. A propos d'une femme repoussant fermement les avances d'un jeune homme à cause du dédain qui suit la satiété chez les amants.

Océanios à Aristobule.

Un jeune amoureux, nommé Lycon, à force de passer la nuit vainement à la porte d'une femme, lui reproche ses cruelles rebuffades. Il la suppliait en lui tenant ces discours mille fois répétés que les amoureux ont l'habitude de présenter à leurs belles: «Tu ne te laisseras pas fléchir devant un pitoyable garçon? Tu ne compatiras pas à ma passion? Prends-moi bien fort, moi que personne, homme ou femme, n'a réussi à prendre!» La femme lui fit cette déclaration à la Scythe[b]: «En continuant tes bavardages tu fouettes le feu, tu souffles dans un filet, tu forges un clou avec une éponge et tu fais tout

---

1. Cf. Platon, *Lysis*, 204 e. Le nom d'Hippothalès semble également provenir de ce passage.

πολλάκις μοι διείλεκται περὶ σοῦ, καὶ βούλομαι, ἔφη, τὴν
σὴν δέσποιναν προσειπεῖν, ἀλλ᾽ ἐδεδίειν προσαγγεῖλαι
τὸν λόγον». Αὐτίκα γοῦν ἡ κεκτημένη τὴν θεράπαιναν
ἐπανήρετο· «Τὸ βούλημα ἤκουσας, ὦ φιλτάτη»;   15
— «Ναί», φησὶν ἡ παιδίσκη. Ἡ δέ· «Ὡς ἐμοῦ γε μήπω
μαθούσης, ἔφη, παρίτω πάλιν προσάδων, κἂν ἐρωτικός
μοι δοκοίη χαριοῦμαι τῷ μειρακίῳ». Ἦλθεν, ἐφάνη τὴν
κεφαλὴν ῥόδοις ἀνθίσας, ἐμμελέστερον ᾖδεν, ἐκρίθη καλός, καὶ ἀλλήλων συναπέλαυον ἄμφω οὐ μόνον στέρνῳ   20
στέρνον ἁρμόζοντες, ἀλλὰ καὶ φιλήμασιν ἐπισυνάπτοντες
τὰς ψυχάς. Τοῦτο γὰρ φίλημα δύναται, καὶ τοῦτό ἐστιν ὃ
βούλεται. Σπεύδουσιν αἱ ψυχαὶ διὰ τῶν στομάτων πρὸς
ἀλλήλας καὶ περὶ τὰ χείλη συναντῶσιν, καὶ ἡ μῖξις αὕτη
γλυκεῖα γίνεται τῶν ψυχῶν.   25

Περὶ γυναικὸς αὐστηρῶς ἀπωθουμένης νέον διὰ τὴν μετὰ κόρον τῶν ἐραστῶν ὑπεροψίαν.

κ΄
Ὠκεάνιος Ἀριστοβούλῳ.

Νέος ἐρωτικός, ὄνομα Λύκων, ἀνήνυτα προσκαρτερῶν
καὶ θυραυλῶν γυναικὶ μέμφεται δεινῶς ἀπειθούσῃ. Ὁ μὲν
γὰρ ἱκετεύων ἔφασκε ταῦτα δὴ τὰ μυριόλεκτα καὶ συνήθη
πρὸς τὰ παιδικὰ τοῖς ἐρῶσιν· «Οὐκ ἐπικάμπτῃ πρὸς ἔλεον
ὁρῶσα μειράκιον; Οὐ συναλγεῖς μοι ποθοῦντι; Ἔχε με   5
κατὰ κράτος ἑλοῦσα τὸν πᾶσι καὶ πάσαις ἀνάλωτον». Ἡ
δὲ τὴν ἀπὸ Σκυθῶν ὧδε ῥῆσιν ἐρεῖ· «Ἐμοὶ προσλαλῶν εἰς
πῦρ ξαίνεις, γύργαθον φυσᾷς, σπόγγῳ πάτταλον κρούεις

19 ἀνθίσας Bo, He, Ma: ἀνθήσας Ab, ἀνθήσασιν V.

Arg. ἀπωθουμένης edd. auctore Me: ἀποθ- V ‖ 2 ἀπειθούσῃ edd.
plerique: ἀποθούσῃ Zanetto, *Koinonia*, XII, 1988, p. 156, ἀπεθ- V.

ce qui est impossible»[a]. A la fin, n'en pouvant plus, le petit jeune homme éclata de rage; fou de colère, gonflant le cou, il soufflait et il injuriait grossièrement celle qu'il aimait: «Ô terre et dieux[b], disait-il, quelle chipie tu fais, que tu es bien femme, que tu es cruelle! On s'étonne qu'avec un pareil caractère tu n'aies pas été créée plutôt comme une bête fauve!» Alors la femme pencha un peu sa joue sur sa main gauche et, tout en posant sa main droite sur sa hanche bien comme il faut, elle lui dit: «Je vais réfuter ton discours. Ta langue n'en peut plus et tu ne cherches qu'à bavarder sottement. D'ailleurs écoute le sens de tes paroles: tant qu'ils circulent en liberté dans les montagnes les fauves attaquent rarement l'homme, mais si vous cherchez à les capturer et s'ils sont excités par des troupes de chasseurs, ils apprennent à devenir féroces. De même vous nous enseignez à ne connaître, comme les dompteurs, aucune pitié et à traiter les jeunes gens avec une cruelle rigueur. Tant que vous-mêmes vous nous aimez, vous acceptez de coucher sans couverture et par terre devant notre porte, vous suppliez longuement, heureux de recevoir un seul mot de nous[c]; tout en larmes, vous jurez par les dieux, mais c'est du bout des lèvres que vous prononcez vos serments[d]. Comme les loups chérissent les agneaux, c'est ainsi que les jeunes aiment les femmes: leur amour est une amitié de loup[e]. Et lorsque vous avez satisfait votre passion jusqu'à la satiété et que vous avez transformé vos bien-aimées en amantes, désormais vous faites les flambards et vous vous moquez de leurs charmes; vous détestez ces malheureuses et vous crachez avec horreur sur les plaisirs qu'hier vous désiriez tant. Vos larmes ne durent pas longtemps: on les essuie comme la sueur. Quant aux serments, vous dites vous-mêmes qu'ils n'arrivent pas à l'oreille des dieux[f]! Loup à la gueule béante[g], cher Lycon, va-t-en donc sans avoir rien pris et n'appelle plus «bêtes féroces» celles qui se gardent justement de tomber sur des bêtes féroces».

καὶ τὰ λοιπὰ τῶν ἀμηχάνων ποιεῖς». Τέλος ἐξ ἀπορίας ὁ
νεανίσκος ἐξωργίσθη, καί, ἀναφλεχθεὶς τῷ θυμῷ, τὸν λαι-
μὸν ὀγκούμενος ἐφύσα τε καὶ τραχύτατα διελοιδορεῖτο τῇ
ποθουμένῃ· «Ὡς φιλόνεικος, εἶπεν, ὑπάρχεις καὶ λίαν
γυνή, ὡς ἀτεράμων, ὦ γῆ καὶ θεοί. Θαυμαστὸν οὖν πῶς ἡ
τοιάδε ψυχὴ οὐκ ἐτέχθη μᾶλλον θηρίον». Ἡ δὲ τῇ λαιᾷ
χειρὶ βραχὺ τὴν παρειὰν ὑποκλίνασα, τῇ δὲ λαγόνι τὴν
δεξιὰν ἐμβαλοῦσα ἠθικῶς ἅμα. «Τὸν λόγον ἀμυνοῦμαι,
φησίν. Κλαταί σου μᾶλλον ἡ γλῶττα, καὶ φληναφᾶν
μόνον ἐθέλεις. Πλὴν ὁποῖον εἴρηκας ἄκουε. Ἐν ταῖς ἀκρω-
ρείαις περιπλανώμενα τὰ θηρία σπανίως ἐπιτίθεται τοῖς
ἀνθρώποις, ἐξ ὑμῶν δὲ ζωγρηθήτω, καὶ παραθηγόμενα
τοῖς κυνηγεσίοις μανθάνει καὶ θυμὸν ἀγριαίνειν· ὡσαύτως
δὲ καὶ ἡμᾶς ἐκδιδάσκετε οἷον θηριοτροφοῦντες μηδαμῶς
ἐλεεῖν, ἀλλὰ σκληρῶς ἀπαυθαδιάζεσθαι τοὺς νέους. Ὅτε
μὲν γὰρ αὐτοὶ ποθεῖτε, ἀστρώτους καὶ χαμαιπετεῖς κοι-
μήσεις ἐπὶ θύραις ποιεῖσθε, καὶ λιπαρῶς ἱκετεύετε μόνου
ῥήματος τυχεῖν ἀξιοῦντες, καὶ δακρύοντες κατόμνυσθε
τοὺς θεούς, ἐπ᾽ ἄκρου τοῦ χείλους ἔχοντες τὸν ὅρκον. Ὡς
γὰρ λύκοι τοὺς ἄρνας ἀγαπῶσιν, οὕτω τὰ γύναια ποθοῦσιν οἱ νέοι, καὶ λυκοφιλία τούτων ὁ πόθος. Ἡνίκα δὲ
μέχρι κόρου τὸν ἑαυτῶν ἀποπληρώσετε πόθον, καὶ τὰς
πρότερον ὑμῶν ἐρωμένας ἐκ μεταβολῆς ἐραστρίας ποιή-
σετε, μεγαλαυχεῖτε λοιπὸν καὶ καταγελᾶτε τῆς ὥρας,
μυσαττόμενοι τὰς ἀθλίας, καὶ βδελύττεσθε ταῖς ἀρτίως
περιποθήτοις προσπτύοντες ἡδοναῖς. Ἐφήμερα γὰρ ὑμῖν
τὰ δάκρυα καὶ ὥσπερ ἱδρὼς ἀπομάττεται. Τοὺς δὲ ὅρκους
αὐτοὶ φατε μὴ προσπελάζειν τοῖς ὠσὶ τῶν θεῶν. Λύκος
οὖν χανών, ὦ Λύκων, ἄπιθι διὰ κενῆς, καὶ μηκέτι κάλει
θηρία τὰς φυλαττομένας αὐτοῖς περιπεσεῖν τοῖς θηρίοις».

11 τραχύτατα Ab et edd. sequentes: ταχ- V et edd. ante Ab ‖
15 ὑποκλίνασα V et edd. ante He: ἐπικλ- He, Ma ‖ 22 ἐκδιδάσκετε
edd. auctore Me: -ται V ‖ 24 ἀστρώτους edd. auctore Me: ἀτρ- V ‖
30 ἀποπληρώσετε plerique edd. auctore Me: -το V ‖ πόθον Ra: κόρον
V ‖ 31 πρότερον edd.: πρώτ- V.

21. Celui qui compare sa maîtresse aux autres femmes.
Habrocomès à sa chère Delphis.

Je passe mon temps à m'intéresser partout aux femmes et, par Zeus, non pour y toucher (ne va pas entendre de travers mon propos), mais pour faire une comparaison entre les autres et toi, toi qui l'emportes sur toutes par l'éclat de la beauté. En mon for intérieur j'établis des parallèles. Et, je le jure par Éros qui a si heureusement dirigé vers toi mon cœur percé de sa flèche, tu as vaincu toutes les autres sur toute la ligne, comme on dit, par l'allure, la beauté, les grâces. Car tes grâces sont absolument pures et vraiment nues, comme l'affirme le proverbe[1] : un teint naturellement rose recouvre tes joues, un sourcil noir le bas de ton front pâle[2]. Nul besoin d'orner ta tête d'une couronne; ta chevelure y suffit[3]. Autant la rose est plus brillante que toute autre fleur, même la plus estimée, autant tu l'emportes sur les autres femmes, même les plus distinguées. Aussi, ma chère abeille, tu ravis les regards de tous et tu les attires à toi de si extraordinaire façon qu'aucun pêcheur n'a jamais attiré le poisson, aucun oiseleur l'oiseau, aucun chasseur le faon. Ces gibiers-là sont pris par les appâts, les gluaux, ou de toute autre manière; toi tu nous prends par le spectacle de tes yeux et nous nous en réjouissons. Ô ma petite Delphis, mon trésor préféré, je te souhaite très longue vie, heureuse vie. C'est vers toi

---

1. Cf. sur ce proverbe D.A. Tsirimbas, Παροιμίαι, p. 10, qui rappelle que de tout temps les Grâces ont été représentées nues. Voir, pour les références littéraires, l'éd. Mazal.

2. Cf. Philostrate, *Images*, II,9,6; Pseudo-Théocrite, *Idylles*, XX,24.

3. Cf. Philostrate, *Images*, I,6,2.

Ὁ συμβαλὼν τὴν ἑαυτοῦ φίλην πρὸς τὰς ἄλλας γυναῖκας.

κα'

Ἁβροκόμης Δελφίδι ἐρωμένῃ.

Περίεργος διατελῶ πρὸς τὰ γύναια πανταχῇ, μὰ Δία, οὐχ ἵνα τούτων ἅψαιμι — μὴ οὕτω χαλεπῶς ἀκούσῃς τοῦ λόγου —, ἀλλ᾽ ὅπως παράθεσιν ἀκριβῆ σου τε κἀκείνων ποιήσωμαι, τῆς ἐν πάσαις διαπρεπούσης τῷ κάλλει, καὶ παραλλήλους κατ᾽ ἐμαυτὸν ἐννοούμενος ἀντικρίνω. Καί, 5 νὴ τὸν Ἔρωτα τὸν εὐτυχῶς εἰς σὲ τὴν ἐμὴν τετοξευκότα ψυχήν, πάσας ἐν πᾶσι νενίκηκας, ὡς ἔπος, τῷ σχήματι, τῷ κάλλει, ταῖς χάρισιν. Αἱ γὰρ χάριτές σου παντελῶς ἄδολοι καὶ ἀληθῶς κατὰ τὴν παροιμίαν γυμναί, καὶ φύ- σεως αὐτόσκευον ἔρευθος ἐπιτρέχει ταῖς παρειαῖς, ὀφρῦς 10 μέλαιναι κατὰ λευκοῦ τοῦ μετώπου. Οὔτε στεφανοῦσθαί σοι τὴν κεφαλὴν ἀναγκαῖον, ἅτε τῆς κόμης ἀποχρώσης αὐτῇ. Καὶ ὅσον τὸ ῥόδον φαιδρότερον τῆς ἄλλης πέφυκε πόας καὶ λίαν καθ᾽ ἑαυτὴν εὐδοκιμούσης, τοσοῦτον καὶ τῶν ἐπισήμων γυναικῶν ὑπερφέρεις. Τοιγαροῦν, ὦ μέ- 15 λισσα ἐμή, ἁρπάζεις τὰ πάντων ὄμματα καὶ προσέλκεις καινότερον τρόπον, οἷον οὔτε ἰχθὺν ἁλιεὺς εἵλκυσεν, οὔτε ὄρνιν θηρευτής, οὔτε κυνηγέτης νεβρόν. Ἀλλ᾽ ἐκεῖνα μὲν ἢ ἀπὸ δελεάτων ἢ τῶν ἰξῶν ἄγουσιν ἢ ὅπως ποτέ· σὺ δὲ ἀπὸ τῶν ὀμμάτων τῇ θέᾳ γαννυμένους ἄγεις ἡμᾶς. Ἀλλ᾽ ὦ 20 Δελφίδιον ἐμόν τε πρόκριτον ἀγαθόν, ζῴοις ἐπὶ μήκιστον,

Arg. συμβαλὼν V, He, Ma: συμβάλλων plerique edd. ante He ‖ 3 κἀκείνων addit supra lineam V ‖ 5 ἀντικρίνω edd.: ἀντεκρίνω V ‖ 6 εἰς σὲ V et edd. ante He: εἷς He, Ma, εἷς γε Zanetto, *Koinonia*, XII, 1988, p. 157 ‖ 7 πᾶσι plerique edd.: πάσῃ V ‖ ἔπος V et edd. ante He: ἔπος εἰπεῖν He, Ma ‖ 9 ἄδολοι edd. auctore Me: ἄδολος V ‖ 10-11 ὀφρῦς μέλαιναι nos: ὀφρὺς μέλαιναι V, ὀφρὺς μέλαινα edd. ‖ 16 ἐμή plerique edd. auctore Ab: ἐμέ V ‖ 21 ζῴοις V et plerique edd.: ζῴης He, Ma auctore Cobet.

seule que je suis entraîné, et je supplie tous les dieux de
ne jamais modifier mon jugement sur cette décision qui
m'a paru excellente. Aussi, ma chère joie, je souhaite que
la nature t'accorde cette victoire et que, pour moi, je
puisse à tout jamais jouir de la flèche d'or que m'ont
décochée les Amours. N'essaie donc pas de l'arracher de
mon cœur. Tu ne le peux pas et je ne le veux pas, car ma
passion est loin de m'être odieuse. Il ne me reste plus
qu'une chose raisonnable à faire: aimer Delphis et être
aimé d'elle, bavarder avec ma belle et l'entendre bavarder[1].

22. A propos de celle qui par une excellente méthode délivre son amant.

Charmide à Eudèmos.

Une femme avait chez elle son amant, qui était en
train de la posséder[1]; tout à coup son mari, qui arrivait
de l'étranger, frappe à la porte en criant[2]. La femme,
entendant le bruit et le cri, saute du lit, retourne le
matelas et supprime ainsi totalement la trace du second
corps, indice accusateur qu'on a fait l'amour. Ensuite
elle rassure son amant en lui disant: «Si maintenant je te
livre pieds et poings liés à mon mari, ne crains rien, ne
tremble pas, mon chéri!». Elle le ligota, ouvrit la porte,
fit appel à son mari, comme s'il s'agissait d'un cambrio-
lage, en lui expliquant: «J'ai surpris cet individu, mon
cher mari, alors qu'il tentait de dévaliser notre maison».
Le mari, fou de colère, s'élança aussitôt pour le tuer.

---

1. Cf. Xénophon d'Éphèse, II,4,1.

1. Cf. Aristophane, *Assemblée des femmes*, 225: rapprochement
douteux.

2. La même scène se retrouve chez Apulée, *Sur le monde*, 9: «contra
omnium opinionem improvisus maritus assistit: suae domus januam
jam pulsat, jam clamat» (à la stupéfaction générale le mari se présente
alors qu'on ne l'attend pas: voici qu'il frappe à la porte de sa maison,
voici qu'il pousse un cri).

εὖ ζῴοις. Ἐπὶ σοὶ γὰρ ἐγὼ φέρομαι μόνῃ, καὶ τοῖς θεοῖς
ἐπεύχομαι πᾶσι μηδαμῶς ἔχειν περὶ τὴν ὀρθῶς φανεῖσάν
μοι κρίσιν ἑτεροῖον τὸν νοῦν. Εἴθε τοίνυν, ἐμὸν γάνος, σὺ
μὲν ταύτην ἐκ τῆς φύσεως ἔχοις τὴν νίκην, ἐγὼ δὲ μέχρι   25
παντὸς τὸ χρυσοῦν τῶν Ἐρώτων εὐτυχήσαιμι βέλος. Σὺ
οὖν αὐτὸ μὴ πειρῶ τῆς ἐμῆς ἀφελέσθαι καρδίας. Οὔτε γὰρ
αὐτὴ δύνασαι οὔτε ἐγὼ βούλομαι· οὐ γὰρ ἀποθύμιον ἔχω
τὸν πόθον. Ἔστω τοίνυν ἔργον ἓν μόνον ἐπιδέξιον ἐμοί,
φιλεῖν Δελφίδα καὶ ὑπὸ ταύτης φιλεῖσθαι, καὶ λαλεῖν τῇ   30
καλῇ καὶ ἀκούειν λαλούσης.

Περὶ τῆς εὐμεθόδως τὸν μοιχὸν ἀπολυούσης.

κβ'
Χαρμίδης Εὐδήμῳ.

Γυναικὸς ἔτι προσεμβατεύοντα τὸν μοιχὸν ἔνδον ἐχού-
σης, οὕτω συμβὰν ὁ ταύτης ἀνὴρ ἐξ ἀλλοδαπῆς ἀφιγ-
μένος ἔκοπτε τὴν θύραν ἅμα βοῶν. Ἡ δέ, τοῦ κτύπου καὶ
τῆς βοῆς αἰσθομένη, ἐξανέστη τῆς εὐνῆς καὶ τὴν στρω-
μνὴν ἐνετάραξε, παντελῶς συγχέουσα τὸ ἔρεισμα τοῦ   5
δευτέρου σώματος, ὅτι κατηγόρει μηνύματα συζυγίας.
Εἶτά φησιν παραθαρρύνουσα τὸν μοιχόν· «Εἰ νῦν τῷ
συνοίκῳ δεσμώτην σε προσαγάγω, μηδὲν δείσῃς μηδ'
ὑποπτήξῃς, ὦ φίλε». Συνέδησε τοῦτον, ἀνέῳγε τὴν θύραν,
ὡς ἐπὶ τοιχωρύχον ἐκάλει τὸν ἄνδρα, φάσκουσα· «Τοῦτον   10
κατέλαβον, ἄνερ, ἐγχειροῦντα συλαγωγῆσαι τὸν ἡμέτερον
οἶκον». Ὁ δὲ θυμωθεὶς ὥρμηκεν εὐθέως αὐτὸν ἀνελεῖν,

22 φέρομαι V et edd. ante He: φλέγομαι He, Ma auctore Cobet,
fortasse recte ‖ 27 πειρῶ edd. auctore Me: περῶ V.

1 προσεμβατεύοντα edd. auctore Me: προσεμματεύοντα V ‖ 5 ἔρεισμα
Pa et edd. sequentes: ἔρισμα V et edd. ante Pa ‖ 10 τοιχωρύχον edd.:
τοιχορύχον V ‖ 11 συλαγωγῆσαι edd. auctore Me: συλλαγ- V.

Mais la femme l'en dissuada, en lui conseillant plutôt de remettre le malfaiteur à la police[1] dès le jour revenu. «Si tu crains quelque chose, mon cher mari, je veillerai à côté de lui et je monterai la garde»[2]...

23. Un ami enlève traîtreusement sa maîtresse à quelqu'un. Celui-ci lui écrit la lettre suivante.

Théoclès à Myron[a].

Comment exprimerai-je, Myron, ton audace? De quels mots déplorerai-je notre amitié[b] réciproque que tu as si vilainement détruite? Voici que tu possèdes la belle Corinne après l'avoir enlevée et que tu as échappé à ma colère et à celle du père de la jeune fille, qui aimait son enfant et se trouve manifestement outragé: de nuit tu as vogué sur une petite barque de pêcheurs, trompant la fille par un semblant d'amour et nous autres par un air d'amitié.

Quant à moi je t'ai perdu, toi qui étais mon ami, et je suis privé de la petite fille que j'aimais. Qu'ont pu donc penser les pêcheurs qui t'ont reçu chez eux, toi un étranger, quittant de nuit ta ville avec une petite jeune fille, tel un Zeus amateur de foudre prenant le large avec Europe[c]? Ont-ils considéré que tu étais toi aussi un pêcheur poursuivant les filles sur la terre ferme au lieu des poissons? Comme Aphrodite et Poseidon se font pendant! Mais je m'accuse moi-même auprès du père de la jeune fille qui était mon ami, alors que je te connaissais. Aussi, à l'idée que chez lui[d] tu participais comme le préféré à son hospitalité et à ses festins, ne convient-il

1. Exactement «aux Onze», collège de magistrats d'Athènes républicaine, période pendant laquelle la lettre est censée avoir été écrite. Ces magistrats avaient pour rôle, entre autres fonctions, la surveillance des prisons.

2. Ainsi se termine le manuscrit, laissant inachevée la lettre. Le dernier mot, φυ, a été complété en φυλάξω «je le garderai» par les éditeurs depuis Mercier. (Sur la lettre 23 voir ci-dessus, p. XXXII).

ἀλλ' ἡ γυνὴ διεκώλυε παραινοῦσα μᾶλλον τὸν κακοῦργον
ἕωθεν παραδοθῆναι τοῖς ἕνδεκα· «Εἰ δέ γε δέδοικας,
ἄνερ, ἐγὼ συναγρυπνοῦσα τοῦτον φυ⟨λάξω⟩.   15

'Εραστὴς ὑπὸ φίλου τῆς ἐρωμένης ἐπιβούλως
αὐτῷ ἁρπαγείσης γέγραφε ταῦτα.

κγ'
Θεοκλῆς Μύρωνι.

῏Ως σου τὸ εὔτολμον, Μύρων, ἐξείπω; Τίσι δὲ λόγοις
τὴν πρὸς ἀλλήλους ἡμᾶς ἑταιρίαν οὕτω παρὰ σοῦ κα-
πηλευθεῖσαν θρηνήσομαι; Σὺ μὲν γὰρ καὶ τὴν καλὴν
Χορίνην ἔχεις λαβών, καὐτόν σε τῆς ἐμῆς ὀργῆς καὶ τοῦ
φιλόπαιδος τῆς κόρης πατρὸς προφανῶς ὑβρισθέντος   5
διέσωσας, ἁλιέων τινὶ σκαφιδίῳ νυκτὶ διαπλεύσας, τὴν
μὲν ἔρωτι δελεάσας, τοὺς δὲ φιλίας ἐξαπατήσας προσχήματι.

'Εγὼ δὲ καὶ σὲ τὸν ἐμὸν φίλον ἀπώλεσα καὶ τῆς
ἐρωμένης παιδίσκης καθυστεροῦμαι. Τί δ' ἂν οἱ ἁλιεῖς   10
ἐκεῖνοι μετὰ νεάνιδος κόρης, ξένον ὄντα καὶ τῆς πόλεως
διὰ νυκτός, οἷά τινα Τερπικέραυνον μετ' Εὐρώπης ἐξιόν-
τα, παρ' αὐτοῖς σε δεξάμενοι διενοοῦντο; ῏Η που καὶ σὲ
ἁλιέα τινὰ δοκοῦντες καὶ ἀντ' ἰχθύων ἐκ τῆς χέρσου
παρθένους ζωγροῦντα; 'Ως 'Αφροδίτη καὶ Ποσειδῶν ταλαν-   15
τεύονται. 'Αλλ' ἐμαυτὸν αἰτιῶμαι τῷ πατρὶ τῆς εὐμόρφου
κόρης, ἅτε γε φίλον ἐμόν σε γνωρίσαντα. 'Εφ' οἷς ἄρα
ξενίας καὶ συμποσίου, οἷα εἰκός, παρ' αὐτῷ μετασχόντα,

---

15 φυλάξω edd. auctore Me: φυ V (et sic desinit codex noster).

Tit. Μύρωνι Bo: Μείρονι ed. ‖ 1 ῏Ως ed.: Πῶς Bo ‖ Μύρων Bo:
Μείρων ed. ‖ 2 ἑταιρίαν ed.: φιλίαν Bo ‖ 4-5 τοῦ τῆς κόρης Bo: τοῦ
φιλόπαιδος τῆς κόρης ed. ‖ 6 διαπλεύσας Bo: διεπλ- ed. ‖ 11 καὶ delet
Bo ‖ 12 τινα delet Bo ‖ 17 ἅτε γε ed.: οἷά γε Bo.

pas que je veuille repenser au cher Diocléon et à moi-même? Je n'oublie pas non plus les paroles doucereuses dont tu n'arrêtais pas, pendant le repas chez sa mère, de célébrer la vertu et la beauté de celle-ci (il n'y a pas longtemps que c'était une prostituée, tu le sais bien). Cette femme très savamment joignait à ta main la main de sa fille, toute rougissante comme il convient à une vierge sage, et par deux fois te murmurait à l'oreille...

Quant au père, il s'embarqua et s'en retourna afin de rechercher son enfant et toi-même, pour la reconduire chez elle, même contre son gré. Mais, si tu le veux bien, partout où tu connaîtras mon conseil, laisse la fille et le danger qui te menace...

---

1. Le passage «Quant au père ... qui te menace» ne se trouve pas dans les éditions de Bast et de Boissonade. Mais voir de ce dernier p. 742.

τοιαῦτά με καὶ τὸν φιλόξενον Διοκλέοντα σὲ προελόμενον
ἀνταμείψασθαι; Οὐκ ἔλαθε δέ με καὶ τὰ παρὰ τὸ συμ-   20
πόσιον πρὸς τὴν μητέρα ἐρωτικὰ ῥήματα, οἷς οὐ διέλειπες
ἐπ᾿ ἀρετῇ τε καὶ κάλλει ταύτην ἐπιεικῶς ἐκθειάζων — οὐ
πρὸ πολλοῦ ἑταίραν οὖσαν, ὡς οἶσθα — ἥτις τὴν χεῖρα
τῆς θυγατρός, καίτοι ἐρυθριώσης, οἷα παρθένου καὶ σώφρονος, λίαν ἐπιτηδείως ἁρμοσαμένη τῇ σῇ, δίς σοι τὸ οὖς   25
ἐψιθύρισεν ... Ὁ δὲ πατὴρ ἐπιβὰς νεὼς ἐπανήχθη ζη-
τήσων τὴν ἑαυτοῦ παῖδα καὶ σέ, ὡς τὴν μὲν οἴκοι καὶ μὴ
θέλουσαν ἀποκομίσοιτο, σὲ δὲ ... Ἀλλ᾿ εἴ σοι φίλον, ὅποι
ἂν τάδε γνοίης, τὴν κόρην ἐάσας, τὸν κίνδυνον φυγῇ
ἀποδίδρασκε ...   30

23 οἷα παρθένου καὶ σώφρονος delet Bo ‖ 26-30 Ὁ δὲ κτλ. usque ad
finem deest in apographo a Polyzoe cum Bastio communicato. Sed
textum inuenies in notis eius ed., p. 742, ubi Bo notat legendum esse
οἴκαδε pro οἴκοι et ὅπη pro ὅποι.

NOTES COMPLÉMENTAIRES

Page 2.

3. Laïs, nom porté par des courtisanes grecques plus ou moins légendaires qui se sont fait connaître à diverses époques.

4. Cf. Philostrate, *Images*, II,19,3. On peut également rapprocher Xénophon, *Mémorables*, I,3,13.

a. Cf. Lucien, *Sur la maison*, 21.

b. Cf. Achille Tatios, I,4,3.

c. Cf. Hippocrate, *Lettres*, 15,4.

Page 3.

a. Cf. Homère, *Odyssée*, VI,231 et XXIII,158: οὔλας ἧκε κόμας, ὑακινθίνῳ ἄνθει ὁμοίας. Ce vers était célèbre dans l'antiquité; il est souvent cité.

b. Philostrate, *Images*, II,8,5.

c. Cf. Achille Tatios, II,11,2.

d. Cf. Homère, *Odyssée*, VI,163, mais le rapprochement est douteux.

Page 4.

a. Cf. Alciphron, IV,11,7. Cette écharpe magique ou «ceste», entourant la poitrine d'Aphrodite (et non des Grâces comme le dit Aristénète), permettait à la personne qui la portait la réalisation de ses désirs. On pourra lire les détails de cette légende dans notre étude: Jean-René Vieillefond, *Les «Cestes» de Julius Africanus*, Florence (Sansoni) et Paris (Didier), 1970, p. 29-41.

b. Cf. Lucien, *Dialogues des courtisanes*, I,2.

c. Cf. Platon, *Euthyphron*, 12 a.

d. Cf. Platon, *République*, VI,487 a; Lucien, *Comment il faut écrire l'histoire*, 33 et *Dialogues des dieux*, 20,2. Mômos est un dieu punisseur et redresseur de torts (voir ci-dessous n. 1 à I,12). Le jeu de mots intraduisible entre Μῶμος et μωμήσασθαι est ici hérité de Lucien.

e. Cf. Homère, *Iliade*, III,146-156.

f. Cf. Alciphron, *Fragments*, V,2.

g. Cf. Platon, *Apologie de Socrate*, 20 e.

Page 18.

a. Il s'agit, en effet, d'un très vieux dicton fort usité dont on a un premier exemple dans l'*Odyssée*, XVII, 218 et qui est cité plusieurs fois par Platon, *Lysis*, 214 a, *Banquet*, 195 b, *Gorgias*, 510 b. Il est étudié par D.A. Tsirimbas, Παροιμίαι, p. 28. Cf. également Chariton, V,1,1.

b. Cf. Homère, *Odyssée*, XVII, 18. Voir ci-dessus, note à I,1,13.

c. Cf. Hésiode, *Théogonie*, 907.

d. Cf. Musée, *Héro*, 53-65: rapprochement douteux.

e. Cf. Xénophon d'Éphèse, I,2,6.

Page 19.

a. Cf. Platon, *Banquet*, 203d.

b. Artémision: promontoire sur la côte nord-ouest de l'Eubée.

c. Cf. Ovide, *Métamorphoses*, V,192-194.

d. Cf. Démosthène, *Sur la couronne*, 270,2.

e. Cf. Musée, *Héro*, 60.

f. Ici les éditeurs anciens ont cru que le texte était corrompu. Reiske le premier a compris que la narratrice, brisée par l'émotion, interrompait brusquement son récit, ne trouvant plus ses mots. Cf. Boissonade, éd., p. 368-369.

Page 20.

a. Cf. Homère, *Odyssée*, XXIV,226-237. Célèbre épisode repris par Énée le Sophiste, *Lettres*, 2.

b. Cf. Achille Tatios, I,17,3.

Page 21.

a. Cf. Philostrate, *Images*, I,9,4: rapprochement douteux.

b. Cf. Sappho, *Fragments*, 71,6; Philostrate, *Images*, II,1,3.

c. Cf. Lucien, *Apologie*, 11; Racine, *Athalie*, acte III, scène VII: «Comment en un plomb vil l'or pur s'est-il changé?».

Page 22.

a. Cette plante est mentionnée par Jean Tzetzès, *Chiliades*, IV,412. Le passage est cité dans l'édition Boissonade d'Aristénète (traduction: «Elle accepte sur ses feuilles l'or pur et s'en imprègne, et elle repousse l'or faux»).

Page 23.

a. Cf. Philostrate, *Images*, I,10,3.

b. Cf. Philostrate, *Images*, I,10,3.

c. Cf. Philostrate, *Images*, I,30,1.

Page 24.

a. Cf. Achille Tatios, I,9,6.

b. Sur Mômos, voir ci-dessus, note 17 à I,1.

Page 25.

a. D'après les paroemiographes cités dans les notes des éditions Boissonade et Mazal il s'agirait d'un proverbe. Mais la phrase d'Aristénète n'a pas l'allure d'un dicton, qui, d'ailleurs, ne figure pas dans l'étude de D.A. Tsirimbas.

b. Locution proverbiale bien connue dès l'époque classique. Cf. D.A. Tsirimbas, Παροιμίαι, p. 48. Cf. Aristote, *Éthique à Nicomaque*, 1155 a 34, etc.

c. Cf. Philostrate, *Images*, I,15,3.

d. Cf. Achille Tatios, V,21,4: rapprochement douteux.

e. Boissonade, dans son édition d'Aristénète, p. 408, cite le passage de la *Souda* (λευκὴ ἡμέρα) expliquant cette expression; on peut traduire: «les Scythes, dit Phylarque, prennent leur carquois au moment de se coucher et, s'ils sont contents de leur journée, ils y mettent un caillou blanc, et un caillou noir s'ils sont mécontents». Cette légende, fort connue, était souvent mentionnée (Eschyle, *Agamemnon*, 668, *Perses*, 301, etc.). Cf. D.A. Tsirimbas, Παροιμίαι, p. 38.

f. Cf. Apostolios, III,42 (*Paroemiographi Graeci*, II, p. 233).

g. Cf. Homère, *Odyssée*, XXIII, 296: vers célèbre.

Page 27.

a. C'est-à-dire les médecins qu'on appelle également «enfants» ou «disciples» d'Esculape ou Asclépios, dieu de la médecine.

b. Cf. Pindare, *Isthmiques*, VI,10; Platon, *Lettres*, VII,340 a.

Page 30.

a. Le sens est loin d'être immédiatement clair et on ne voit pas très bien qui était ce Crôbylos. Le nom était donné comme sobriquet à l'orateur Hégésippe, d'après Eschine, III,112. Il signifiait également «tenancier d'une maison de prostitution». «Le couple (ou la paire) de Crôbylos» se lit dans Libanios, *Lettres*, 91,2: «une jolie paire». L'expression est citée comme proverbe par les paroemiographes, Hésychius et autres. Cf. D.A. Tsirimbas, Παροιμίαι, p. 16-17.

b. Cf. Platon, *Gorgias*, 458 d.

c. Cf. Apostolius, XII,56 et XIII,86; Aristophane, *Assemblée des femmes*, 109, et les scholies correspondantes.

Page 35.

a. L'expression est proverbiale. Le mot κύρζις désignait à Athènes un registre officiel et particulièrement le répertoire des condamnations. Cf. les paroemiographes cités dans l'édition Mazal et D.A. Tsirimbas, Παροιμίαι, p. 39.

b. Cf. Théocrite, VII,20: rapprochement douteux.

c. Cf. Aristophane, *Lysistrata*, 7-8.

d. Cf. Philostrate, *Lettres*, 24 et 25.

e. Expression proverbiale pour désigner des gens qui sont incapables de rien entendre ou comprendre, comme un âne à qui on jouerait de la lyre. Cf. les références de l'édition Mazal et l'étude de D.A. Tsirimbas, p. 67.

Page 37.

a. Cf. Platon, *Phèdre*, 240 c, etc. Voir aussi l'édition Mazal et celle de Boissonade, p. 483.

Page 39.

a. Cette divinité, fille de Zeus et d'Héra d'après Hésiode, *Théogonie*, 922, présidait aux accouchements et correspondait à Lucine des Latins. Elle est nommée deux fois par Lucien, *Sur la déesse syrienne*, 38; *Dialogues des dieux*, 8. C'est chez cet auteur qu'Aristénète aura pris l'expression.

b. Eutychidès pourrait être traduit par Félix, Fortunat, ou Prosper.

Page 40.

a. Texte conjectural.

b. Cf. Alciphron, IV,17,4.

Page 41.

c. Surnom donné à Héra, épouse de Zeus et mère d'Aphrodite, suivant certaines légendes, Aphrodite elle-même, selon d'autres. Ici Dioné s'identifie évidemment à Héra (cf. «Par Héra» de la première phrase).

Page 49.

a. Proverbe noté par D.A. Tsirimbas, Παροιμίαι, p. 53, et déjà par Boissonade (éd.-trad., p. 567) citant Mercier. Cf. Zénobios, I,70; Diogénianos, I,32.

Page 52.

a. Cf. l'éd.-trad. d'Aristénète par Boissonade, p. 592. Cf. Lucien, *Dialogues des courtisanes*, 3,2.

b. Proverbe très ancien et répandu. Cf. D.A. Tsirimbas, Παροιμίαι, p. 52.

Page 56.

a. Cf. *Anthologie Palatine* (Méléagre), V,96.

b. Cf. Archiloque, fragm. 86, éd. Diehl.

c. Cf. Philostrate, *Images*, I,12,4.

d. Cf. Alciphron, IV,16,5-6.

Page 57.

a. C'est-à-dire que, lorsqu'on se présente auprès des courtisanes avec l'emblème d'un parlementaire (le caducée), on doit être muni de beaucoup d'argent. L'or de Babylone est signe d'une fabuleuse richesse. Cf. D.A. Tsirimbas, Παροιμίαι, p. 22-23.

Page 61.

a. Célèbre centaure, précepteur d'Achille à qui il enseigna particulièrement la musique.

b. Cf. Platon, *Lois*, IV,705 a.

Page 62.

a. Cf. Xénophon d'Éphèse, I,9,1.

b. Cf. Apollonios de Rhodes, III,756-760.

c. Cf. Xénophon d'Éphèse, I,4,7 (rapprochement douteux).

Page 64.

a. Cadmos ne remporta sur ses ennemis qu'une pénible victoire. Comme le dit Mercier, ce proverbe était bien connu dans l'antiquité. Cf. Boissonade (éd.-trad., p. 664-665) et les références de l'édition Mazal.

Page 66.

a. Également ici proverbe attesté par les paroemiographes. Cf. D.A. Tsirimbas, Παροιμίαι, p. 21-22.

Page 71.

a. Cf. Platon, *Banquet*, 213 d.

b. Cf. Aristophane, *Nuées*, 54-55.

c. L'expression ἐς κόρακας «aux corbeaux», fréquente dans la littérature grecque, n'a pas d'équivalent en français mais correspond bien à notre formule «au diable» (στὸ διάβολο en grec moderne). Elle s'explique par le fait que le corbeau était considéré comme un animal funèbre, mangeur de cadavres. Cf. D.A. Tsirimbas, Παροιμίαι, p. 47.

d. Encore un proverbe, mais d'emploi assez rare, comme le note D.A. Tsirimbas, Παροιμίαι, p. 41. La *Souda* (*Suidas*), s.v. ἄρκτοις l'explique en disant qu'il s'agit «de ceux qui cherchent ailleurs ce qu'ils ont devant eux».

Page 72.

a. Allusion à l'abandon par Thésée d'Ariane pendant le sommeil de celle-ci.

b. Dionysos est le dieu des plaisirs (cf. Euripide, *Bacchantes*, 680 et suivants). Il est donc normal qu'il soit considéré comme le dieu et le modèle d'une courtisane.

c. Cf. Lucien, *Dialogues des courtisanes*, 9,2.

d. Cf. Synésios, *Lettres*, 123 (rapprochement douteux).

Page 77.

a. Cf. Ménandre, *Atrabilaire*, 310.

b. Cf. Platon, *Sophiste*, 231a.

c. Cf. Platon, *Phèdre*, 251b.

d. Ici il y a, comme l'indique Mercier suivi par tous les éditeurs, une lacune, mais rien ne la signale dans V.

Page 78.

a. Proverbe signifiant une chose pratiquement impossible, les Crétois, insulaires, étant considérés comme d'excellents marins. Voir la note de Boissonade (éd.-trad., p. 713) et D.A. Tsirimbas, Παροιμίαι, p. 19.

b. Sur ce proverbe cf. la note de Boissonade (éd.-trad., p. 714) et D.A. Tsirimbas, Παροιμίαι, p. 35.

c. Cf. Platon, *Apologie*, 23 c.

d. Cf. Héliodore, II,33,6 et VII,10,3.

Page 80.

a. Cf. Xénophon d'Éphèse, I,9,6; *Anthologie Palatine*, V,78; Achille Tatios, II,37,9.

b. L'origine de cette expression se trouve dans la réponse ambiguë que le roi des Scythes Idanthyrsos fit à Darius qui lui demandait de conclure la paix. Cf. D.A. Tsirimbas, Παροιμίαι, p. 20.

Page 81.

a. Proverbe fréquent dans la littérature grecque (Platon, *Lois*, 780 c, etc.). Cf. les références de l'éd. Mazal et D.A. Tsirimbas, Παροιμίαι, p. 52-53.

b. Cette invocation est tirée de Lucien, *Sur ceux qui sont aux gages des grands*, 24.

c. Cf. Achille Tatios, I,9,3 et Lucien, *Dialogues des courtisanes*, 7,3.

d. Cf. Platon, *Phèdre*, 241 d.

e. Cf. D.A. Tsirimbas, Παροιμίαι, p. 44, où il cite les références de cette expression proverbiale qui a subsisté jusque dans le grec moderne.

f. Voir dans l'éd.-trad. d'Aristénète par Boissonade, p. 729 et 730, des rapprochements avec ces expressions.

Page 84.

a. Dans l'adresse et ligne 1 Boissonade corrige avec raison Meiron, que l'on ne trouve pas ailleurs, en Myron bien attesté.

b. L'édition Bast donne ἑταιρίαν (l. 2). Boissonade corrige arbitrairement en φιλίαν. Sans doute faut-il lire ἑταιρείαν.

c. «Tel un Zeus amateur de foudre voyageant avec Europe» est supprimé par Boissonade que suit Bast.

d. C'est-à-dire le père de Corinne.

APPENDICE

Gloses du Vindobonensis

I,1.

1 εὖ V: καλῶς G || 2 κάλλιστα V: καλλίστως G || 3 Χαρίτων V: Πειθὼ καὶ Ἀγλαῖα καὶ Εὐφροσύνη G || Ἔρως V: ὁ τῆς Ἀφροδίτης υἱός G || 6 εὔκλεια V: εὐδοξία G || 7 ἵνα V: ὅπως G || 8 ἐπιμίξ V: ἀναμεμιγμένως G || 10 ἠρέμα V: ἡσύχως uel ἡσυχῇ G || 18 εὐδοκιμεῖ V: πρέπει G || Χάριτας V: πειθὼ, ἀγλαῖαν καὶ εὐφροσύνην G || 20 ἐνουλισμένη V: μελανισμένη G || ὑακινθίνω V: ἐπιπορφυρίζοντι, μελανίζοντι G || ἐμφερής V: ὁμοῖα G || 21 τημελοῦσι V: ἐπιμελοῦσι, φιλοκαλοῦσι G || 23 ἁβρότητα V: λαμπρότητα, τρυφερότητα G || 41 λυγίζεσθαι V: περικάμπτεσθαι G || 54 πεφιλοτίμηται V: μεγαλοδεδώρηται G || 56 ἦν οἱ προσβλέποντες ἀποτροπιάζουσιν V: ἐξίστανται τροπίας οἶ (sic pro οἶνος) ὁ τετραμμένος καὶ ἐξεστηκώς G.

I,2.

1 τῇ προτεραίᾳ V: ἤγουν τῇ παρελθούσῃ G || 1-2 στενωπόν V: ῥύμην G || 4 Χαρίτων V: τρεῖς δὲ αἱ χάριτες πειθώ, ἀγλαῖα καὶ εὐφροσύνη G || μείρακες V: αἱ νεώτεραι G || ἁμιλλῶμεναι V: φιλονεικοῦσαι G || 5 ἦθος V: τρόπον G || 7 πρὸς V: σὺν G || 10 ζηλοτυποῦμεν V: ἀσελγῶς ὑπονοοῦμεν G || 13 πλήν V: ὅμως G || 14 ζυγομαχίας V: ἡ τῶν β̄ πρὸς ἀλλήλους μάχη ἀπὸ μεταφορᾶς τῶν βοῶν τῶν ἐν τῷ ζυγῷ μαχομένων G || 25 θάλαμον V: κοιτῶνα G || αὐτοσχέδιον V: εὐθὺς ῥηθὲν ἢ λεγόμενον G.

I,3.

3 ἀμφιλαφής V: δασύς, δαψιλής, μέγας G || 4 μαλθακή V: τρυφερά G || 6 δαπέδων V: δάπεδον τὸ ἔδαφος τὸ μέγα καὶ πλατὺ πέδον G || 6-7 ὄγχναι V: ἡ ἄπιος G || 7 μηλέαι V: nos μη...? G || 10 πάμφορα V: εὔφορα G || 16 συναιωρουμένων V: συμφερομένων G || 17 ὀργῶσιν V: ἀπὸ τοῦ ὀρέγω κατὰ ⟨συγκοπήν⟩ G || περκάζουσιν V: πεπαίνουσι G || 18 πεπανθέντας V: ὡριμασθέντας intra lineas, πεπαίνω τὸ ὡριμάζω in

margine ‖ **18-19** ἀνερριχᾶτο V: ἀνελαμβάνετο ἐπὶ τὸ δένδρον τοῖς ποσὶ ἢ ταῖς χερσὶ intra lineas, ἀναρριχάω ἀναρριχῶ ἀνηρρίχαον ἀνηρρίχων σημαίνει τὸ ἀναδίδοσθαι τὸ ὕδωρ καὶ οἱονεὶ τρόπον ἀράχνης τοῖς ποσὶ καὶ ταῖς χερσί in margine (cetera desunt, supplendum autem ex *Etymologico Magno* ἀντιλαμβανόμενον ἀνιέναι πρὸς τὸ πρόσαντες, ut monet Soergel) G ‖ **37-38** παραμυθουμένη V: εἰκονίζουσα G ‖ **55** ὀχετηγοῦ V: ὑδραγωγοῦ G ‖ πρασιάς V: πρασιὰ τετράγωνος ἐστὶν ἐν ᾗ φυτεύονται κρόμυα σχῆμα τι τετράγωνον ἐν τῇ γῇ οἱονεὶ περασία τις οὖσα παρὰ τὸ περατοῦσθαι κατὰ συγκοπήν G ‖ **56** σμινύη V: ἀξίνη τὸ ἕτερον μέρος μακρὸν ἔχουσα G ‖ **57** φιάλας V: μέγα ποτήριον G ‖ **58** ὠλκὸν V: ἐπὶ τὸν ἀγωγὸν τοῦ ὕδατος G ‖ ὑφίει V: ἔπεμψεν, ἐνέστειλεν G ‖ θᾶττον V: ταχέως G ‖ χύδην V: ⟨κε⟩χυμένως G ‖ **59** διακεκριμένας V: κεχωρισμένας G ‖ **60** ὁλκάδων V: πλοίων G ‖ **62** φῦλον V: ἔθνος G ‖ **67** ὑπουργῶς V: ὑπηρετικῶς G ‖ **68** κύλικα V: ποτήριον G ‖ **69** οἰνοχόος V: ἐπικέρνη⟨ς⟩ G ‖ **75** ἐθελγόμεθα V: ἡδυνόμεθα G.

I,4.

2 γοργῶς V: εὐκινήτως G ‖ **2-3** ἐπιβάλλουσαν V: ἁρμόζουσαν G ‖ **4** εὐσχήμων V: σεμνή G ‖ ἀστεῖον V: χαρίεν G ‖ **7** πρόσχημα V: ἡ ὑπόκρισις G ‖ ἁλουργές V: πορφυροῦν G ‖ ἡμιφάριον V: τὸ τοῦ ἱματίου ἥμισυ G ‖ **8** προπετῶς V: ἀπρεπόντως G ‖ **9** ἥκιστα V: ἐλάχιστα ἢ (?) G ‖ **11** κατὰ κόρρης V: κατὰ πρόσωπον (intra lineas), διότι κατὰ κόρρης λέγεται κατὰ πρόσωπον (in margine) G ‖ **17** ψελλίων V: ψελλίον κόσμος ἐπὶ τῶν ἄκρων τῶν βραχιόνων τιθέμενος G ‖ **37** ἀπέφθου V: κεκαθαρμένου (intra lineas), ἐφθὸς ὁ ἑψητός (in margine) G.

I,5.

1 προαστείῳ V: ἔξω τοῦ ἄστεως G ‖ πανδημεὶ V: σὺν παντὶ τῷ δήμῳ G ‖ **2** δημοθοινίας V: δημίου εὐωχίας G ‖ **4** οἶσθα V: ἐπίστασαι G ‖ **5** ὡς V: ὅτι G ‖ **7** δαιτυμόνων V: τῶν ἀριστίτων φίλων G ‖ **8** ἑστιάτωρ V: ὁ τὸν ξ ἄριστον ποιῶν G ‖ εἰσῄει V: εἰσέρχεται G ‖ **10** ὑπέδυ V: ὑπεισῆλθεν G ‖ θᾶττον V: ταχύτερον G ‖ **11** ἀπέδρα V: ἀπέφυγεν G ‖ **16** ὄψων V: προσφαγίων G ‖ **18** ἀνέζευξεν V: ὤδευσεν G ‖ **19** ἔφθη V: ἔφθασεν G ‖ **21** βουκολήσουσι V: ἐξαπατήσουσι G ‖ **22** κεκραγὼς V: βοῶν G ‖ **23** ὧδε V: οὕτως G ‖ **24** εὐνὴν V: κοιτὴν G ‖ **26** μεμηνὼς V: βοῶν ἢ ὀργιζόμενος G ‖ **34** ἐξέστην V: ἐμάνην G.

I,6.

8 ὠτακουστῶν V: τῶν περιέργως ἀκουόντων G.

I,7.

22 ἀνίσχουσαν V: ἀνατέλλουσαν, ἀναδύουσαν G ‖ **27** βλοσυρά V: καταπληκτική (intra lineas), φοζερά (in margine) G.

I,9.

12 ἄττα V: τινά G.

I,10.

13 λαύρας V: τὰς πλατείας ῥύμας G ‖ **25-26** Ἀρτεμίσιον V: σημαίνει τὸν ναὸν τῆς Ἀρτέμιδος G ‖ **31** προκολπίου V: ἀπὸ τοῦ κόλπου λαμζάνεται δὲ ἐπὶ τῶν δωροδεκτῶν ἡ λέξις G ‖ **55** ὡρακιῶν V: ὡρακίζω παρὰ τὸ αἰκίζεσθαι τὴν ὥραν ἤγουν τὴν μορφήν G ‖ **57** κομψότεροι V: δεινότεροι G ‖ **59** σκαπάνης V: σκαπάνη σκαφίον, ὀρύγιον, δίκελλα G ‖ **63** ἐγκεκολαμμένα V: κολάπτω τὸ γλύπτω ἢ κλώθω πρὸς τῷ γόνατι G ‖ **76** ἀφειδήσω V: ἀφειδῶ τὸ ἀνιλεῶ G ‖ **84** πρός V: σύν G ‖ **88-89** ἐκφορὰν V: ταφὴν G.

I,11.

23 χλιδῶσα V: χλιδὴ ὁ ἀγλαισμὸς G ‖ **24** ἐντρυφῶσα V: ἐντρυφῶσα σπαταλῶσα G.

I,12.

12 Πυθιὰς V: Φωκίδος Πυθῶος καὶ πύθιος πυθί⟨α⟩ καὶ πυθίας G ‖ **21** ἄσθμα V: ἀναπνοή G ‖ **39** ἀσπάσιον V: ἡδέως περιχαρῶς G.

I,13.

45 θεοπρέπειαν V: ⟨θε⟩οπρόπιον τὸ ἐκ θεοῦ ⟨μάν⟩τευμα ἢ τὸ ἐκ θεοῦ προλεγόμενον G ‖ **59** διωλύγιον V: θρηνητικῶς ἔχων ἐπὶ πολύ G ‖ **63** ἀντιζολῶν V: δεόμενος G.

I,14.

19 Κρωζύλου V: κρώζυλος εἶδος ἐμπλοκῶν ἢ ὄνομα κύριον G ‖ **20** ἀστεϊζόμενοι V: ὡραϊζόμενον χάριεν καλόν G.

I,15.

26 διεπούσης V: τὸ διδάσκω μυσταγωγῶ τελειῶ G ‖ **38** ὄρμος V:

εἶδος κόσμ⟨ου⟩ G ‖ ἑλικτῆρες V: ἐνώτιον εἶδος G ‖ **40** Καρίας V: χώρα τὸ ἐθνικὸν κὰρ καὶ καῖρα. ἔστι δὲ καὶ καρύα χω⟨ρίον⟩ τῆς λακωνικῆς. ὁ οἰκήτωρ καρυάτης. τὸ θηλυκὸν καρυατίς G ‖ **57** ἀστυγείτοσι V: πλησιοχώροις G ‖ **65** ἀσχάλλοντες V: ὀλιγοψχοῦν ἀθυμεῖς G.

I,16.

25 χαλῶσα V: ἐνδιδοῦσα G ‖ **28** ἐκϛακχευθεῖσα V: ⟨ἐ⟩ξεστηκυῖα ἐξορχουμένη ⟨ἐ⟩ξηχευμένη πλανηθεῖσα G ‖ **33** ἐπωχετεύετο V: ἐπεφέρετο G.

I,17.

10 κύρϛις V: σαρόν τι κύρϛεως στεγανώτερον et κύρϛεις αἱ τὰς τῶν θεῶν ἑορτὰς ἔχουσαι. ἢ μᾶλλον κύρϛεις λέγονται παρὰ τοῖς ἀθηναίοις σανίδες τρίγωνοι ἐν αἷς τοὺς νόμους ἔγραφον καὶ τὰς τῶν ἀδικούντων τιμωρίας G ‖ **23** ἀσπαλιεύσω V: ⟨ἀ⟩σπαλία ὁρμία ⟨ἁ⟩λιευτική· ἀσπαλι⟨ευ⟩τὴς ὁ ἁλιεὺς ὁ τῇ ⟨ὁ⟩ρμίᾳ χρώμενος G.

I,18.

20 σιμός V: τὸν τύπον τοῦ σ̃ ἔχων G ‖ **21** γρυπὸν V: ⟨γρ⟩υπὸς ὁ ἐπικεκα⟨μ⟩μένην ἔχων τὴν ῥῖνα ⟨ῥ⟩υμϛὸν γὰρ τὸ ἐπικαμπὲς ἢ παρὰ τὸ ῥέπω ῥυπὸς καὶ γρυπὸς· ἐφ᾽ ἑνὶ τῷ μέρει ῥέπουσα ῥίν ‖ **26** ὑποκοριζομένου V: ⟨π⟩ηλακίζοντος διασύροντος ⟨ὑπ⟩οκρινομένου δημοσθένης κατὰ τοῦ εὐφήμως ὀνομαζομένου G.

I,19.

33 Εἰλειθυίας V: ἤγουν τῆς θεᾶς τῶν ὠδίνων G ‖ **40** ῥοπὴν V: κλῆσιν (intra lineas), ῥοπὴ κλῆσις νεῦμα (in margine) G ‖ εὐνοίας V: φιλίας G ‖ **59** ἀφελῶς V: ὁλοκλήρως (intra lineas), ἀφελὴς ὁ ὑ⟨γιὴς⟩ τὸ σῶμα ⟨ὁλό⟩κληρος λέ⟨γεται⟩ καὶ ὁ εὔκολος ‖ **61** περισκελίδας V: περισκελῆ, φημινάλια βιακία (legendum βρακία) G.

I,22.

32 ἀναμφισϛητήσιμον V: ἀνάμφιϛαλλόμενον et in margine δύστικτον G.

I,23.

9 παραλογιζόμενος V: ἀπατῶν G.

I,24.

4-5 προσχήματι V: ὑποκρίσει G || **16** παραπληξία V: μανία ἀφροσύνη βλάψις τῶν φρενῶν G || **24** ἐξερρύη V: ἐξέφυγε G.

I,25.

8 ἀμφωλένια V: ⟨ἀμφὶ⟩ ταῖς ὠλέναις βαλλόμενον G || **9** ταραντῖνον V: λεπτὸν καὶ διαφα⟨νὲς⟩ ἱμάτιον οὐ τὸ ⟨πάντως πορφυροῦν⟩ G || **31** ἀνέδην V: ἀναστάτως ἄνευ ἔδους G.

I,26.

11 Φάριος V: κυζερνήτης Ἑλέν⟨ης⟩ G.

I,27.

5 εὐπάρυφος V: εὐκατέργαστος G || θερίστριον V: θέριστρον θερινὸν ἱμάτιον G || **6** κερκίδος V: κερκὶς εἶδος ⟨φυτοῦ⟩ καὶ τὸ τῶν γυν – ⟨αικῶν ἐργαλεῖον⟩ G || **17** παρευδοκιμεῖν V: νικῆσαι εἰς δόξαν ὑπερζῆναι G || **23** Λειζηθρίων V: ἔθνος G || **24** διαύλους V: ⟨δία⟩υλος μέτρον πηχῶν ⟨δι⟩ακοσίων G || **26** θρυπτομένη V: βλακευομένη G || **35** προκαλινδουμένη V: κυλιομένη G || **36** λοξόν V: πλαγίως, σκολιῶς G || **38** ὑπεροπτικῶς V: ὑπερηφάνως ἀλαζονικῶς G.

I,28.

17 ἐξ ὑπογυίου V: προσφάτου νεωστὶ γενομένου G || παλιμζόλοις V: ἀκαταλλήλοις ἀναρμόστοις εὐμετατρέπτοις G || **20** ἐπιθρυπτομένη V: βλακευομένη χαυνουμένη μαλακιζομένη G.

II,1.

9 ἐπικωμάσωσιν V: ὑζρίσουσιν G || **30-31** πανουργότερον V: ὁ πάνυ φρόνι⟨μος⟩ καὶ τὰ πάντα ἐπιστάμενος G || **62-63** κηρύκιον V: κηρύκειον τὸ ⟨τοῦ⟩ κήρυκος. καὶ κηρύκιον ῥάζδος. ἔστι καὶ κηρύκειον τόπος ἐν ᾧ ἀνῆλθεν ἡρακλῆς καὶ ἐκήρυξε τὴν γένεσιν τῆς ἀρτέμιδος G.

II,4.

15 κάλπην V: ὑδρεῖα παρθενική. ἔστι δὲ καὶ κάλπις … καὶ κάλπη. ἱμνη G (glossa difficilis ad explicandum; cf. Soergeli animaduersionem,

p. 33-34. Boissonade solum notat ὑδρεῖα [ὑδρία] παρθενική, p. 643 editionis Aristaeneti) ‖ 23 ὀξύρροπον V: ταχέως ῥέποντα μετατρεπόμενον G ‖ 26 δυσκολίαν V: δύσκολος ὁ δυσάρεστος ὁ ⟨δ⟩υσχερῶς τινὶ... μενος μετὰ βίας G.

II,5.

8 οἰκοπινάκων V: βιζλίων G.

II,6.

9 ὄναισθε V: ὠφεληθείητε G ‖ 13 τονθορύζεις V: ὑπόπτως λαλ⟨εῖς⟩ ψιθυρίζεις ἠρέ⟨μα⟩ γογγύζεις G ‖ 15 καγχάζεις V: καγχαλᾷς, χαίρεις et a manu recentiore κομπάζεις G ‖ 16 κατὰ κράτος V: ἰσχυρῶς G.

II,8.

9 εὐνοίας V: φιλίας G (cf. glossam ad I,19,40).

II,10.

9 Νάρκισσον V: ... ἰδὼν δ' ἑαυτὸν ἐν σκιᾷ τῶν ὑδάτων οὕτω καλὸν μέγιστον, εὐειδῆ νέον ἔρον τε πλεῖστον τῆς ⟨ἑαυτοῦ?⟩ λαζὼν θέας, πίπτει καθ' ὑγρῶν καὶ περὰ πύλας(?) βίου. ἡ γῆ δὲ φυτὸν ἀντιδιδοῖ τοῦ νέου G (glossa lectu difficilis) ‖ 33 ποτνιῶμαι V: ἱκετεύω G.

II,12.

4 εὐπόρου V: πλουσίας G ‖ 6 ἀπορίας V: πενίας G ‖ 19 κωμικῶς V: ἀττικῶς G ‖ 20 σπαθᾷς V: σπαταλᾷς ⟨ἀσώ⟩τως ζῇς G.

II,13.

10 νυκτηγρετοῦσα V: γρέτας τὸ εἴδωλ⟨ον⟩ G.

II,14.

1 βασκανίαν V: ζῆλον ἰωυφὴν(?) φθόνον G ‖ 8 βάδην V: ἠρέμα ταχέως (intra lineas), τὸ δὴ λεγόμενον θᾶττον ἢ βάδην ⟨ἀπὸ τοῦ?⟩ βαίνω βάδην ἀπὸ τοῦ τείνω τάδην (in margine) G.

II,16.

4 θρύπτῃ V: βλακεύεσθαι χαυνοῦσθαι μαλακίζεσθαι G (cf. glossas ad I,27,25 et I,28,19).

II,17.

8 ἀπειρότερον V: ἀμαθῶς ἀλογίστως G.

II,18.

8 μυωπισθείς V: ... τρωθείς G ‖ **14** τερατευσάμενος V: ψευδολογῶν μαντολογῶν G ‖ **15-16** εἰσπραξάμενος V: ἀπαιτῶν εἰσφέρων G ‖ **18** ἐνεανιεύετο V: νεωτερικῶς ... G ‖ **20-21** ἀργυρίδων V: ἀργυρὶς... φιάλη G ‖ **23** μιμηλῶς V: ὁμοίως ἐξο⟨μοι⟩ουμένως παρὰ τὸ ⟨μι⟩μεῖσθαι G.

II,21.

12 ἀποχρώσης V: αὐταρκούσης G ‖ **20** γαννυμένους V: εὐφραινομένους G ‖ **21** Δελφίδιον V: Δελφίνιον φλούριον (i.e. φρούριον) G.

II,22.

1 προσεμβατεύοντα V: προσζαίνοντα G.

TABLE DES MATIÈRES

COLLECTION DES UNIVERSITÉS DE FRANCE
DÉJÀ PARUS

Série grecque

dirigée par Jean Irigoin
de l'Institut
professeur au Collège de France

ATHÉNÉE.
Les Deipnosophistes. (1 vol. paru).

ATTICUS.
Fragments. (1 vol.).

AUTOLYCOS DE PITANE.
Levers et couchers héliaques. - La sphère en mouvement. - Testimonia. (1 vol.).

BASILE (Saint).
Aux jeunes gens. - Sur la manière de tirer profit des lettres helléniques. (1 vol.). Correspondance. (3 vol.).

BUCOLIQUES GRECS.
Théocrite. (1 vol.).
Pseudo-Théocrite, Moschos, Bion. (1 vol.).

CALLIMAQUE.
Hymnes. - Epigrammes. - Fragments choisis. (1 vol.).

CHARITON.
Le roman de Chaireas et Callirhoé. (1 vol.).

COLLOUTHOS.
L'enlèvement d'Hélène. (1 vol.).

DAMASCIUS.
Traité des premiers principes. (3 vol.).

DÉMOSTHÈNE.
Œuvres complètes. (13 vol.).

DENYS D'HALICARNASSE.
Opuscules rhétoriques. (4 vol. parus).

DINARQUE.
Discours. (1 vol.).

DIODORE DE SICILE.
Bibliothèque historique. (6 vol. parus).

DION CASSIUS.
Histoire romaine (1 vol. paru).

DIOPHANTE.
Arithmétique. (2 vol. parus).

DU SUBLIME. (1 vol.).

ÉNÉE LE TACTICIEN.
Poliorcétique. (1 vol.).

ÉPICTÈTE.
Entretiens. (4 vol.).

ESCHINE.
Discours (2 vol.).

ESCHYLE.
Tragédies. (2 vol.).

ÉSOPE.
Fables. (1 vol.).

EURIPIDE.
Tragédies (8 vol. parus).

GÉMINOS.
Introduction aux phénomènes. (1 vol.).

GRÉGOIRE DE NAZIANZE (le Théologien) (Saint).
Correspondance. (2 vol.).

HÉLIODORE.
Les Ethiopiques. (3 vol.).

HÉRACLITE.
Allégories d'Homère. (1 vol.).

HERMÈS TRISMÉGISTE.
4 vol.)

HÉRODOTE.
Histoires. (11 vol.).

HÉRONDAS.
Mimes. (1 vol.).

HÉSIODE.
Théogonie. - Les Travaux et les Jours. - Bouclier. (1 vol.).

HIPPOCRATE. (7 vol. parus).

HOMÈRE.
L'Iliade. (4 vol.).
L'Odyssée. (3 vol.).
Hymnes. (1 vol.).

HYPÉRIDE.
Discours. (1 vol.).

ISÉE.
Discours. (1 vol.).

ISOCRATE.
Discours. (4 vol.).

JAMBLIQUE.
Les mystères d'Egypte. (1 vol.).
Protreptique. (1 vol.).

JOSÈPHE (Flavius).
Autobiographie. (1 vol.).
Contre Apion. (1 vol.).
Guerre des Juifs. (3 vol. parus).

JULIEN (L'empereur).
Lettres (2 vol.).
Discours (2 vol.).

LAPIDAIRES GRECS.
Lapidaire orphique. - Keryg-
mes lapidaires d'Orphée. -
Socrate et Denys. - Lapidaire
nautique. - Damigéron. - Evax.
(1 vol.).

LIBANIOS.
Discours. (2 vol. parus).

LONGUS.
Pastorales. (1 vol.).

LYCURGUE.
Contre Léocrate. (1 vol.).

LYSIAS.
Discours. (2 vol.).

MARC-AURÈLE.
Pensées. (1 vol.).

MÉNANDRE. (2 vol. parus).

MUSÉE.
Héro et Léandre. (1 vol.).

NONNOS DE PANOPOLIS.
Les Dionysiaques. (5 vol.
parus).

NUMÉNIUS. (1 vol.).

ORACLES CHALDAÏQUES.
1 vol.).

PAUSANIAS.
Description de la Grèce. (1 vol.
paru).

PHOCYLIDE. (Pseudo-) (1 vol.).

PHOTIUS.
Bibliothèque. (9 vol.).

PINDARE.
Œuvres complètes. (4 vol.).

PLATON.
Œuvres complètes. (26 vol.).

PLOTIN.
Ennéades. (7 vol.).

PLUTARQUE.
Œuvres morales (16 vol. parus).
Les Vies parallèles. (16 vol.).

POLYBE.
Histoires. (9 vol. parus).

PORPHYRE.
De l'Abstinence. (2 vol. parus).
Vie de Pythagore. - Lettre à
Marcella. (1 vol.).

PROCLUS.
Commentaires de Platon. -
Alcibiade. (2 vol.).
Théologie platonicienne. (5 vol.
parus).
Trois études. (3 vol.).

PROLÉGOMÈNES A LA PHI-
LOSOPHIE DE PLATON.
1 vol.).

QUINTUS DE SMYRNE.
La Suite d'Homère. (3 vol.).

SALOUSTIOS.
Des Dieux et du Monde.
(1 vol.).

SOPHOCLE.
Tragédies. (3 vol.).

SORANOS D'ÉPHÈSE.
Maladies des femmes (2 vol.
parus).

STRABON.
Géographie (9 vol. parus).

SYNÉSIOS DE CYRÈNE.
(1 vol. paru).

THÉOGNIS.
Poèmes élégiaques. (1 vol.).

THÉOPHRASTE.
Caractères. (1 vol.).
Recherches sur les plantes.
(2 vol. parus).

THUCYDIDE.
Histoire de la guerre du Pélo-
ponnèse. (6 vol.).

TRIPHIODORE.
La Prise de Troie. (1 vol.).

XÉNOPHON.
Anabase. (2 vol.).
L'Art de la Chasse. (1 vol.).
Banquet. - Apologie de Socrate.
(1 vol.).
Le Commandant de la Cava-
lerie. (1 vol.).
Cyropédie. (3 vol.).
De l'Art équestre. (1 vol.).
Economique. (1 vol.).
Helléniques. (2 vol.).

XÉNOPHON D'ÉPHÈSE.
Ephésiaques ou Le Roman
d'Habrocomès et d'Anthia.
(1 vol.).

ZOSIME.
Histoire nouvelle. (5 vol.).

Série latine

dirigée par Paul Jal

Règles et recommandations pour
les éditions critiques (latin).
(1 vol.).

AMBROISE (Saint).
Les devoirs. (2 vol. parus).

AMMIEN MARCELLIN.
Histoires. (5 vol. parus).

APICIUS.
Art culinaire. (1 vol.).

APULÉE.
Apologie. - Florides. (1 vol.).
Métamorphoses. (3 vol.).
Opuscules philosophiques. (*Du
Dieu de Socrate - Platon et sa
doctrine - Du monde*) et Frag-
ments. (1 vol.).

ARNOBE.
Contre les Gentils. (1 vol.
paru).

AUGUSTIN (Saint).
Confessions (2 vol.).

AULU-GELLE.
Nuits attiques. (3 vol. parus).

AURÉLIUS VICTOR.
Livre des Césars. (1 vol.).

AURÉLIUS VICTOR (Pseudo-).
Origines du peuple romain.
(1 vol.).

AVIANUS.
Fables. (1 vol.).

AVIÉNUS.
Aratea. (1 vol.).

CALPURNIUS SICULUS.
Bucoliques. CALPURNIUS SICULUS (Pseudo-). Eloge de Pison. (1 vol.)

CATON.
De l'Agriculture. (1 vol.).
Les origines. (1 vol.).

CATULLE.
Poésies. (1 vol.).

CÉSAR.
Guerre d'Afrique. (1 vol.).
Guerre d'Alexandrie. (1 vol.).
Guerre civile. (2 vol.).
Guerre des Gaules. (2 vol.).

CICÉRON.
L'Amitié. (1 vol.).
Aratea. (1 vol.).
Brutus. (1 vol.).
Caton l'ancien. De la vieillesse. (1 vol.).
Correspondance. (9 vol. parus).
De l'Orateur. (3 vol.).
Des termes extrêmes des Biens et des Maux. (2 vol.).
Discours. (22 vol.).
Divisions de l'Art oratoire. Topiques. (1 vol.).
Les Devoirs. (2 vol.).
L'Orateur. (1 vol.).
Les Paradoxes des Stoïciens. (1 vol.).
De la République. (2 vol.).
Traité des Lois. (1 vol.).
Traité du Destin. (1 vol.).
Tusculanes. (2 vol.).

CLAUDIEN.
Œuvres. (1 vol. paru).

COLUMELLE.
L'Agriculture. (2 vol. parus).
Les Arbres. (1 vol.).

COMŒDIA TOGATA.
Fragments. (1 vol.).

CORNÉLIUS NÉPOS.
Œuvres. (1 vol.).

CORIPPE.
Eloge de l'Empereur Justin II. (1 vol.).

CYPRIEN (Saint).
Correspondance. (2 vol.).

DRACONTIUS.
Œuvres. (2 vol. parus).

ÉLOGE FUNÈBRE D'UNE MATRONE ROMAINE. (1 vol.).

L'ETNA. (1 vol.).

FIRMICUS MATERNUS.
L'Erreur des religions païennes. (1 vol.).

MATHESIS.
(1 vol. paru).

FLORUS.
Œuvres. (2 vol.).

FRONTIN.
Les aqueducs de la ville de Rome. (1 vol.).

GAIUS.
Institutes. (1 vol.).

GERMANICUS.
Les phénomènes d'Aratos. (1 vol.).

HORACE.
Epîtres. (1 vol.).
Odes et Epodes. (1 vol.).
Satires. (1 vol.).

HYGIN.
L'Astronomie. (1 vol.).

HYGIN (Pseudo-).
Des Fortifications du camp. (1 vol.).

JÉRÔME (Saint).
Correspondance. (8 vol.).

JUVÉNAL.
Satires. (1 vol.).

LUCAIN.
La Pharsale. (2 vol.).

LUCILIUS.
Satires. (3 vol.).

LUCRÈCE.
De la Nature. (2 vol.).

MARTIAL.
Epigrammes. (3 vol.).

MINUCIUS FÉLIX.
Octavius. (1 vol.).

NÉMÉSIEN.
Œuvres. (1 vol.).

OROSE.
Histoires (Contre les Païens).
(3 vol.).

OVIDE.
Les Amours. (1 vol.).
L'Art d'aimer. (1 vol.).
Contre Ibis. (1 vol.).
Les Fastes (1 vol. paru).
Halieutiques. (1 vol.).
Héroïdes. (1 vol.).
Les Métamorphoses. (3 vol.).
Pontiques. (1 vol.).
Les Remèdes à l'Amour.
(1 vol.).
Tristes. (1 vol.).

PALLADIUS.
Traité d'agriculture. (1 vol.
paru).

PANÉGYRIQUES LATINS.
(3 vol.).

PERSE.
Satires. (1 vol.).

PÉTRONE.
Le Satiricon. (1 vol.).

PHÈDRE.
Fables. (1 vol.).

PHYSIOGNOMONIE (Traité de).
(1 vol.).

PLAUTE.
Théâtre. Complet (7 vol.).

PLINE L'ANCIEN.
Histoire naturelle. (35 vol.
parus).

PLINE LE JEUNE.
Lettres. (4 vol.).

POMPONIUS MELA.
Chorographie. (1 vol.).

PROPERCE.
Elégies. (1 vol.).

PRUDENCE. (4 vol.).

QUINTE-CURCE.
Histoires. (2 vol.).

QUINTILIEN.
De l'Institution oratoire.
(7 vol.).

RHÉTORIQUE À HERENNIUS.
(1 vol.).

RUTILIUS NAMATIANUS.
Sur son retour. (1 vol.).

SALLUSTE.
La Conjuration de Catilina. La
Guerre de Jugurtha. Fragments
des Histoires. (1 vol.).

SALLUSTE (Pseudo-).
Lettres à César. Invectives.
(1 vol.).

SÉNÈQUE.
L'Apocoloquintose du divin
Claude. (1 vol.).
Des Bienfaits. (2 vol.).
De la Clémence. (1 vol.).
Dialogues. (4 vol.).
Lettres à Lucilius. (5 vol.).
Questions naturelles. (2 vol.).
Théâtre. (2 vol.).

SIDOINE APOLLINAIRE.
(3 vol.).

SILIUS ITALICUS.
La Guerre punique. (3 vol. parus).

STACE.
Achilléide. (1 vol.).
Les Silves. (2 vol.).
Thébaïde. (2 vol. parus).

SUÉTONE.
Vie des douze Césars. (3 vol.).

SYMMAQUE.
Lettres. (2 vol. parus).

TACITE.
Annales. (4 vol.).
Dialogue des Orateurs. (1 vol.).
La Germanie. (1 vol.).
Histoires. (3 vol.).
Vie d'Agricola. (1 vol.).

TÉRENCE.
Comédies (3 vol.).

TERTULLIEN.
Apologétique. (1 vol.).

TIBULLE.
Elégies. (1 vol.).

TITE-LIVE.
Histoire romaine. (21 vol. parus).

VARRON.
L'Economie rurale. (2 vol. parus).
La Langue latine. (1 vol. paru).

LA VEILLÉE DE VÉNUS (Pervigilium Veneris). (1 vol.).

VELLEIUS PATERCULUS.
Histoire romaine. (2 vol.).

VIRGILE.
Bucoliques. (1 vol.).
Enéide. (3 vol.).
Géorgiques. (1 vol.).

VITRUVE.
De l'Architecture. (5 vol. parus).

Catalogue détaillé sur demande

CE VOLUME

LE TROIS CENT

QUARANTE NEUVIÈME

DE LA SÉRIE GRECQUE

DE LA COLLECTION

DES UNIVERSITÉS DE FRANCE

PUBLIÉ PAR

LES ÉDITIONS

LES BELLES LETTRES

A ÉTÉ ACHEVÉ D'IMPRIMER

EN MAI 1992

SUR LES PRESSES

DE

L'IMPRIMERIE ORIENTALISTE

À LOUVAIN (BELGIQUE)